三明学院学术著作出版基金资助出版

美育融入思想政治理论课教学研究

胡 蓉 苏练火 著

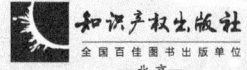

知识产权出版社
全国百佳图书出版单位
—北京—

图书在版编目（CIP）数据

美育融入思想政治理论课教学研究／胡蓉，苏练火著. -- 北京：知识产权出版社，2025.7. -- ISBN 978-7-5130-9895-3

Ⅰ.G641

中国国家版本馆 CIP 数据核字第 2025ML2694 号

责任编辑：罗　慧　　　　　　责任校对：王　岩
封面设计：乾达文化　　　　　　责任印制：孙婷婷

美育融入思想政治理论课教学研究

胡　蓉　苏练火　著

出版发行	知识产权出版社有限责任公司	网　　址	http://www.ipph.cn
社　　址	北京市海淀区气象路 50 号院	邮　　编	100081
责编电话	010 - 82000860 转 8343	责编邮箱	lhy734@126.com
发行电话	010 - 82000860 转 8101/8102	发行传真	010 - 82000893/82005070/82000270
印　　刷	北京九州迅驰传媒文化有限公司	经　　销	新华书店、各大网上书店及相关专业书店
开　　本	720mm×1000mm　1/16	印　　张	16.5
版　　次	2025 年 7 月第 1 版	印　　次	2025 年 7 月第 1 次印刷
字　　数	218 千字	定　　价	88.00 元

ISBN 978-7-5130-9895-3

出版权专有　侵权必究

如有印装质量问题，本社负责调换。

序言
FOREWORD

随着中国特色社会主义建设进入新时代,美育作为学校教育的重要组成部分,其重要性日益受到学术界和社会的广泛关注。当前,我国教育体制改革不断深入,美育在培养德智体美劳全面发展的社会主义建设者和接班人中的地位和作用越发凸显。特别是自党的二十大以来,党和政府对美育高度重视,明确将美育作为实现教育现代化的重要途径之一。

党的二十大报告明确提出,要全面贯彻党的教育方针,落实立德树人根本任务,培养德智体美劳全面发展的社会主义建设者和接班人。在这一方针指导下,我国美育事业取得了丰硕的成果。一是美育课程体系不断完善,各级各类学校纷纷开设了形式多样的美育课程,如艺术鉴赏、音乐、美术等,极大地丰富了校园文化生活。二是美育实践活动广泛开展,各类艺术展演、艺术活动为学生提供了展示自我、提升审美的平台。三是美育师资队伍建设得到加强,教师的美育素养和专业能力得到明显提升,为学校美育发展提供了有力保障。

在美育融入思想政治理论课教学的探讨中,首先需要明确"思想政治理论课"的概念。本书所提及的"思想政治理论课"并非狭义的"高校思想政治理论课",而是涵盖了大中小学的德育和思想政治教育课,这一概念是基于2019年中共中央办公厅、国务院办公厅印发《关于深化新时代学校思想政治理论课改革创新的若干意见》中提出的"统筹大中小学思政课一体化建设"这一方案开展论述的。大中小学思政课一体化强调不同学段思政教育的有机衔接与协同推进,从中小学的道德与法治、思想政治等课程,到高校的思想政治理论课,共同构成了一个循序渐进、螺旋上升的思政育人体系。在这样的背景下,美育融入思想政治理论课教学,不仅是对高校思想政治理论课的拓展与丰富,更是对大中小学思政教育全学段的优化与提升,有助于在各个学段更好地实现立德树人的根本任务,培养德智体美劳全面发展的社会主义建设者和接班人。

美育融入思想政治理论课教学不仅能够丰富思想政治理论课的教学内容,还能够提升学生的审美素养,促进学生的全面发展。然而,学术界对美育与大中小学思政课一体化共同体融合的教学研究尚处于起步阶段,理论体系还不够完善,缺乏系统性和理论深度,因此,有必要进一步深化理论研究,探索美育融入思想政治理论课教学的理论基础、实践路径和评价机制等,为推动美育融入思想政治理论课教学改革提供有力支撑。

本书以马克思主义理论为指导,结合我国传统文化中的美育思想和国外文化中的美学思想的介绍,系统考察美育融入大中小学思想政治理论课教学的必要性、可能性及其策略,针对现实中美育融入思想政治理论课教学面临的具体问题,如美育与思想政治理论课融合度不高、教师的美育素养参差不齐、学生的审美能力有待提升等给予阐释和回应。第一章概述了美育的基本内涵,以及我国美育事业发展的主要历程。第二章从理论层面深入探讨美育融入思想政治理论课教学的必要性,包括对马克思主义美育思想的解读和国内外文化中美育思想的介绍。第三章分析美育融入思想政治理论课教学的背景,诠释其必然性、重要性和可能性。第四章通过实践案例分析探讨美育融入思想政治理论课教学的现状、影响因素及路径选择。第五章提出了美育融入思想政治理论课教学的具体策略,旨在解决现实中遇到的各种问题,包含提升教师美育素养、挖掘课程美育元素和加强学生审美修养等。

本书由三明学院马克思主义学院胡蓉与晋江市伟冠双语实验学校苏练火共同执笔完成,具体分工如下:除苏练火执笔第四章(约1.5万字)之外的部分,均由胡蓉负责执笔(约20.3万字);全书由胡蓉统撰定稿。

希望本书能够为教育界同人提供参考,为各阶段在校学生提供启发,为思想政治理论课改革创新提供借鉴,为我国美育事业的繁荣发展贡献一份力量。

目录

第一章 美育融入思想政治理论课教学的基本概述 / 001

第一节 美的定义阐释 / 003
一、对"何为美"的不同回答 / 004
二、马克思主义的美学理论对美的解读 / 011

第二节 美育的界定与特征 / 016
一、美育的界定 / 016
二、美育的特征 / 019

第三节 近代以来我国美育发展历程 / 024
一、近代至新中国成立时期的美育发展 / 025
二、新中国成立以来的美育发展历程 / 028

第二章 美育融入思想政治理论课教学的理论考察 / 043

第一节 马克思主义美育思想 / 046
一、主体性的生成：基于人与自然的维度 / 047
二、真善美统一何以可能：人的超越性存在 / 049
三、对马克思主义经典表达的理解 / 056

第二节 我国传统文化中的美育思想 / 065

一、道:"真情之流"中的"美" / 066

　　二、无为:出世的超然之"美" / 069

　　三、仁:"诗教"与"乐教"之"美" / 074

第三节　国外文化中的美育思想 / 079

　　一、从精神中来构建美的概念及其本质 / 079

　　二、从具体物质及其属性探索美的本质 / 083

　　三、从人的生活中来探索美及其本质 / 086

第四节　思想政治理论课审美化教学的心理学构建 / 089

　　一、需求层次理论的一般性诠释 / 090

　　二、提升学生审美能力的基本心理素养 / 094

第三章　美育融入思想政治理论课教学的背景透视 / 105

第一节　美育融入思想政治理论课教学的必然性诠释 / 107

　　一、全球教育发展趋势探究 / 108

　　二、新时代我国教育发展战略分析 / 117

第二节　美育融入思想政治理论课教学的重要性诠释 / 127

　　一、思想政治理论课具有培养人高尚审美品性的功能 / 128

　　二、思想政治理论课可以实现师生的主体自由 / 129

　　三、思想政治理论课可以培养人崇高的审美理想 / 130

第三节　美育融入思想政治理论课教学的可能性诠释 / 132

　　一、思想政治理论课教学内容蕴含的自然美资源 / 134

　　二、思想政治理论课教学内容蕴含的社会美资源 / 138

　　三、思想政治理论课教学内容蕴含的艺术美资源 / 144

　　四、思想政治理论课教学内容蕴含的科技美资源 / 146

第四章　美育融入思想政治理论课教学的现状考察 / 151

第一节　美育融入思想政治理论课教学的实践案例 / 154
一、美育融入的教学方式和手段 / 158
二、美育融入的教学效果评估 / 158

第二节　影响美育融入思想政治理论课教学的因素分析 / 160
一、课程设置与教学资源 / 160
二、教师专业素养和教学能力 / 161
三、学生接受能力和参与热情 / 162

第三节　美育融入思想政治理论课教学的路径 / 163
一、课程设计和教学内容安排 / 163
二、教学方法和手段创新 / 164
三、教师培训和学生引导 / 166

第五章　美育融入思想政治理论课教学的策略探究 / 169

第一节　教师通过内外兼修给学生传递美 / 171
一、教师要加强内在美修养 / 173
二、教师在教学中注重外在美 / 181

第二节　充分利用课程本身所蕴含的美进行审美化教学 / 185
一、课程目标与美育目标相融合 / 186
二、教学中审美化教学方法的采用 / 189
三、在学科核心素养培养中融入美的因素 / 195
四、教学板书布局的和谐与意境的至美 / 199
五、建立促进学科核心素养发展的评价机制 / 200

第三节　在思想政治理论课教学中加强学生的审美修养 / 202
一、帮助学生树立审美化学习理念 / 203

二、注重培养学生的审美意识 / 204

三、注重培养学生的审美能力 / 208

四、促进学生的审美创造 / 210

附　录 / 219

主要参考文献 / 237

后　记 / 247

第一章　美育融入思想政治理论课教学的基本概述

我国历来高度重视美育事业的发展，实施全面素质教育，培养德智体美劳全面发展的社会主义建设者和接班人，这不仅是建设教育强国的基本要求，也是时代发展的必然趋势。将美育融入思想政治理论课教学之中，响应了新时代对人才培养提出的新要求，同时也是贯彻党的教育方针，落实立德树人根本任务的具体体现。在思想政治理论课中实施审美化教学，有利于改进现有的教学方式，弥补理论课教学的审美性不足，为思想政治理论课教师提供丰富的教学资源，进而创新教育教学方法，提升教学效果，为推动实现中华民族伟大复兴的中国梦培养堪当复兴大任的时代新人。

第一节　美的定义阐释

人人都喜欢"美"的东西，人们在日常生活中无处不在追求着"美"。虽然"美"作为常识在日常生活中被尊重，但当深入探讨美的本质时，人们却很难给出一个精确的定义，因为它会带来前所未有的挑战，甚至可能引起惊人的变化。

"常识在日常应用的范围内虽然是极可尊敬的东西,但它一跨入广阔的研究领域,就会碰到极为惊人的变故。"❶ 黑格尔在"熟知非真知"命题中,提出了一个重要的观点:通常情况下,我们所熟知的东西并不一定就是真正熟悉的,因为我们习惯性地假定某些东西已经被我们所熟知,而不去关心它们的深层意义。尽管我们不清楚这种对美的感知的起源,但我们仍然应该努力探索,以便更好地理解它。因此,要深入探讨美育融入思想政治理论课教学这一时代课题,首先须回应"何为美"这一前提性问题。

一、对"何为美"的不同回答

自古以来,许多哲学家、文艺学家等都努力探索美的真谛,以求得到更深刻的理解。学者们对美的思考精彩纷呈,基于主客观条件的差异,对"何为美"的回答却不尽相同。

古希腊哲学家柏拉图笔下的苏格拉底认为"美是难的"❷,而柏拉图将美与它的具体形式划分开,他认为"分有"中所有被赋予美的东西,都是由美所塑造出来的。毕达哥拉斯学派从数的原则出发,对美的本质进行了探讨,并认为美就是以数理构成的形式美。

阿奎那在中世纪提出美的定义:一切能让人一见之下便产生快感的事物都可称为美。美的标准有三:第一,完整性或完备性,因为缺失的东西会显得丑陋;第二,恰当的均衡与和谐;第三,光辉和色彩。❸

康德认为,美是一种无形而又普遍受欢迎的感觉❹,它没有明确的目

---

❶ 恩格斯. 反杜林论 [M]. 中共中央马克思恩格斯列宁斯大林著作编译局, 译. 北京:人民出版社, 2018:20 - 21.
❷ 柏拉图. 柏拉图文艺对话集 [M]. 朱光潜, 译. 合肥:安徽教育出版社, 2007:193.
❸ 伍蠡甫. 西方文论选(上卷)[M]. 上海:上海译文出版社, 1988:143.
❹ 康德. 判断力批判 [M]. 邓晓芒, 译. 北京:人民出版社, 2017:48.

的，因此，人们在评价一件事物时，不可能完全把握其真实性，也不可能完全把握其善良，但却可以从中体会到一种心灵上的满足感。黑格尔认为，"美就是理念的感性显现"❶，他强调了真理与善良的完美结合，并将其作为一种审美哲学的核心，"审美带有令人解放的性质"❷ 则是这种精神哲学的最终指导者。康德与黑格尔对美的思考还停留在唯心主义，只不过康德的美学观是主观唯心主义，而黑格尔的美学观是客观唯心主义，两者均以主体的心智或者理念来阐释美。

车尔尼雪夫斯基（又译为"车尔尼舍夫斯基"）强调，美的本质在于生活，它必须与我们的概念相一致，才能被称为美。他指出："无论是什么，只要我们可以看到它，并且它能够独立地反映出生活，让人回忆起它，那就是美。"❸ 车尔尼雪夫斯基用生活现实代替了以往的唯心主义美学观，但他的美学思想在实现进步的同时也存在缺陷，正如费尔巴哈对德国古典哲学的批判工作只完成一半一样，车尔尼雪夫斯基的"美是生活"同样存在形而上学的抽象性，仔细考究则是空洞无物。

中华民族以其悠久的历史和丰富的文化而闻名，在推动全球文明进步中扮演着不可替代的角色。我国古人对"何为美"有不同看法。许慎在《说文解字》中说："美，甘也。从羊，从大，羊在六畜主给膳也。美与善同意。"徐铉注释说："羊大则美，故从大。"由此可见，古人对美的界定是从实用目的出发，以价值效用来衡量美与体现美。同时，对《说文解字》的"美"还存在另一种解读，有学者指出，通过分析《说文解字》的语义环境与我国的文化传统，《说文解字》的"美"可以理解为娱乐或装饰，从羊与美的相互关系以及字形来解读"美"，即"人的头上戴羊头、

---

❶ 黑格尔. 美学（第一卷）[M]. 朱光潜, 译. 北京：商务印书馆, 1982：142.
❷ 黑格尔. 美学（第一卷）[M]. 朱光潜, 译. 北京：商务印书馆, 1982：147.
❸ 车尔尼雪夫斯基. 生活与美学 [M]. 周扬, 译. 上海：读书出版社, 1949：7.

羊角制成的装饰品，或戴羽毛作为装饰，就像古代化着妆的巫师跳舞时的样子"❶，这种解释也是合理的。

儒家学派创始人孔子认为"里仁为美"，孔子对美与善进行了区分。孔子基于仁爱思想来判别《韶》和《武》中所蕴含的美与善，在孔子看来《韶》体现了"尽美矣，又尽善也"。孔子认为音乐非常重要，他在齐国听了《韶》的美妙，竟三月不知肉味，发出了"不图为乐之至于斯也"的感慨。这表明了孔子重视音乐之美的价值。当然，孔子对《韶》和《武》的评价与孔子本身的思想主张有关。《武》主张以武力统治天下与以"仁爱"为核心的儒家思想有着本质区别，因此孔子认为《韶》作为"仁"的显现才真正做到了"尽善尽美"。墨子认为"食必常饱，然后求美"；荀子认为美在"致其用"；孟子认为"充实之谓美"。这些对美的诠释多与善、利结合在一起。道家的庄子则提出了超功利主义的美学观，他认为美应该源于自然，而不是雕琢或装饰而成，强调天然去雕饰，崇尚朴素之美。春秋战国时期，我国美学思想得到了显著发展，这一时期的文学、音乐等领域都取得了显著成就。

秦汉时期，《淮南子》将道家之"道"与"和"结合，提出"形、气、神"三位一体的美学观。❷ 其核心在于以"大浑为一"的宇宙观构建美学体系，认为美是无限丰富性与雄浑形态的统一，强调自然生态和谐与艺术生命的同构性。❸ 这一思想为后世"气韵论"与"形神论"奠定了基础，如顾恺之的"传神写照"即受其启发。董仲舒则通过阴阳五行重构天人关系，将自然秩序与伦理规范相结合，形成"天人合一"的美学框架。❹

---

❶ 王滢. 大学美育［M］. 成都：电子科技大学出版社，2017：31.
❷ 周来祥.《淮南子》的哲学精神和美学思想［J］. 山东大学学报（哲学社会科学版），2008（4）：8-13.
❸ 方国武.《淮南子》审美理想论［J］. 安徽大学学报（哲学社会科学版），2007（2）：16-21.
❹ 李小平. 董仲舒阴阳五行思想的美学价值研究［D］. 乌鲁木齐：新疆大学，2012.

这一理论虽带有政治神学色彩,但将自然现象(如四季更迭)与情感表达(如礼乐仪式)关联,影响了艺术创作中对和谐韵律的追求,如汉代画像石中对称构图与伦理叙事的结合。❶ 王充在《论衡》中提出"疾虚妄,务实诚",强调美必须基于经验可证的真实性。❷ 他认为艺术应"实诚"传达思想,反对语言夸饰,这一观点挑战了汉代谶纬神学的虚妄文风,为魏晋文学自觉提供了思想资源。❸

魏晋南北朝时期美学思想集中反映在个体的觉醒与玄佛交融上。曹丕在《典论·论文》中的"文以气为主"引发对"气"内涵的争议:一说"气"为作家生理与心理特质的综合(如寇效信)❹,另一说强调"气"需与文体适配(如潘华)❺。这一理论标志着文学从政教工具转向个性表达,如嵇康《声无哀乐论》对音乐独立性的探讨。顾恺之提出"传神写照,正在阿堵中",将绘画重心从形体摹写转向精神捕捉。❻ 其理论受《淮南子》"君形者"论影响,但更强调主体对客体的直觉把握,奠定了文人画"重意轻形"的传统。❼ 宗炳在《画山水序》中提出"澄怀味象",要求以虚静心态体悟自然。❽ 此说虽借佛学"照见"概念,但内核接近庄子"心斋",其"卧游"理论将山水画从宗教象征转为心灵寄托,影响宋代郭熙"林泉之心"。❾

隋唐时的美学思想呈现多元气象与禅意萌发。《二十四诗品》的接受

---

❶ 陈晓. 中国传统美学中"天人合一"观的内蕴及其价值[J]. 求索,2015(12):80-84.
❷ 李耀南. "真美"——王充美学思想述略[J]. 华中科技大学学报(社会科学版),2001(3):5-8.
❸ 杨贺松. 疾虚妄 务实诚——王充论修辞[J]. 学习与研究,1982(7):54,56.
❹ 寇效信. 曹丕"文以气为主"辩[J]. 陕西师大学报(哲学社会科学版),1994(2):68-74.
❺ 潘华.《典论·论文》之"气""体"辨正[J]. 文学遗产,2016(3):63-73.
❻ 何翎. 顾恺之的传神论与魏晋美学[J]. 美术大观,2007(11):163.
❼ 林志军. "传神写照"——小议中国人物画的写意造型观[J]. 群文天地,2011(3):75.
❽ 王中栋. 论宗炳佛学观与绘画意象的关系[J]. 五台山研究,2023(3):47-52.
❾ 张梅. "澄怀味象畅神而已":宗炳的山水美学思想[J]. 兰州教育学院学报,2018,34(6):58-60,63.

史长期被归为司空图所著，但20世纪90年代陈尚君等考证其为明代怀悦伪托❶，尽管如此，其"韵味说"仍被视作意境理论成熟的标志，如"超以象外，得其环中"对宋代严羽"妙悟"说有直接影响。❷ 张彦远在《历代名画记》中提出"意存笔先，画尽意在"，强调构思对笔墨的统摄。❸ 他以吴道子"疏体"为例，说明"意"的流动性能突破"形似"束缚，这一观点为文人画"写意"传统提供了理论支撑。❹ 王维"诗中有画"的禅宗基因并非单纯技法互鉴，而是禅宗"空观"的审美外化，其辋川山水通过"空山不见人"等意象，将自然景物转化为"即色游玄"的禅悟载体❺，开创了文人画"以禅入画"的路径。❻

宋元时期，美学意境哲学逐渐趋于成熟。郭熙在《林泉高致》中提出"高远、深远、平远""三远法"空间革命，突破固定视点透视，以心理体验重构山水空间。❼ 如"平远"通过渐隐墨色表现时空绵延，直接影响元代倪瓒"一河两岸"式构图。❽ 苏轼则主张"外枯中膏"之美，表面继承道家"朴素"观，实则融合禅宗"平常心是道"。其《寒食帖》以拙涩笔法传达深沉情感，成为"绚烂之极归于平淡"的典范。严羽以禅宗"顿悟"喻诗，提出"不涉理路，不落言筌"，将诗歌本质从道德训诫转向直

---

❶ 李春桃.《二十四诗品》接受史［D］.上海：复旦大学，2005.
❷ 赵福坛.司空图《二十四诗品》研究及其作者辨伪综析［J］.广州师院学报（社会科学版），2000（12）：4-14.
❸ 邓键."意不在于画故得于画"——论张彦远画论的创作心理说［J］.上海大学学报（社会科学版），1987（4）：34-39.
❹ 黄复盛.中西古代相关画论选解（三十二）——意存笔先［J］.美术大观，1994（9）：49.
❺ 吴怀东.王维诗画禅意相通论［J］.文史哲，1998（4）：86-90.
❻ 李智仁.论王维山水诗的禅意与画意［J］.湖南大众传媒职业技术学院学报，2005（6）：103-105.
❼ 高文亮.从"三远"法看传统中国山水画的空间意识［J］.内蒙古艺术，2007（2）：88-90.
❽ 邢永海.从郭熙的"三远"论看中国传统绘画对画面空间的理解和表现［J］.美与时代（下），2017（2）：72-74.

觉体验，为王国维"境界说"埋下伏笔。❶

明清时期，美学思想转向世俗关怀。李贽在"童心说"中主张回归"绝假纯真"的本心，批判理学"闻见道理"对创作的束缚。❷ 其"自然人性论"直接推动晚明小品文兴起（如袁宏道"性灵说"），并影响清代曹雪芹《红楼梦》对"真情"的讴歌。❸ 石涛提出"一画者，众有之本，万象之根"，将绘画提升至宇宙生成论高度。❹ 其理论融合禅宗"心性同源"与道家"道生一"，主张通过笔墨"迹化"自然神韵，打破了董其昌"南北宗论"的程式化桎梏。❺ 而汤显祖以"情不知所起，一往而深"将"情"本体化，通过杜丽娘"因情复生"的叙事，挑战程朱理学"存天理、灭人欲"，标志着戏曲从道德教化向人性解放的转型。❻

我国近代以来的美学家对美也各有不同的看法。王国维以叔本华"意志论"重构传统意境理论，提出"境界说"，区分"有我/无我之境"：前者对应"意志的暂时沉寂"，后者体现"意志的纯粹客体化"。❼ 其《人间词话》将"真感情"与"真景物"并置，完成了意境理论的现代转化。❽

梁启超将儒家乐教思想与西方美学相融合，提出"趣味主义"美学观，强调审美教育在塑造现代人格中的重要作用，倡导通过生活实践、审美实践和艺术教育来涵养趣味人格，以美和艺术来提升人生，以达到改造

---

❶ 李倩. 严羽"以禅喻诗"研究 [D]. 上海：华东师范大学，2013：45−48.

❷ 周品洁. 李贽的童心论美学研究 [D]. 济南：山东大学，2023.

❸ 王璞. 李贽"童心说"及其对后世的影响 [D]. 长春：东北师范大学，2007.

❹ Hao Zhan. A Painting to See the Heart [J]. International Journal of Education and Humanities, 2024, 15 (3)：333−335.

❺ Jerome Silbergeld. Philosophy of Painting by Shih T'ao: A Translation and Exposition of his Hua−P'u (Treatise on the Philosophy of Painting) [J]. Journal of Asian Studies, 1979, 39 (1)：162−164.

❻ 何姗，罗嗣亮.《牡丹亭》中"情"的多重意蕴 [J]. 兰州学刊，2006 (8)：74−76.

❼ 张莘. 融汇中西升华传统——王国维境界说与叔本华哲学的关系 [J]. 长春工业大学学报（社会科学版），2009，21 (6)：70−73.

❽ 鲜滟蓉，项楠. 王国维"境界"的生成对叔本华美学的继承 [J]. 时代文学（下半月），2011 (2)：219.

社会的目的。❶

蔡元培是近代美育的倡导者和实践者，他提出"以美育代宗教"的观点，将传统"乐教"转化为公民人格塑造手段❷，主张美育"超逸政治"，推动艺术教育纳入现代学制，推动完成美学现代性转化，为徐悲鸿、林风眠等中西融合的美学实践奠定制度基础。❸

当代美学家朱光潜主张通过对西方美学的研究和比较，来发现中国传统美学的魅力和价值。他指出美的本质应源于内心的感受，强调美是主观与客观的统一。宗白华强调艺术意境的生命律动，注重对艺术作品中情感与生命的表现和体验，构建了"意象美学"。李泽厚在20世纪50—80年代美学大讨论中，提出"美的客观性与社会性相统一"❹的观点，体现了美的客观性和社会性的辩证统一。吕荧和高尔泰认为美在主观，"美是观念"❺，蔡仪则认为美在客观，"美在物本身""美是典型"。❻

蒋孔阳认为"美是自由的形象"❼，他将人类劳动实践视为"本质力量对象化的自由运动"，强调在物质生产与精神创造的统一中实现主体解放，构建"生产性审美范式"。"自由"的主张并非抽象概念，而是体现为三个维度：本体自由、历史自由、伦理自由。这种辩证思维打破了传统美学对"纯粹美"的追求，将人类生产生活的具体劳动纳入审美范畴，实现"生活世界的审美民主化"❽。蒋孔阳在"美是自由的形象"中提到的美，既可

---

❶ 金雅. 梁启超美学思想及其价值启思 [J]. 文艺争鸣, 2008（3）：148-152.
❷ 聂振斌. 蔡元培的美育思想及其历史贡献 [J]. 艺术百家, 2013, 29（5）：150-158.
❸ 周志勇. 论蔡元培对中国传统美育所作的现代性转换 [J]. 文教资料, 2009（21）：103-105.
❹ 曾繁仁, 高旭东. 审美教育新论 [M]. 北京：北京大学出版社, 1997：2.
❺ 祁志祥. 同中有异：吕荧、高尔太主观派美学之辨 [J]. 人文杂志, 2018（12）.
❻ 蔡仪. 新美学 [M]. 上海：群益书店, 1947：68.
❼ 蒋孔阳. 美学新论 [M]. 北京：人民文学出版社, 2006：61-64.
❽ 陈保志. 蒋孔阳人生论美学思想新释 [J]. 西南石油大学学报（社会科学版）, 2018, 20（6）：115-120.

以指代客观存在，也可以指代主观感受；美有时会发生改变，但也可以永恒存在；美有时会带来极大的局限，有时会引发冲突；美并非指某个特定的客观存在，但可以指任何主观感受。❶

综上可见，人们在对"何为美"的解读中的不同观点，是在本质相同基础上的不同表达，且有的观点则完全对立。因此，要想真正把握美及其本质，我们只有回到马克思主义中寻找答案，马克思主义的美学理论因其科学性和真理性为我们正确认识和把握美提供了思路。

二、马克思主义的美学理论对美的解读

马克思主义的美学理论给了我们一种全新的视角来审视美，它不仅依赖于马克思主义哲学、马克思主义正义论、马克思主义政治经济学、科学社会主义，而且结合了对先辈思想的深刻反思，从而创造出一种更加完善的、更加全面的马克思主义美学思维。马克思主义的美学理论主张从实践出发来理解美，这种实践观美学贯穿马克思主义思想体系的始终。马克思、恩格斯的一系列重要著作，包括《1844年经济学哲学手稿》《关于费尔巴哈的提纲》《资本论》《劳动在从猿到人转变过程中的作用》等，都深入探讨了"美"的概念，对"美"及"美"的本质作出深刻阐释，并且指出了一条清晰的思考路径，从而使我们能够更好地理解"美"，并且有效地利用"美"来推动社会进步。

《1844年经济学哲学手稿》是马克思主义哲学的基石之作，其中，"美是人的本质力量的对象化"和"劳动产生了美"都涉及马克思对"美"的阐释。为了全面掌握马克思的美学理论，我们必须仔细加以研究，以便更好地领会"美"的本质和精髓。从"美是人的本质力量的对象化"来看，

---

❶ 蒋孔阳. 美学新论 [M]. 北京：人民文学出版社，2006：61-64.

对"美"的理解需要正确把握两方面的内容：一方面是何为人的本质，另一方面是人的本质力量的对象化，这在实质上涉及"劳动创造美"的命题。从历史性视角来看，古今中外不同学者对人的本质进行了探索，得出了不同结论，而且即便是在马克思主义视域下探讨人的本质，不同学者也会得出不同结论。当前，学术界正以马克思主义为基础，深入探讨人的本质内涵，他们的主张大体可分为如下五种：第一，以一切社会关系的总和为基础探讨人的本质；第二，以劳动、社会关系的总和，以及人的需求为核心挖掘人的本质；第三，从马克思主义的实践维度解读人的本质；第四，通过研究马克思主义思想有关人的本质的相关论述，探究人的本质；第五，通过分析人类与自然的互动关系，研究人的本质等。❶ 尽管目前学术界已经就马克思关于人的本质思想进行了多方面的深刻剖析，但这个问题仍值得更多更深入的讨论，并且还有很多未完成的命题有待挖掘。因此，我们需要根据当下的社会背景，不断对人的本质概念进行贴近时代、贴近生活的解读，因为对人的本质的把握离不开对人与自然关系的探讨、人与动物之间的区别和人的本质的对象化问题的分析。在马克思主义的观点中，人类作为自然界的重要组成部分，在自身不断演变和发展的过程中，不得不通过和自然的物质交流来满足需求，从而保证人类的生命安全，使人的生活比起动植物更具稳定性和可持续性。但人并不仅仅满足于生物本能状态，人凭借其主体意识及在这种意识指导下的社会实践活动，超越了自身的生物属性，获得了社会化本质。马克思认为，只有在改造客观世界的过程中，人类才能真正地证明自己的存在。❷ 因此，我们可以清楚地看到，人类的意识及在其指引下的社会实践才是人的本质的所在，而实践主体与外部客

---

❶ 龙娜. 论马克思关于人的本质思想的三重维度及时代意蕴［J］. 河北青年管理干部学院学报，2020，32（1）：93-99.

❷ 马克思. 1844 年经济学哲学手稿［M］. 中共中央马克思恩格斯列宁斯大林著作编译局，译. 北京：人民出版社，2018：54.

体之间的对立统一关系是人类生存和发展的必要条件。对人的本质的解读，只明确了美是"人的本质力量的对象化"的一个方面。

此外，还必须对"人的本质力量的对象化"作进一步分析，这个问题的关键在于理解对象化的深刻内涵。"美是人的本质力量的对象化"的内涵包含了两个重要内容：首先，个体通过对自然的利用和改造，实现"自然的人化"；其次，人本身也是自然存在物，人作为大自然的产物，其本质力量对象化的过程，也是人作为自然存在物被改造和完善的过程。这个过程既包括人的精神认知层面的完善，也包括人的物质层面即身体方面的完善，是"人的自然化"过程。总之，"人的本质力量的对象化"体现了人"复现他自己"的目的。"自然的人化"和"人的自然化"实现了主体与客体这一对立统一体不断趋向完善，实现合目的性与合规律性的统一。"人类总的社会历史实践"认为，美是人的本质力量的对象化，在于将主体的意志和精神融合在一起，使主体能够从客观世界中获得满足，从而实现内在的自由意志和精神的提升。它既可以让主体从客观世界中获得满足，也可以让主体从主观世界中获得满足，从而使主体能够更好地实现内在的自由意志和精神的丰富。如何推动实现人的本质力量的对象化，从而形成美，基于此，著名美学家蒋孔阳提出了如下五种途径。

第一种是人通过劳动改造自然界以服务于人的生存和发展需要，使自然成为人的"无机的身体"。

第二种是人通过思维来想象和自由安排外在的自然之物，使自然之物符合人的需要，受人的思维和想象支配。

第三种是自然界中的万事万物由于其天生的形态而能够成为人抒发情感的对象，这就赋予了无生命之物以情感。

第四种是自然界本身具有无限性，这种无限性蕴含无限的可能，因此对自然之景的欣赏具有一个历史性的过程，人不断深入鉴赏自然之景的过程也是人不断对象化自己本质力量的过程。

第五种是人能够审美的对象只能是人化的自然界，而对于人诞生之前的纯粹自然界或当前还未被人类认识的对象世界都不能成为人的审美对象，因为究其本质而言，美是人本质力量的对象化，这就说明美的存在必须人在场。也就是说，审美的东西或范围应是人化的自然。❶

檀传宝在认同这些基本途径的基础上，提出"美是人的本质力量的对象化"的命题。他指出"人的本质力量的对象化"中的对象，既包括自然和人类社会，也包括人自身。他认为，只有将这三者结合起来，才能真正理解"美"的本质，即人的本质力量。"美"作为一种普遍存在的力量❷，可以被人们感知和体验。但人在对象化自己的本质力量时，存在主动性和被动性，即人们在审美和创美的过程中既有主观能动性，又受制于客观历史条件。他将美育实践划分为三个层面：本体论层面用审美实践沟通主客体；在认识论层面通过"审美—创美"的循环，实现认知与实践的统一；在价值论层面以审美自由推动人的解放，最终指向"每个人的自由发展是一切人自由发展的条件"的共产主义理想。❸ 马克思主义实践哲学中"真正的自由"是"对必然的认识和世界的改造"，即合目的性与合规律性的统一。马克思主义哲学革命的终极目标是实现人的自由解放，而檀传宝的美育观将此目标具体化为审美自由的实现。这种理论构建与马克思主义哲学革命存在高度一致性。马克思所著的《关于费尔巴哈的提纲》强调，哲学家们只是用各种不同的方式解释世界，而真正的挑战是如何去影响和改变世界。❹ 因此，马克思的思想比其他思想家更加深刻，因为它把我们带

---

❶ 蒋孔阳. 美学新论 [M]. 北京：人民文学出版社，2006：190 – 193.
❷ 檀传宝. 德育美学观 [M]. 太原：山西教育出版社，1996：114 – 115.
❸ 李鹏程. 人的解放问题是马克思实现了哲学革命的思想纲领 [J]. 学术月刊，1982（4）：7 – 14，20.
❹ 马克思，恩格斯. 马克思恩格斯选集（第1卷）[M]. 第2版. 中共中央马克思恩格斯列宁斯大林著作编译局，译. 北京：人民出版社，1995：57.

入了一个全新的时代，以探索和发展我们对宇宙的理解。传统哲学认为，自由是对对象世界必然性的认识，人对这种必然性认识得越多，就越能够彰显人所获得的自由含量。但马克思认为，自由是对客观世界必然性的认识与人类改造对象世界的实践活动这两者的有机结合。这就实现了自由与必然、主观与客观、普遍与特殊、有限与无限的统一，这与"美是人本质力量的对象化"一样，一方面彰显了人的主体能动性，另一方面说明了人在对象化自己本质力量时要受到客观自然环境的制约而无法实现预期目的。

总之，要正确地理解并把握"美"，就需要借助马克思主义辩证法和历史唯物主义，即"应当通过实践来探索产生美丽事物本质"❶。基于此，我们可以得出结论："美不仅仅是客观存在，也是社会存在，它既具有自然特征，也具有社会特征。"马克思主义的美学理论揭示了劳动不仅能够创造出美，更能够将它转变成一种超越功利主义的精神境界，从而让人们更好地感受和欣赏世间万物，把"美"融入思维和行为之中。它倡导在日常的生活和工作中，探索和发掘更多"美"的精神内涵，具体表现在对生活的体悟、对生命的珍视、对自由的追寻，即"具有自由精神追求的主体实践力量的对象化"❷。

尽管人们对"何为美"有不同观点，而马克思主义真正回答了"何为美"，揭示了"美"的本质，阐明了"美"的特征，马克思主义美学理论为把握"美"进而创造"美"提供了科学的世界观和方法论。因此，将美育融入思想政治理论课教学，我们应遵循马克思主义美学理论。这不仅是贯彻落实立德树人教育的根本任务，也是更好地培养学生的核心素养，不断提升学生的审美能力，发展他们的艺术鉴赏和创造力，从而培养德智体美劳全面发展的社会主义建设者和未来接班人。

---

❶ 王滢. 大学美育［M］. 成都：电子科技大学出版社，2017：22.
❷ 檀传宝. 德育美学观［M］. 太原：山西教育出版社，1996：115.

第二节　美育的界定与特征

一、美育的界定

清晰而明确的概念是开展研究的前提和基础，概念的清晰化有助于找到研究边界，避免研究对象无范围的空泛性。美育的内涵极为丰富，每个人都可能有不同的理解，本书则结合教学实践与理论研究的需要，重点探讨学校美育。

在我国，美育是在结合西方美育思想和我国美育文化传统基础上所提出的一个概念，美育概念的正式提出是在近代。梁启超是我国近代美育研究的开创者，他提出了"趣味教育"，这种教育是"为了一切动力的原动力"，但这作为新学也只是拓展了传统教育的内涵，远非美育本身。根据相关资料，1903年8月，王国维在《教育世界》杂志第56期刊发的《论教育之宗旨》一文中，首次提出了"美术""美术学"的概念[1]，并将美育与德育、智育、体育并称"四育"，这标志着美育概念在我国被正式提出。

1930年，蔡元培在《教育大辞典》中将"美育"定义为："美育者，应用美学之理论于教育，以陶冶感情为目的者也。"通过运用美学理论来开展教育，旨在培养美好的情感和品质。审美教育这一概念的提出，使人们能够从美学中获得更多的知识和技能，以达到陶冶情操的目的，进而提高公众的道德素质。[2]

---

[1] 王一川. 美学原理[M]. 北京：中国人民大学出版社，2015：190.
[2] 余连祥. 丰子恺美学思想研究[M]. 北京：商务印书馆，2012：87.

在西方，1795 年席勒在《审美教育书简》中第一次提出"美育即情感教育"，这引发了世界范围内众多学者对美育，尤其是美育功能的关注。同时席勒在《审美教育书简》中就美育含义、性质、内容、功能等内容进行了系统阐释。1978 年，伊雷娜·W、博热娜·S 在《审美教育杂志》发表文章，提出"美育是文化的重要组成部分，它最重要的功能就是唤醒人的自我意识"❶。1981 年，英国人德·朗特里在《教育词典》中将美育课程定义为"课程用语，大致包括美术、音乐、舞蹈、戏剧和文学"❷。该定义立足于艺术教育这一狭义视角来阐释美育，具有局限性。

现当代学者对"何为美育"也进行了不同解读。李廷扬指出，美育不只是美感教育和美学普及，而且应是一种综合性的教育，它涵盖了审美教育、创美教育以及其他更广泛的内容。美育范畴远大于审美教育，是审美教育和创美教育之和。审美的人与创美的人就是美质的人，即具有良好审美能力和创新思维的人才。❸

聂振斌认为，美育是一项旨在激发个体内心深处的美好想法、追求完善自我、追求精神境界、追求心灵自由、追求身心愉悦的教育，也被称作美感教育。它旨在利用文学、音乐、舞蹈等多样的表现手段，激发个体内心深处潜藏着的美好品质，从而使个体获得更多的精神满足，实现自我价值最大化。❹ 赵伶俐、温忠义指出，美育应该以具备明确定位、精心策划、科学实施为基础，以充满艺术气息、充满情感、充满活力、充满想象力、充满激情的教育形式，促进学生在道德、知识、能力、精神等方面全面成长。❺

---

❶ Irena W, Bozena S. Theory of Aesthetic Education: A Polish Prespective [J]. Journal of Aesthetic Education, 1978（2）: 42.
❷ Rowntree D. Dictionary of Education [M]. London: HARPER & ROW Publishers, 1981: 261.
❸ 李廷扬. 美育辩证 [M]. 贵阳: 贵州人民出版社, 2009: 3, 11 - 16.
❹ 聂振斌. 中国美育思想述要 [M]. 广州: 暨南大学出版社, 1993: 102.
❺ 赵伶俐, 温忠义. 互联网+大美育课程论 [M]. 北京: 北京师范大学出版社, 2016: 3.

邝芙云指出，通过培养人类对自然、社会和生活中的美的敏锐感知力，以及培养人们欣赏和创造这些美的能力，来促进人们情感的完善、精神境界的愉悦、身体心灵的净化。所以，美育不仅是一项教学实践，而且更为重要的是培养人们健康的审美观念和审美趣味。❶ 王一川认为，美育也被称为审美教育，旨在通过引导学生去欣赏和体验自然界中优秀的审美形象，从而塑造学生对美及其相关概念的敏锐洞察力、理解力和创新力，从而实现人的全面和谐发展。❷

美学家曾繁仁结合诸多关于美育的研究成果，提出了一种全新的"中和"审美观。❸ 他倡导的"中和"理念，注重培养审美感受、鉴赏和创造的能力，进而培养健康高尚的审美情感，塑造协调、完整的人格，确立和谐世界观、人生观、价值观，实现人与自身、人与自然、人与社会之间平衡和谐。这就是"中和"审美观的核心内涵。

综上可知，目前学术界主要从广义与狭义、形式与实质、主观与客观等方面来探究美育的基本内涵。结合前人的学术研究成果，我们可以推断出，美育主要有三个层面的含义：第一，它是一种以情感、审美观等方式来培养人们的道德品质；第二，它能够通过各种形式的艺术活动来激发个体的兴趣爱好，帮助他们更好地塑造个人品质；第三，它能够帮助人们实现全面和谐发展。美育不仅是一种教学方式，而且更重要的是，它可以激励人们主动去探索、思考、体验、感悟，进而提高全体公民的审美素养、增强他们的社会审美认知、提高他们的艺术修养，以及促进个体健康成长，以实现人的全面发展。❹ 通过美育，我们可以将手段和目的紧密结合起来，进而获得独特的审美体验。然而，正如席勒在《审美教育书简》中所呈现

---

❶ 邝芙云. 审美教育在《文化生活》教学中的应用研究 [D]. 长沙：湖南师范大学，2015.
❷ 王一川. 美学原理 [M]. 北京：中国人民大学出版社，2015：190.
❸ 曾繁仁. 走到社会与学科前沿的中国美育 [J]. 文艺研究，2001（2）：15.
❹ 龙娜. 高中思想政治课教学融入美育的探究 [D]. 桂林：广西师范大学，2019.

出来的矛盾状态一样，席勒有时认为审美是人所能够达到的一种极致状态，有时又认为审美是实现人生最高境界追求的重要中间环节，这一环节起着承上启下的作用，承上直接指向人所期望达成的道德的人生境界，启下是指人对片面存在的超越。《审美教育书简》为我们提出了一个重要概念："美育既可作为教育目标，也可作为教育手段。"因此，他提倡通过美育来引导人们成为"生活的艺术家"，让学生树立正确的审美价值观，使他们更加理性地看待世界，并且尊重大自然，从而达到遵循美的规律、追求和谐发展的目标。

二、美育的特征

美育与思想政治理论课教学融合发展，美育自身特征为实现这种融合提供了可能性。夸美纽斯认为教育是把一切知识教给一切人的艺术，实现教学的艺术性是教育追求的目标。美育的特征主要表现为情感性、形象性、和谐性、创造性和超功利性等。

第一，美育具有情感性。大中小学校的思想政治理论课分别是"落实为党育人、为国育才的重要课程，是全面贯彻党的教育方针，落实立德树人根本任务的关键课程"，"旨在提升学生的思想政治觉悟和政治认同，引导学生树立正确的世界观、人生观、价值观"[1]，是"以立德树人为根本任务，以培育社会主义核心价值观为根本目的，帮助学生树立正确的政治方向，提高思想政治学科核心素养、增强社会理解和参与能力的综合性、活

---

[1] 中华人民共和国教育部. 中共中央、国务院发出《关于进一步加强和改进大学生思想政治教育的意见》[EB/OL].（2004 - 10 - 15）[2024 - 10 - 11］. http：//www.moe.gov.cn/jyb_xwfb/gzdt_gzdt/moe_1485/tnull_3939.html.

动型课程"❶,"旨在通过系统的道德与法治教育,培养学生的思想政治素质、道德修养、法治素养和人格修养"❷的课程,各学段教学的目的都聚焦于将社会理性传授给学生,让学生加深对善恶是非的理解,以此更好地遵守和践行社会道德准则。而要实现这一目标的基本前提是学生对这种社会理性的认同感。这种认同感产生践行的情感冲动,"内化于心,外化于行"。相对于传统的教育方式,美育的一个主要优势便是它的情感性,它不仅可以通过调动学习者的内心世界,引导他们的思想、行为,而且可以培养他们的审美观念,让他们的心理得到满足,从而达到陶冶人格、提升素质的目的。因此,通过引导学生的内心世界,让学生的心理得到满足,这样的美育才能够真正地发挥它的作用。通过审美教育,学生可以从多种角度获得知识,从抽象的概念到具象的实践,从深刻的思考到实际的行动,从具象的事物到抽象的观点,再到深刻的情境,从潜移默化到真正的启发,审美教育的过程就像一场心灵洗礼,它能够让学生深刻地领略到艺术的魅力,让他们的思维更加活跃,让他们的精神更加丰富,让他们的心智更为成熟,让他们的思想更为深刻。只有将美的事物深深地植根于人们内心,并且通过有效的交流与互动产生心灵的共鸣和情感的认同,我们才能够深刻体验到审美对象所带来的精神震撼,从而激发更高层次的精神境界,达到更高的人生追求。

第二,美育具有形象性。美育作为美的具体化和现实化,同样具有美的一般性特征。美育是将美的对象借助一定的中介手段对其进行呈现,使观赏者能够明白其中的深刻内涵和精神价值。美育的形象性包含两个方面的内容,一方面是美育本身所具有形象性功能,另一方面是通过审美化的

---

❶ 中华人民共和国教育部. 普通高中思想政治课程标准(2017年版)[S]. 北京:人民教育出版社,2018.

❷ 中华人民共和国教育部. 义务教育道德与法治课程标准(2022年版)[S]. 北京:人民教育出版社,2022.

教学中介来呈现教学内容，实现课堂教学和课外活动的形象性和生动性。首先，美育本身具有形象性功能。美育作为一种教育教学形态，具有有用、有利、有益等价值功能，而这种价值功能的实现是美育本身所特有的内在属性。其次，教育教学呈现方式具有形象性。这种美育的形象性强调在教育教学活动中，教学内容要通过美的教学手段进行呈现，使丰富的教学内容与美的教学形式有机结合，实现内容与形式的统一。黑格尔认为，只有通过外在的表现，才能体现出真正的美。正是借助美的形象性，我们能够激发学生的触觉、视觉、听觉和嗅觉等感官，让他们更加深刻地体会到丰富的色彩，并且能够唤起内在的情感，让他们感知更多、更丰富的形象，从而引起情感共鸣，进而达到启迪智慧、净化心灵的目的。引入美的元素进行授课，如绘画、音乐、摄影等，可以使传统的政治理论课更加生动、丰富多彩，让原本抽象的理论变得形象具体，让原本枯燥的课堂变得生动活泼。同时，结合审美教育的艺术性和科普性，引导学生深入了解和欣赏艺术作品，可以培养他们独立思考能力、创新能力和批判能力，激发他们对审美对象的学习兴趣，促使他们更好地发展审美素养。随着时间的积累，学生将能够创作出具有美感的成果作品，从而实现审美创造。

第三，美育具有和谐性。美育的和谐性也被称为整体性、全面性。毕达哥拉斯学派将"美"定义为"和谐"。我国美育专家朱立元也认为，美育可以被视为一种完善的教育模式，它将人的各种能力、价值观念、行为习惯等都融入教育之中，使之达到和谐统一状态，体现了教育的最终目的和最高价值取向。❶朱立元深刻地阐释了美育的本质，强调了它的和谐性。美育是一种包含多方面素质获得和能力培养的教育形态，学生在教学实践活动中获得对自己本质力量对象化的确认，实现对自由人格的追求，而非外在强制的不自由状态。马克思曾在其著作中表述，个体在其生产活动中

---

❶ 朱立元. 美学 [M]. 北京：高等教育出版社，2006：431.

实现了个性和个性特点的物化，这种活动不仅令人在工作中感受到生命的充实，也使个体通过对生产物的反观，认识到自己是一个有形的，有权利的存在。❶ 美育的和谐性可以从两个层面来阐释：首先，美是外部事物所固有的和谐特质，这些特质能够触动审美主体的内在情感，使其受到感召并产生共鸣；其次，美育涉及审美主体自身的和谐与完备，即个体在社会中的和谐状态。马克思曾指出，人的本质是社会关系的总和，这意味着人无法独立于社会存在，脱离社会的个体将失去其存在意义。因此，人必须融入社会生活，方能彰显其价值与人生意义。同时，马克思主义强调，要想建立一种和谐的社会关系，就必须让每位公民都得到全面和谐的发展，他们应该具备良好的道德、知识、技术、精神和文化素养，这样，他们就可以通过互相尊重、互相理解、互相支持，来建立一个整体和谐与稳定的社会。

第四，美育具有创造性。美育的创造性反映了美的本质，即人的本质力量的体现。这表明，美不是由个人主观决定的，而是由社会实践活动产生的结果。马克思主义认为劳动创造了美，这也是美育创造性的根本体现。人类是自然界的一部分，人类不断演化和发展，并通过物质交换来维持生存和发展。人类本质上是自然界的一种特殊存在，这是人类的基本属性，同时，人类还会利用意识来思考、计划和创造，而不仅仅是本能的反应和生存。通过使用工具、建立社会结构、发展文化和艺术，以及进行科学探索等活动，人类不断地拓展和提升自己的生活方式，形成丰富多彩的社会文明。这种能力使人类的生存具有了更深远的意义和更高的价值，与动物的本能生存状态形成显著的对比。这种社会属性使人将自然界纳入自己的社会活动范围，并打上人的烙印，使得美的产生和发展成为可能。在人类

---

❶ 马克思，恩格斯. 马克思恩格斯全集（第42卷）[M]. 中共中央马克思恩格斯列宁斯大林著作编译局，译. 北京：人民出版社，1979：37.

历史上，人们对美进行了长期探索与追寻，也得出了不同的美学观点，这些观点都没有真正触及美的本质，只有马克思主义才科学地揭示了到底何为美。马克思主义曾指出，人类思维的客观真理性不是一个概念问题，而是一个实践问题，因此，人们必须回到实践中验证自己思想是否具有真理性、可靠性以及它的具体作用。❶ 对于"脱离社会实际"的"思想"，这一概念的讨论可以说是一种完全属于传统哲学范畴的命题。同样，"任何领域的美，都是客观的物质性存在"❷，要真正理解美的本质，也必须从社会实践中去寻找。美育融入思想政治理论课教学的创造性，我们可以从不同的视角来理解。美育的创造性既包括提高学生独立思考、分析问题的能力，也包括激励他们探索未知领域，提高对生命与生活的认知与掌控能力。将美育融入思想政治理论课教学中，不仅能够激发学生的审美想象，拓宽他们的思维阈值，还能提升他们的人文情怀和审美素养。如此开展教育教学，不仅有利于学生加深对生命本质的理解，增强对生活和人生价值的感悟，还能引导学生积极追求有意义的人生。

第五，美育具有超功利性，美育的超功利性，是指它不受实用主义的束缚，让人获得自由、解放，达到一种超越物质利益牵制的精神境界。在这种状态下，人们能够放下世俗的杂念，专注于内心的修养，体验到身心合一的幸福和愉悦。康德指出，美育应该把人们从物质上的满足中解放出来，让他们能够在没有实际意图的情况下，获得内在的平衡，从而达到一种完全自我释怀、忘却外界纷扰、内外兼修的境界，从而实现身心平衡，获得快乐。黑格尔提出，"审美带有令人解放的性质"的局限性不可忽视，而"自我"则提供了一种更高层次的理解，即通过美育来实现一种更大的

---

❶ 马克思，恩格斯. 马克思恩格斯文集（第1卷）[M]. 中共中央马克思恩格斯列宁斯大林著作编译局，译. 北京：人民出版社，2009：500.

❷ 王滢. 大学美育 [M]. 成都：电子科技大学出版社，2017：35.

自我实现，从而让每一位公民都能够获得更多的自由，获得更多的成长机会，从而达到一种更高的境界。❶ 对于思想政治理论课教学而言，这种超功利性就体现在学生社会理想的树立上。当前，人们面对的社会现实复杂多变，同时现实生活中还存在一些不完美的地方，尤其是在市场经济的冲击下，人们的价值观念多以货币为度量指标来衡量人生价值，这就形成物化现象。这种现实存在对青少年的成长成才具有巨大的负面影响。通过美育融入思想政治理论课的教育，我们可以培养学生的理想信仰，让他们更加清晰地认识到人生的理想是什么，并且把它作为促进中华民族伟大复兴和实现中国梦的动力。同时，马克思主义基本原理也揭示出个体作为自然属性和社会属性的结合体，一方面有对必然性和普遍性不懈追求的本质冲动，另一方面这种追求又受制于社会历史条件和客观环境，此时就只有国家和集体才能帮助个体达成这种理想目标。因此，从个人与社会的辩证关系来看，个人只有在服务和奉献国家和集体的前提下才能真正实现对自己生物属性的超越，无数个体的不懈奋斗就构成了整个社会的全面发展和进步，从而使个人能够在社会历史领域彰显自己的社会属性，实现人生价值。由此可知，实现了"大我"的人生价值就享受和体验到了美育的超功利性，这是一种发自内心的自我认同和价值追求。

第三节　近代以来我国美育发展历程

中华民族历经 5000 多年的文明演变，其灿烂的文明为全球社会发展作出了巨大贡献。原始社会时期，中华民族的图腾崇拜中，美的因素在其中发挥了教化的作用，并以美育来增强部族认同感，夏、商、西周时期的青

---

❶　叶朗. 美在意象 [M]. 北京：北京大学出版社，2010：142-143.

铜器制作更是对美的极好诠释。古代中国的美育思想大致可以分为两个层次：一是注重外观形式的艺术美，这形成以诗歌、绘画、雕刻、音乐、舞蹈、书法、文学等为具体形式的艺术宝库；二是富含思想内核的内在演进逻辑路线。我国古代许多的艺术文化，其本质还是注重伦理价值和政治价值，强调将社会道德准则转化为人的内在需求❶，并以诗歌、礼乐的形式来传播伦理道德。因此，我国古代的艺术文化不仅是一种审美教育的实践产物，更是一种深刻的思想体系。封建社会所提倡的艺术文化与艺术教育是在封建社会内部进行的教育，即使有美的教育，都还不是真正意义上的现代美育，真正现代意义上的美育则出现于近代以后。

一、近代至新中国成立时期的美育发展

近代中国，美育领域出现许多名家，如梁启超、王国维、蔡元培、鲁迅、丰子恺和朱光潜等。他们对美育的研究超越了美育本身，并将其上升至挽救国家和民族的高度，赋予其崇高的历史使命——通过美育的实施来改变国民的心志，唤起国民的斗志，实现振兴中华民族。

梁启超作为近代提倡美育的先驱，是我国近代历史上审美教育的启蒙者。尽管"美育"这个词他并未明确提出，但他的思想中蕴含着浓厚的美育认知。他很看重"美"在教育中的作用，将其视为人的生活中不可或缺的重要因素。❷ 王国维在梁启超的影响下，进一步加强了对美育的研究，他认为要挽救民族和国家于危难中就必须培养身心都健全的人。1906年，他在《教育世界》杂志上发表《论教育之宗旨》一文，强调以培养具备良好身心素质、充分发挥个体潜力的公民为目标，以拯救危难中的民族和国

---

❶ 王一川. 美学原理 [M]. 北京：中国人民大学出版社，2015：190.
❷ 刘琼华. 建构"以美育人"的中学德育模式 [D]. 福州：福建师范大学，2003.

家。这种身心教育包括身体教育和心理教育，身体教育强调人才培养要注重培养人的身体健康意识；心理教育强调包括美育和德育等多育结合起来的整体性教育，以培养完全之人来保家卫国。王国维不仅立足于教育领域来看待美育，更是基于挽救民族于危难的动机来看待美育，这显然提升了美育的价值定位。

20世纪20—30年代我国美育发展较快，出现了一批研究和倡导美育的著名学者，其中就有蔡元培。他是一位杰出的美育学者，提出了"五育并举"的教育方针，旨在培养学生的实利主义、团结协作、全球视野、社会责任意识及审美情趣。

蔡元培曾提出著名的"以美育代宗教说"。蔡元培认为，在早期的人类社会，宗教是意识形态的主导者，美育与其他的教育形式一样都依附于宗教，这是因为当时社会的物质生活水平低下。但随着生产力的进一步发展，这不仅为人们在概念上把握世界提供了丰富的经验材料，同时也促使艺术、文学、科学和伦理等领域逐渐从宗教的束缚中独立出来，形成各自的学科体系。他认为，虽然人们会反对宗教，但人们并不反对宗教中所蕴含的美育内容。"美育能够取代宗教，而宗教却不能取代美育是因为美育代表的是自由、进步和普及性，而宗教往往代表着强制、保守和局限性。"❶ 美育具有普遍性，"能够帮助人们打破个人成见"，美育还具有超脱性，"能够清晰地揭示事物之间各种利害关系"。❷ 正是这种美育的力量，能够在关键时刻激发人的高尚品格。蔡元培认为，虽然宗教文化有助于解答人类终极关怀的问题，如探讨生命的意义、确立价值观等，但是，美育更具有探索这些问题的可能性。美育可以将抽象的形而上终极问题具体化，从而实现从"超然"到"现实"的转化。美育的媒介特性，可以将现象世

---

❶ 蔡元培. 蔡元培谈教育［M］. 沈阳：辽宁人民出版社，2015：68.
❷ 蔡元培. 蔡元培谈教育［M］. 沈阳：辽宁人民出版社，2015：80.

界与实体世界联系起来。由此可知，蔡元培提出的"以美育代宗教说"与人对于人生的终极意义的反思紧密相连。但他在批判宗教权威的过程中无意树立了美育的权威，将美育这一更具有经验性的"存在"作为人们安身立命之根本。正如费尔巴哈在对德国古典哲学的批判过程中并没有完全消除"绝对精神"一样，当费尔巴哈在社会历史领域遇到矛盾时就不得不再返回到黑格尔的爱、意志、欲望上，甚至重新求助于上帝。蔡元培对宗教的批判同样存在类似问题，美育在他的思想体系中扮演着"宗教"的角色。在他看来，美育是一种可以脱离社会现实并且能够弥合现实裂缝的"精神自救"。

蔡元培的美育思想可以视为一种反映社会现实的理念，他的理念具有明显的阶级特征、时代特色、民族特色以及实践性，为当时的社会提供了重要的指导。然而，我们决不能因此而否认蔡元培"以美育代宗教说"的理论价值与时代意义。蔡元培提出"以美育代宗教说"的目的在于关心人本身的生存与发展，关心人存在的精神家园和终极价值。这种理论关切对于当前以科技理性和工具理性为主导的社会颇具启示意义。随着时代的进步，"以美育代宗教说"应当被认真审视，从中汲取有益的元素，同时摒弃不良的影响，只有这样，我们才能够根据当今的中国实际情况，融入当代的社会环境，实现中华优秀传统文化的创造性转化创新性发展。

鲁迅在我国美育发展史上居于重要地位。鲁迅早期的美育思想源于西方超功利主义美学，他在《摩罗诗力说》一文中的核心观点是从文学角度而言，所有艺术形式都应该让观众感到愉悦，因此，我们应该抛弃实用性，以纯粹的情感和审美为前提去观看和体验艺术。在新文化运动的背景下，鲁迅以其科学民主思想和艺术作品（小说），对封建主义及其道德观念进行了深刻的批判，揭露了吃人的封建礼教，在当时社会产生了持久深远的影响。❶ 鲁迅为了宣传新文化，注重在培养人才方面融入美育内容，他在教育部工作期间还亲自讲授《美术略论》，创立艺术学院，举办各种艺术展览，为我国学校美育发展作出了重要贡献。❷

二、新中国成立以来的美育发展历程

中华人民共和国成立后，我国美育事业在中国共产党坚强领导下迎来了发展的历史性机遇。

（一）20 世纪 50 年代至 60 年代初期的美育发展

新中国成立之初，教育改革就成为国家发展的重要战略之一。当时的教育目标是强调对青年一代进行全面培养，以期他们能够在智力、道德、体育和美育等各方面全面发展，成为社会自觉的积极成员。❸ 这种教育理念不仅关注知识的传授，同时注重个人品德的塑造和审美能力的培养。

1954 年 2 月，时任总理的周恩来在政务会议上提出学校教育改革发展目标时，特别强调了德、智、体、美等方面均衡发展的重要性。他认为，教育的目的不仅是培养知识型人才，更重要的是培养具有社会主义觉悟和文化素养的全面发展人才，从而推动国家向社会主义、共产主义社会前进。❹ 为了实现这一目标，教育部相继颁布了《小学暂行规程（草案）》和《中学暂行规程（草案）》，旨在推动中小学校落实智育、德育、体育、美

---

❶ 聂振斌. 中国美育思想述要［M］. 广州：暨南大学出版社，1993：351.
❷ 蔡秋培. 鲁迅的美育思想及其启示：以《儗播布美术意见书》为中心的考察［J］. 高教探索，2024（6）：105 – 110.
❸ 中央教育科学研究所. 中华人民共和国教育大事记（1949—1982）［M］. 北京：教育科学出版社，1983：38.
❹ 何东昌. 中华人民共和国重要教育文献（1949—1975）［M］. 海口：海南出版社，1998：141 – 142.

育等全面发展的教育。❶

1955年，在国务院举办的全国文化教育工作会议上，对提升我国中小学教育质量进行了深入讨论，强调必须全面执行培养学生全面发展的教育理念。该会议强调，教育应涵盖智育、道育、体育及艺术教育，这四方面缺一不可，每个部分都是学生全面发展不可或缺的组成部分。为了有效落实这项教育方针，国家采取了一系列措施，旨在改善基本的生产技术教育，构建良好的劳动教育环境，确保学生能在各方面得到均衡发展。

同年，教育部发布的《关于全面发展教育方针的报告》中，详细阐释了美育在学生发展中的重要性，该报告指出，美育能够激发学生对美的感知和情感，还能帮助他们辨识并远离不良行为与丑陋的事物。实施美育不仅在美感培养上发挥作用，更通过思想和行为的引导，增强学生的社会责任感。由此说明，美育在提升学生的道德修养、强化学生思想政治素质方面，能够起到积极的推动作用。❷

1956年，我国完成社会主义改造，正式进入社会主义社会。这一时期教育界对美育的讨论多聚焦于美育的工具价值，缺乏对美育内涵和定位的理性审视，教育领域关于"三育""四育"问题的讨论日益激烈。到1957年2月，毛泽东在《如何正确处理人民内部的矛盾》的讲话中，再次强调了全面教育的重要性。他提出，教育不仅是关于智力的培养，更应包括德育、体育等方面，旨在培养全面发展的社会主义劳动者❸，使他们具有良好的社会责任感和文化素质。

受当时政治生态的影响，1958年起美育在教育工作中的地位被削弱。中共中央和国务院颁布的《关于教育工作的指示》中取消了关于美育的具体要

---

❶ 刘琼华. 建构"以美育人"的中学德育模式 [D]. 福州：福建师范大学，2003：25.
❷ 杨力，宋尽贤. 学校艺术教育史 [M]. 海口：海南出版社，2002：11.
❸ 毛泽东. 毛泽东文集（第七卷）[M]. 北京：人民出版社，1999：226.

求,导致学校的美育事业发展遭受严重挫折。1963年3月,《全日制小学暂行工作条例(草案)》和《全日制中学暂行工作条例(草案)》正式实施,这些文件取消了对美育的工作要求和实施办法。同年7月,周恩来参加北京高校应届毕业生大会并发表讲话,他提出,实现人的全面发展,要从德育、智育、体育三个方面加强,同时指出学习戏剧、电影等革命文化能够增强个人的道德修养和培养共产主义道德情操。❶

20世纪50—60年代,朱光潜、蔡仪等学者在《文艺心理学》《悲剧心理学》《谈美》《美学问题讨论集》等一系列重要论著中,深入探讨了美育及美的内涵,并对美的本质予以相应阐释。这些著作的出版为美学的广泛传播和美育的进一步普及作出了重大贡献。同时,学术界掀起了一场关于美的大讨论,讨论主题包含美的本质问题、美的研究对象以及自然美学等命题,在讨论中进一步宣传了美育和美学思想。

这一时期我国的教育改革和学术讨论,不仅推动了美育事业在复杂环境中成长,同时也为未来的美育实践活动和理论探索构建了坚实的基石。尽管在某些时期,美育的地位受到了挑战,但其在培养全面发展人才中的重要性始终得到了教育界和学术界的认可。通过不懈的努力,中国的美育事业在探索中不断前进,为培养一代又一代社会主义建设者和接班人作出了重要贡献。

(二)20世纪60年代中期至20世纪70年代的美育发展

1966年,随着"文化大革命"的爆发,美育领域受到了极大的冲击。在这一时期,教育成为阶级斗争的工具❷,美育被视为剥削阶级的产物,

---

❶ 李瑞奇. 新中国成立70年来美育在教育政策中的嬗变研究[J]. 湖北社会科学,2019(5):155-161.

❷ 张宁. 八十年代《美育》杂志研究[D]. 上海:上海师范大学,2015.

遭受了激烈的抨击。美育被贴上"牛鬼蛇神"的标签,被认为是封建主义、资本主义和修正主义思想的残余。❶ 学校的美育教师成为批判的主要目标,美育领域成为"文化大革命"的一个"重灾区",甚至到了谈及美育就令人色变的地步。

在这一时期,我国的文化艺术作品也遭受了严重的破坏。由于极左思潮的影响,一些焚毁艺术品的行为时有发生,许多具有重要历史价值的文物、古籍和书画作品被毁。与此同时,人们能够接触的审美活动仅限于"样板戏"和"红卫兵诗歌"。这些社会"理性"并非出自人们内心的真正认同,缺乏对个体的自由精神追求,不是对"人的本质力量"的确认,不具有"审美活动的创造价值"。"文化大革命"期间,美育的缺失对国家和民族的发展造成了严重的影响,给民族精神带来了极大的创伤。

随着中国社会政治环境的转变,我国教育事业迎来了新契机,美育也迎来了复苏与重构的机遇。1978年,中共十一届三中全会在北京胜利召开,大会确立了解放思想、实事求是的指导思想,为推动我国社会进步和改革发展注入了新动力。这一时期,美育被重新纳入教育方针,获得了全新的发展机遇。在经历了"文化大革命"对人的感性需求和主观审美过度压抑后,人们对美育的需求和认识发生了新变化,美育不仅被视为一种科学研究的需要,更被看作对人存在本身的深层次探索,因为人性能够激发出一种特殊的力量,让人们能够更加深刻地思考人的存在价值和意义。❷人们意识到,对美的关注就是对人的存在价值的一种深刻探索。

1979年,时任教育部部长蒋南翔在回答记者提问时,强调"对文学艺术的欣赏能力也是我们时代大学生应有的文化修养",其提出的"德智体三方面都包含着美育的成分,美育贯穿在德育、智育、体育的过程之中",

---

❶ 张正江. 新中国美育发展研究 [M]. 北京:人民出版社,2014:60.
❷ 王一川. 美学原理 [M]. 北京:中国人民大学出版社,2015:9.

厘清了美育在德育、智育、体育三方面教育中的融合性❶，从政府层面再次明确了美育的地位。

（三）20 世纪 80 年代至 90 年代的美育发展

进入 20 世纪 80 年代后，学术界对美育的研讨越发活跃，美育相关研究文章在权威期刊上频繁发表。据研究资料统计，当时中国教育科学研究院主办的期刊《教育研究》在 1979—1994 年发表有关美育方面的文章共计 55 篇，占比约为 70%，其他影响力较大期刊如《教育学》，同样对美育给予了大量关注。这一时期，学者丁家桐在《教育研究》上发表了《谈美育》一文，该文直接反映了时代发展对人们尤其是对青少年精神世界的关注，认为美育具有非意识形态化的特点，提出不能将美育作为意识形态化的教育形态而加以排斥；相反，美育对于促进德育教学和培养完善人格具有重要作用。这充分体现了改革开放之初，人们不仅在物质上有了新需求，而且在精神文化方面也解放了思想，开始关注人的感性需要和审美需求。

1980 年，朱光潜等美学家联名向教育部提出将美育纳入国家教育体系的建议，以恢复其应有的地位。1981 年，《美育》杂志创刊，办刊宗旨在于宣传和普及美学知识，是当时国内唯一的美学刊物。尽管后来因认识局限而停刊，但它体现了当时社会对美育的重视。同年，国务院印发《关于建国以来党的若干历史问题的决议》，该决议系统总结与科学评价了新中国成立以来我国若干历史问题，同时强调我国在推进学校教育方面，应坚持德、智、体全面发展，促进知识分子和工农的结合，以及脑力劳动和体力劳动的结合。❷ 决议旨在形成一个多方面发展的教育方向。这表明，教

---

❶ 何昌东. 中华人民共和国主要教育文献（1949—1975）[M]. 海口：海南出版社，1998：1695.

❷ 中共中央文献研究室. 关于建国以来党的若干历史问题的决议注释本 [M]. 北京：人民出版社，1983：66.

育系统正在努力推动社会全面进步的需求,其中包括美育的推广。

虽然中共十一届三中全会确立了解放思想、实事求是的思想路线,但在美育领域进行系统评估和科学评价还需要实践的沉淀和时间的考验。然而不管怎么说,美育发展的光明前景呼之欲出。1982年,中共中央转发《深入持久地开展"五讲四美"活动,争取社会主义精神文明建设的新胜利》,旨在深入持久开展全民精神文明建设,以加深人民对美的认识,同时,也使中华优秀传统文化得到重视,这为美育地位的恢复和发展提供了有利条件。

1986年,是改革开放以来美育发展的关键一年。这一年里,"第七个五年计划"的发展报告首次清晰地强调了在全国范围内的学校教育必须全面实施德、智、体、美全面发展的教育方针。新的教育方针的确立,显著提升了美育在我国教育体系中的重要性。1986年12月,国家艺术教育委员会成立,为美育事业的发展奠定了基础。

1989年11月,国家教委颁布了《全国学校艺术教育总体规划(1989—2000年)》,该规划明确了学校教育在社会主义建设中的根本任务,并进一步强调,通过美育不仅可以提升学生的道德水平,还可以全面促进其身心发展和能力提升,从而培养出合格的社会主义建设者和接班人。该规划的发布标志着美育在国家教育体系中的地位得到了显著提升,确立了美育在青少年成长和社会发展中的重要作用。

1993年,中共中央、国务院印发了影响深远的《国家教育改革和发展纲要》。该纲要特别强调了美育在国家教育改革中的战略性地位,它指出,通过美育不仅能够塑造学生的审美价值观,还能够提升他们的审美修养及个人品质。1998年,教育部发布《面向21世纪教育振兴行动计划》,其中明确启动"跨世纪素质教育工程",从此开始在全国范围内推行素质教育。素质教育的实施是在全球经济一体化、世界科技迅猛发展,国际竞争日益激烈的时代背景下教育发展的必然选择。教育是提升国家综合国力的基础工作之一，而美育因其在培养学生的感性能力和健全人格方面的重要作用，成为素质教育的重要组成部分。在这一过程中，美育与其他教育相辅相成、相互促进，共同促进我国现代教育体系的完善发展，并在教学活动和理论研究中充分融合和提升。

在1999年召开改革开放以来的第三次全国教育工作会议上，素质教育被确立为大会主题，进一步明确其在国家发展战略中的重要位置。此次会议的召开恰逢《中共中央、国务院关于深化教育改革全面推进素质教育的决定》的颁布，这一文件的出台标志着中国的教育改革特别是素质教育迈上了新的发展阶段。2000年，江泽民在《关于教育问题的谈话》中强调，要加强青少年的思想政治、品德、纪律和法制教育，并指出教育教学不仅要重视科学文化知识传授，还要重视学生的其他素质，培养他们成为德、智、体、美全面发展的社会主义建设者和接班人。这一阶段的素质教育更加广泛地融入不同级别和类型的教学体系中，与此同时，全面推行素质教育对美育的需求也日益增强。这是美育首次被纳入国家教育方针的发展大纲，并且在政府的多份正式文件中有明确的关于其地位和作用的阐述。素质教育的实施与美育发展相辅相成，共同推进了我国教育现代化步伐和建设人力资源强国的目标。

（四）21世纪初期我国美育发展

进入21世纪，美育学科的研究逐步扩展和深化，学术成果的数量和质量均有显著提升。中国特色的美育体系正在稳步构建和完善，为社会大众提供了更广泛的美育机会。在美学与德育的结合研究中，一批杰出的学者如檀传宝、赵伶俐、陈建翔、朱立元、曾繁仁等，在推动美育与德育融合发展方面作出了重要贡献。除了学术界对美育的研究，党中央从国家层面对美育的发展给予了强有力的支持，出台了多项政策，进行了一系列重大战略布局，并作出了一系列重要指示批示。

21世纪初，我国在教育领域进行了一系列的改革和创新。2001年，李岚清在全国基础教育工作会议上作题为《深化基础教育改革加快素质教育步伐为现代化建设提供人才储备和支持》的讲话，强调了教育改革的重要性，他提出必须彻底改变应试教育方式，深入推动素质教育，更好地促进青少年在德育、智育、体育、美育等方面均衡发展和健康成长。❶ 次年，党的十六大报告进一步强化了这一教育理念，并明确提出教育应服务社会主义现代化，以人民的需求为重点，与生产劳动及社会实践紧密结合，培养全面发展的社会主义建设者和接班人。❷ 2003年，教育部发布《全国学校艺术教育发展规划（2001—2010年）》（以下简称《规划》），《规划》强调了当前学校美育工作的紧迫性，重申了艺术教育在学校美育中的核心地位及作用。《规划》还提出，通过实施艺术教育，不仅能够培养学生的爱国主义和集体主义精神，还可以激发学生的创造力和创新能力，提升他们的审美和文化修养，从而促进学生的个性发展与全面成长。❸ 这些改革体现了我国对未来教育的深远考量，期望通过教育全面提升国民素质，塑造未来社会的创新人才。

  百年大计，教育为本。2010年，我国政府发布《国家中长期教育改革和发展规划纲要（2010—2020年）》。作为引领未来十年我国教育的纲领性文件，该纲要明确指出，教育要更好地服务于社会主义现代化建设，服务于人民，同时强调教育要与生产劳动及社会实践相结合。此外，该纲要特别强调要加强美育工作，以提升学生的审美能力和人文素养，培养全面发展的社会主义劳动者。❹

---

❶ 何东昌. 中华人民共和国重要教育文献（1949—1975）[M]. 海口：海南出版社，1998：912.
❷ 江泽民. 全面建设小康社会，开创中国特色社会主义事业新局面：在中国共产党第十六次全国代表大会上的报告 [M]. 北京：人民出版社，2002：40.
❸ 全国学校艺术教育发展规划（2001—2010年）[J]. 中国音乐教育，2002（12）：4-7.
❹ 国家中长期教育改革和发展规划纲要（2010—2020年）[M]. 北京：人民出版社，2010：12，17-18.

2011年10月，党的十七届六中全会颁布一项重要决策《中共中央关于深化文化体制改革推动社会主义文化大发展大繁荣若干重大问题的决定》，明确指出文化体制改革的深化对于促进社会主义文化的繁荣和推动社会主义现代化进程具有重要意义。❶ 该决定提到，文化是民族的魂魄和人民的精神家园，在全球化和科技飞速发展的今天，文化在提升国家形象和综合国力方面具有重要作用。该决定指出，随着科技的飞速进步和经济全球化的不断深化，各国思想文化交流变得更加频繁，因此，该决定提出要推动富有教育意义、使人身心愉悦的文艺创作，反对低俗文化现象。❷ 21世纪初期，我国美育得到了党中央的高度重视，无论是在实践中还是理论研究方面都取得了快速的发展，为美育事业的持续深入发展打下了坚实的基础。

（五）新时代我国美育事业快速发展

2012年党的十八大报告中，教育被确认为国家优先发展的大事，其首要任务是立德树人，培养德、智、体、美等方面全面发展的社会主义建设者和接班人，其中美育作为教育的重要组成部分，被特别提出并强调其在教育体系中的重要地位。❸ 此后，以习近平同志为核心的党中央高度重视美育的发展，并为其创造了前所未有的发展机遇。随着我国对生态文明建设的持续推进和"美丽中国"理念的提出，人们开始更加关注生态环境保护中的美学价值。这种关注不仅有助于推动美育事业的发展，而且从生态

---

❶ 中共中央关于深化文化体制改革推动社会主义文化大发展大繁荣若干重大问题的决定［M］. 北京：人民出版社，2011：4，21.

❷ 中共中央关于深化文化体制改革推动社会主义文化大发展大繁荣若干重大问题的决定［M］. 北京：人民出版社，2011：4，21.

❸ 胡锦涛. 坚定不移沿着中国特色社会主义道路前进，为全面建成小康社会而奋斗：在中国共产党第十八次全国代表大会上的报告［R］. 北京：人民出版社，2012：35.

环境保护的角度来看，树立人与自然和谐共生的理念，以审美的态度看待自然，将自然视为资源库等生态文明理念本身就是一种美，一种自然之美与人文之美的结合。教育在这一过程中扮演着关键角色，帮助人们树立正确的审美观念和生态保护意识。2013 年 11 月，中共十八届三中全会再次强调了改进美育的重要性，提出要提升学生的审美能力和人文素养。❶ 这进一步表明美育不再局限于艺术教育领域，它更是全面提升学生综合素质的重要途径。政府在推进美育事业发展进程中扮演着至关重要的角色，不仅推动提升学生审美能力的政策实施，同时也帮助他们建立正确的审美观念和拓宽他们的审美视野。

  2014 年 1 月，教育部颁布《关于推进学校艺术教育发展的若干意见》。这是一份加强素质教育，增强学生审美及人文素养，促使学生全面健康成长的文件。文件强调了学校美育在实现教育目标和贯彻党的教育方针政策中的重要性，明确了其在实现立德树人方面的关键作用。文件对艺术教育和美育进行了明确区分，并指出艺术教育在培养学生的审美能力、道德情操、民族情感、创新意识等方面具有不可替代的作用。艺术教育被视为实施美育的主要途径，能够帮助学生形成正确的审美观念，促进他们全面发展。❷ 同年 10 月，习近平总书记在全国文艺工作座谈会上，多次提及"美"的概念，强调文艺追求真善美的重要性，并指出文艺工作者应弘扬社会主义核心价值观，以爱国主义题材为创作主旋律。同时，他强调了传承和弘扬中华优秀传统文化与中华美学精神的必要性。面对现实生活中的负面现象，文艺应以现实主义精神和浪漫主义情怀来反映生活，用正面价值观驱散消极影响，带给人们希望和梦想。这充分展示了党中央和国家领

---

 ❶ 中共中央关于全面深化改革若干重大问题的决定 [M]. 北京：人民出版社，2013：43.
 ❷ 教育部. 教育部关于推进学校艺术教育发展的若干意见（教体艺〔2014〕1 号）[EB/OL].（2014 - 01 - 14）[2023 - 12 - 10]. http：//www.moe.gov.cn/srcsite/A17/moe_794/moe_795/201401/t20140114_163173.html.

导层对美及美育在社会主义建设中的重视，并通过政策支持和战略规划，为美育的进一步发展提供了广阔的机会。

2015 年，国务院办公厅发布《关于全面加强和改进学校美育工作的意见》，这是一项专门针对学校美育工作的重要文件，标志着我国学校美育发展进入一个新的阶段。该文件诠释了美育在培养学生审美能力外，还有更深层次的情感和精神价值，强调其在丰富学生情感态度、生活品位、人格修养及视野拓展方面的重要作用。它还设定了明确的发展目标和时间表：从 2015 年开始，全面推进学校美育改革，力求在 2018 年取得显著成效，改善美育资源的分配和管理体制，确保各级各类学校系统地提供美育课程；预计到 2020 年，构建一个全面的、具有中国特色的现代化美育体系。❶ 该体系包括不同学段的系统化教学与实践活动，并融合普及教育与专业教育、学校美育与社会美育的协同教育体系。该文件为学校如何坚持美育的基本原则、构建科学的课程体系、整合各类美育资源、保障美育事业健康发展等方面提供全面系统的指导，成为新时期指导我国学校美育工作的纲领性文件。此外，同年年底《中华人民共和国教育法》的修订也进一步明确了教育的社会责任，强调教育要服务于社会主义现代化建设，满足人们的发展需求，要与生产生活和社会实践相结合，培养德、智、体、美全面发展的人才。❷ 这一系列政策措施，共同推动了我国教育和美育事业的深入发展。

2016 年 12 月，在全国高校思想政治工作会议上，习近平总书记再次强调高等教育在培养社会主义建设者和接班人的重要作用，并指出教育必须遵循正确的政治方向。❸ 他还提出，文化应在教学中占有一席之地，并

---

❶ 国务院办公厅. 国务院办公厅关于全面加强和改进学校美育工作的意见 [EB/OL]. (2015 – 09 – 15) [2024 – 11 – 30]. http://www.moe.gov.cn/jyb_xxgk/moe_1777/moe_1778/201509/t20150928_211095.html.

❷ 教育部课题组. 深入学习习近平关于教育的重要论述 [M]. 北京：人民出版社，2019：75.

❸ 习近平谈治国理政（第二卷）[M]. 北京：外文出版社，2017：377.

倡导通过丰富的校园文化活动和社会实践来培育人才，全方位培养学生的能力。习近平总书记的讲话还涉及高等教育的终极目的，即培养出能够担当国家复兴重责的新一代人才。这一目标不仅适用于高等教育，也是各级教育阶段美育工作的追求。他强调，为了达到这一目标，必须全面贯彻党的教育方针，坚持马克思主义的指导地位，走中国特色社会主义教育的发展道路。此外，还须坚持社会主义的办学方向，结合中国国情，遵守教育基本规律，持续推动教育改革和创新。教育的最终目标是培养能够为社会主义现代化建设服务的人才，充分利用和开发国家的人力资源，从而实现从人口大国向人力资源强国转变，这一过程不仅将全面提升国民整体素质，尤其是劳动者的素质，还会加快教育的现代化步伐，推进教育强国建设，促进教育的公平和正义，满足人民群众对精神文化增长的需求。

2017年初，由中共中央办公厅和国务院办公厅联合发布的《关于实施中华优秀传统文化传承发展工程的意见》中，突出了传承和弘扬中华优秀传统文化的必要性。文件强调把人民放在工作的中心，提出文化教育应与人民生活紧密结合，通过文化熏陶和实践养成，让传统文化的理念、价值观和审美标准渗透到人民群众的精神追求与行为习惯中，旨在提升公众的文化参与度、满足感和归属感，并促成积极健康的社会风尚。❶ 该意见特别强调了将中华优秀传统文化融入教育的重要性，包括思想道德、文化知识、艺术体育和社会实践等领域，推动戏曲、书法以及高雅艺术和传统体育等进校园❷，以全方位提升学生的综合素质。2017年5月，习近平总书记在访问中国政法大学时，鼓励年轻人以真、善、美为追求，不断自我完善、自我提升，以培养高尚的道德观和纯朴的情感，努力实现个人价值，展现青春活力。2017年10月，党的十九大报告指出中国已进入新时代，

---

❶ 关于实施中华优秀传统文化传承发展工程的意见［N］. 人民日报, 2017-01-26 (06): 1-2.
❷ 关于实施中华优秀传统文化传承发展工程的意见［N］. 人民日报, 2017-01-26 (06): 2-3.

社会的主要矛盾已经转变为人民对美好生活的向往与不平衡不充分的发展之间的矛盾。报告中提到的"美",既涉及物质生活,又涉及精神文化生活,反映了人民对更高层次需求的追求。这一矛盾的转变为我国教育事业的发展指明了方向,即全面贯彻党的教育方针,落实立德树人的根本任务,发展素质教育,推进教育公平,培养德、智、体、美全面发展的社会主义建设者和接班人。❶ 新时代背景下,美育作为教育的重要组成部分,面临着新的挑战和机遇。社会主要矛盾的转变不仅为学校美育发展创造了新的发展空间,也对美育工作者提出了更高的要求,要求我们在教育实践中不断创新、不断满足人民群众对美好生活的追求。

为贯彻落实《中共中央、国务院关于深化教育改革全面推进素质教育的决定》,2020年,教育部发布《普通高中思想政治课程标准(2017年版,2020年修订)》❷,2021年,教育部印发《高等学校思想政治理论课建设标准(2021年本)》❸,2022年,教育部印发《义务教育道德与法治课程标准》❹,同年12月,教育部发布《教育部办公厅关于开展大中小学思政课一体化共同体建设的通知》❺。这一系列文件成为新时代我国学校思想政治理论课程教学的指导性文件。标准化建设的提出,明确新时代里政策一体化教育应遵循以习近平新时代中国特色社会主义思想为指导,全面贯彻党的教育方针,遵循教育教学规律,落实立德树人根本任务,发展素质教

---

❶ 习近平. 决胜全面建成小康社会,夺取新时代中国特色社会主义伟大胜利:在中国共产党第十九次全国代表大会上的报告[M]. 北京:人民出版社,2017:45.
❷ 中华人民共和国教育部. 普通高中思想政治课程标准(2017年版,2020年修订)[S]. 北京:人民教育出版社,2020.
❸ 中华人民共和国教育部. 高等学校思想政治理论课建设标准(2021年本)[S]. 北京:人民教育出版社,2021.
❹ 中华人民共和国教育部. 义务教育道德与法治课程标准[S]. 北京:人民教育出版社,2022.
❺ 中华人民共和国教育部. 教育部办公厅关于开展大中小学思政课一体化共同体建设的通知[EB/OL]. (2022-12-29)[2024-10-11]. http://www.moe.gov.cn/srcsite/A13/moe_772/202301/t20230109_1038750.html.

育。聚焦中国学生发展核心素养，培养学生适应未来发展的正确价值观、必备品格和关键能力，引导学生明确人生发展方向，成长为德智体美劳全面发展的社会主义建设者和接班人。与此同时，2018年习近平总书记在回复中央美术学院老教授信件时，着重强调了美育在塑造美好心灵方面的重要作用。习近平总书记指出，新时代美育工作要坚持立德树人根本任务，深入了解时代生活，遵循美育的特点，弘扬中华美育精神。❶ 到2018年9月，习近平总书记在全国教育大会上，再次强调加强和改进学校美育，提出要坚持以美育人、以文化人，提高学生的审美和人文素养。❷ 这些指示和标准共同指明了新时代我国美育领域的发展方向和工作重点。

2019年2月，中共中央、国务院印发两项重要文件，分别是《中国教育现代化2035》和《加快推进教育现代化实施方案（2018—2022年）》（以下简称《方案》）。这两份政策文件突出了加强和改进学校美育的紧迫性，指出这是实现立德树人和提升学生综合素质的重要途径和内容。《中国教育现代化2035》详细阐述了我国教育发展的系统规划，涵盖了战略背景、总体思路、主要任务、实施策略及相关保障措施。《方案》明确提出，到2035年，我国教育总体要实现现代化，迈入教育强国行列，使我国成为学习大国、人力资源强国和人才强国，为2050年建成富强民主文明和谐美丽的社会主义现代化强国奠定坚实基础。❸ 同年10月，我国政府发布《关于全面加强和改进新时代学校美育工作的意见》，提出到2022年，学校美育发展取得明显进展，美育课程全面开齐开足，教育教学改革成效显著；至2035年，基本形成覆盖全面、多样化、高质量的具有中国特色的现代化

---

❶ 做好美育工作，弘扬中华美育精神，让祖国青年一代身心都健康成长［N］. 人民日报，2018-08-31（01）.

❷ 张烁. 坚持中国特色社会主义教育发展道路，培养德智体美劳全面发展的社会主义建设者和接班人［N］. 人民日报，2018-09-11（01）.

❸ 中共中央、国务院印发《中国教育现代化2035》［S/OL］.（2019-02-23）［2024-10-15］. https：//www.gov.cn/zhengce/2019-02/23/content_5367987.htm.

学校美育体系。❶ 这一系列举措不仅提升了学校美育的质量和效果，也充分强调了美育在培养学生个性和创新精神方面的作用。2020 年，习近平总书记在与教育、文化、卫生、体育等领域专家的座谈会上，进一步强调加强和改进学校美育的重要性。这表明政府对美育在三全育人战略中的地位的高度重视，强调了教育不仅是学科知识传授，更是品德养成和创造力激发的重要阵地。通过这种方式，我国的教育改革旨在更周全地服务学生的成长和国家的长远发展。

综上所述，新时代我国学校美育发展被置于国家战略发展的高度，成为落实立德树人教育根本任务的重要途径和内容。党中央出台的一系列纲领性文件和重要指示批示，进一步明确了美育在人才培养中的目的、目标和方法，为新时代学校美育事业发展指明了方向，提供了根本遵循，推动实现中国式现代化学校美育体系。

---

❶ 中共中央办公厅、国务院办公厅印发《关于全面加强和改进新时代学校体育工作的意见》《关于全面加强和改进新时代学校美育工作的意见》［EB/OL］．（2020－10－15）［2024－12－23］．https：//www.gov.cn/gongbao/content/2020/content_ 5554511.htm.

第二章 美育融入思想政治理论课教学的理论考察

理论思维不仅对一个民族和国家具有重大意义,对一个人的发展同样具有重要作用。恩格斯曾指出:"一个民族想要站在科学的最高峰,就一刻也不能没有理论思维。"❶ 这鲜明地指出理论思维对民族和国家发展的重要性。只有通过深入的科学研究,才能使一个民族走向科学的最高峰,而深入的科学研究又是实现社会进步的基础。那么,针对思想政治理论课进行审美化教学而言,它不仅涉及美育与德育,还涉及德育与美育二者之间能否实现有机结合,而这个问题需要进行理论论证。作为现实感性的抽象凝练和总结,理论具有必然性、普遍性、一般性、稳定性等特征,它对人的社会实践活动具有指导意义和规范意义。因此,探究美育融入思想政治理论课教学的理论渊源很有必要。

深刻地认识到美的本质,并努力探索如何将其转化为创造更加美好的东西,可为当今的思想政治理论课程教学提供有力的理论支撑。此外,博大精深的中华优秀传统文化为思想政治理论课进行审美化教学提供了丰富的传统文化资源,

---

❶ 马克思,恩格斯. 马克思恩格斯文集(第九卷)[M]. 中共中央马克思恩格斯列宁斯大林著作编译局,译. 北京:人民出版社,2009:437.

通过积极探索、开发利用我国悠久的历史文化遗产，加以科学提炼，可以更好地实现立德树人的目标，同时也能够推动我国历史文明的创新与发展，为全面建设社会主义现代化国家作出贡献。随着社会步入新的发展阶段，我国正以前所未有的速度融入全球化潮流，不断推进国际关系健康发展。为了更好地服务社会经济发展，我国必须深刻认识到人与自然、民族文化、国际关系的重要性，积极探索"中国特色"与"国际特色"的有效衔接。因此，美育融入思想政治理论课教学也需要对东西方美育思想进行研究。

第一节 马克思主义美育思想

马克思主义美学观科学回答了"何为美"及"如何创造美"等一系列基本问题。马克思主义美学观既克服了传统唯心主义从概念出发来把握美的缺陷，又克服了旧唯物主义从人的生物属性来看待美的缺陷，为我们正确把握美提供了科学的世界观和方法论。自古以来，人类一直在从不同角度探索人的本质，帕斯卡尔将人比作一根具有思维能力的芦苇，卡西尔则将人比作一种拥有象征意义的动物，只有马克思主义真正揭示了何为人的本质，马克思主义对人的本质的揭示有助于我们进一步把握人的超越性本性和感性存在。因此，对马克思主义美育思想的追溯就不得不从人与自然的关系中探究人的主体性，从人的超越性存在中指认人是生物属性和社会属性、理性存在与感性存在双重属性的结合体，这种结合为真善美的统一提供了可能。因此，关注美育和研究美育并不在于美育本身，其中最重要的是对接受美育和享受美育的人这一主体本身的关注，在明确人的主体地位和超越性存在基础上进一步探究人如何按照美的规律来构造，从而增强马克思主义美学理论对思想政治理论课教学的指导作用。

一、主体性的生成：基于人与自然的维度

基于人与自然的维度来确立人的主体地位主要阐明人、动物与自然之间的关系。正如丹尼尔·贝尔所言，自然是对人存在意义探索的基础之一，"自然的基础是一成不变而又永存的"❶。因此，在探讨人的主体地位时，必须将人的自然属性纳入研究范畴，忽视这一属性可能导致我们对某些结论缺乏深入的审查和理解。要正确理解人、动物及自然之间的关系，我们需要关注两个核心观点：首先，无论是人还是动物，都是自然界进化的结果，我们是自然界发展到一定阶段的产物；其次，人和动物的生存和发展依赖于与自然界的持续物质交换。

首先，人和动物是自然界发展到一定阶段的产物。恩格斯曾经在《自然辩证法》等著作中系统考察了地球演化史和人类发展史，指出人类是自然界发展到一定阶段的产物，第一个最简单的细胞的诞生为有机物和人的诞生提供了可能。恩格斯曾说，第一个最简单的细胞的出现标志着有机界的形态发展开始形成，为其后续发展奠定了基础。从最初的动物逐渐进化到不同的纲目种属，最后自然界获得了自我意识，这就是人的诞生。自然只有真正产生了人这种主观能动性的高级物种时才有了真正的现实化历史。我们在论及处于自身肉体状态的人时，这时人具有和动物一样的生理和心理需要，如吃、喝、生殖等，但这些机能只是动物般的机能。马克思在《1844年经济学哲学手稿》中提出，人类和其他动植物均以无机界为基础，并且形成一种复杂的、相互矛盾的关联。他认为，自然不仅仅是一个客观

---

❶ 贝尔. 资本主义的文化矛盾[M]. 赵一凡，蒲隆，任晓晋，译. 北京：生活·读书·新知三联书店，1989：214.

世界，也可以激发我们的思想、行为，以及进行各种社会性的行为。因此，人不能离开自然界而生存和发展。

其次，人和动物都依靠与自然界进行物质交换才能生存。人和动物一样都必须依靠自然界来获取生存资料，失去这些资料，动物和人类都无法存活。马克思强调："自然界是人的无机的身体，人靠自然界生活。"❶ 这表明，我们不但要从大自然中获取养分，而且要利用它们的力量，保持生命的延续性。马克思在其新世界观确立后，加强了对资本主义私有制的批判。马克思从商品的使用价值和交换价值入手，推导出了劳动力的二重性。马克思在政治经济学批判过程中就已经暗含了人与自然的相互依赖关系。一方面，使用价值和具体劳动具有自然属性，交换价值和抽象劳动具有社会属性，马克思发现了社会历史领域的剩余价值理论，从而探索到了资本主义社会的秘密。另一方面，我们在这里要追问：使用价值和具体劳动与剩余价值有何关联？其实马克思对此早已给出了答案。马克思曾经指出，劳动并非所有财产的根源，自然界也是一种有价值的资源，而物质财富正是由这种资源构成的。劳动只不过是自然力（人类劳动力）的表现形式而已，它们之间存在密切的联系。一旦人类将自己的劳动视为自然资源的主体，将其运用到实践中，其劳动便会变成价值的源泉，从而获得丰厚的回报。

恩格斯在《劳动在从猿到人转变过程中的作用》中强调："劳动和自然界在一起才是一切财富的源泉，自然界为劳动提供材料，劳动把材料变为财富。"❷ 他认为，自然界供给了丰富的原料，而劳动则将其转化为财富。他还认为，人类的劳动力也具有自然特征，具有自然属性，是独特的

---

❶ 马克思，恩格斯. 马克思恩格斯选集（第1卷）[M]. 中共中央马克思恩格斯列宁斯大林著作编译局，译. 北京：人民出版社，2012：55.
❷ 马克思，恩格斯. 马克思恩格斯选集（第4卷）[M]. 中共中央马克思恩格斯列宁斯大林著作编译局，译. 北京：人民出版社，2012：373.

自然资源。因此，从使用价值和具体劳动来分析，马克思和恩格斯的剩余价值理论不仅涵盖了人与社会关系的分析，同时也包含了人与自然关系的探讨，因而也就把人与自然、自然生态系统和社会生态系统连接起来了，同时也说明人与自然本身就是一个生命共同体。

总而言之，当我们确立人的主体地位时，不能忽略人作为自然存在的属性。人在生物学意义上具有与动物相似的生理和心理需求，这并不是对人的贬低，而是对人的生物学特性的客观认识。

二、真善美统一何以可能：人的超越性存在

人能够构建对现实的审美关系，其根源在于人的超越性存在，因此，对现实审美关系的考察不能仅停留于人的生物性存在。人作为生物链条上的最高存在者，这一地位的确立为人进行审美欣赏和审美创造提供了可能。追求真善美的统一是人超越性存在的最典型明证，也是人的社会性存在的最好说明。这里必须进一步指出的是，真善美作为人的超越性存在的可靠指标，它包含以下两方面内容：一方面，人对真善美的追求超越了一般性的动物的生存样态；另一方面，人的超越性存在何以能够统一真善美。

（一）人对一般性的动物生存样态的超越

人对一般性的动物生存样态的超越获得了社会化本质。人是自然界发展到一定阶段的产物，人依靠自然界生存和发展，这是人的自然属性，但同时人又不同于一般动物，人在漫长的进化过程中形成自己的社会化本质。马克思在《1844年经济学哲学手稿》中明确阐述了人与动物之间的差异性。他认为，人类和动物的生命活动有本质的不同，而这种不同是由它们自身的特性所决定的。动物把自己等同于生命活动，人类则将自己的生命

活动变为自己意志和意识的对象。这种有意识的生命活动将人与动物的生命活动形成鲜明对比。人类不仅能够根据自己种族的特性、标准及需求构造人类社会，还可以根据其他种族的特征，以及其他种族的特性，创造出更加丰富的社会环境，从而实现个体发展与社会发展。

人类作为一种特殊的存在，其生活方式不仅是一种认知，而且包括意识，它能够帮助人类更好地理解自己的行为。此外，人类还通过社会实践来展示自身的力量，并且将自然界中的一切转化为可以被改变的物质，从而使人类的存在得以被认可。1844年，马克思深入研究了人与动物之间的差异，从三个层面揭示了它们的不同，并且以此为基础进一步探索了人的本质，这一探索受到了费尔巴哈哲学的深刻影响。当时，费尔巴哈对德国的思辨神学进行了批判，提倡使用"直观"而非"抽象思维"，这一思想变革在德国思想界产生了巨大影响，恩格斯将其形容为在德国原来的思想体系旁边炸开了一个口子。显然，马克思也受到了费尔巴哈哲学的影响。我们认为，马克思在这一时期关于人的本质的讨论仅是一个过渡阶段，是马克思关于人的本质理论发展过程中的一个重要环节。尽管如此，这个阶段对于马克思后来深入揭示和分析人的真正本质起到了关键的准备作用。

随着时间的推移，马克思对人的本质思考逐渐成熟，把它放到了社会发展的大背景下，特别强调了人在物质生产过程中的重要作用。他指出："人的本质不是单个人所固有的抽象物，在其现实性上，它是一切社会关系的总和。"❶ 马克思、恩格斯在《德意志意识形态》中进一步指出，人类历史的发展是建立在人的实践基础上的，特别是以物质生产实践为基础的发展。因此，一旦人诞生，就要以实践为依据，不断探索和改进自身的行为和思想。马克思、恩格斯在《德意志意识形态》中还指明了从最初的劳

---

❶ 马克思，恩格斯. 马克思恩格斯选集（第1卷）[M]. 中共中央马克思恩格斯列宁斯大林著作编译局，译. 北京：人民出版社，2012：135.

动力出发，人们就可以获得必要的财富，而不局限于生存。此外，马克思在《资本论》中确认了能够意识到自己活动及其对象的意识是人区别于动物的基本规定性之一。尽管人类通过其最重要的历史活动，即制造生产资料、维持生命和其他各项需求，来满足自身发展、改善生活，从而使自己从动物界上升到人类。但是，由于人类的社会生产受到未能控制的外部力量作用，使其最后能够达到的预期结果仍然遭到相当程度的限制。同时，由于历史活动本身还受到实际目的与预估目的的差距影响，人的活动目的无法实现完全满足。然而，随着人类社会的发展，这种差距将无限地趋近或者消除，这一过程为实现人的自由全面发展提供了条件。

至此，人凭借意识及其指导下的社会实践超越了一般性动物的生存样态，同时这种超越确立了人的社会化本质，在此之后，个体开始了自己的社会化过程。然而，在人实现自由全面发展之前，他们的社会实践活动仍表现为一种"被动性"。

（二）人的超越性存在的具体化

人的超越性存在的具体化是对人社会化本质的具体展开，必须全面正确理解人的社会化本质，把握其丰富内容，在此基础上进一步追问人的社会化本质何以能够统一真善美。

在全面理解马克思关于人的本质的思想时，尤为重要的是要理解《关于费尔巴哈的提纲》中的相关见解。马克思将人的本质视为社会关系的总和，强调人的存在不应该仅被看作孤立的个体，而是需要通过其所处的社会关系网来理解。这一观点为后来关于人类社会性本质的研究提供了一个新的视角，马克思在《关于费尔巴哈的提纲》中首次明确批评费尔巴哈对人的本质的理解过于抽象，没有联系到现实的社会关系。他认为，对人的本质的真正理解应当从其生活的具体历史条件出发。在此基础上，马克思进一步阐述了经济基础对人的本质的影响，即通过生产关系和生产力的关系分析来揭示人类社会本质。此外，通过《德意志意识形态》，马克思和恩格斯共同探讨了物质生产活动及其生产方式带来的社会交往形式，进一步深化了对人的本质的认识。他们批判了将人的本质简化为高度抽象概念的方法，指出这种方法忽略了人的具体生活实践和社会历史条件的影响。马克思、恩格斯对人的本质的这一独到见解，不仅批判了前人的观点，更提供了分析人在社会中的角色与功能的新方法。马克思认为，生产力和生产关系在社会中不受个体意志的制约，这反映了人与人之间的复杂交往和联系，这种观点使人的社会本质得到了更为深刻和科学的理解。马克思认为，生产关系与交往方式之间的密切联系影响了个人的行为和活动，这一关系揭示了社会实践的重要性：只有通过参与物质生产相关的社会活动，人们才能形成和维持社会关系。缺乏这种社会参与，再多样化的社会结构也无法使人们紧密联系。与此同时，不能忽视个体与社会实践的分离，因为它会阻碍潜在的社会关系的发展。马克思指出，人的本质并非独立于社会环境存在的抽象属性，而是在实际社会环境中表现出来的复杂的综合体。

　　进一步讲，理解人的需求本性是至关重要的。深刻理解人类的本质需求，是探索人的本质的关键一步，根据马克思的观点，人的本质可以视为人的社会历史总和的表现。由此，人类的需求，尤其是基本的生存需求，是理解人类本质的一个重要方面。只有当这些需求被满足时，人们才会开展社会实践活动，如物质生产等，以确保基本生活条件得到保障，例如食物、服装和住房等，这些生活需求得到基本满足后，人类才能在更高层次上展示其潜力和创造力。在人类早期的社会发展阶段，基本的生理需求很大程度上受到自然条件的限制，随着技术的进步和人类对自然界的深刻理解和改造，人类逐渐能够超越这些限制，以此改善生活条件。这种能力的提升，带来了更多的社会互动和更复杂的社会结构。此外，随着社会和生产力的发展，人类不仅能够满足物质需求，还能发展出更多层次和更为复杂的需求，如享受性和发展性需求。这些需求的满足程度，直接影响社会发展水平和个体的生活质量。在现代社会，随着科技的快速发展，人们在满足基本生存需求的基础上，越来越注重精神文化需求和个人发展，因此，理解人的需求本质不仅要回顾其历史发展，还要认识到需求的层次性和潜在的无限可能。这种认识有助于我们更全面地把握人的社会化本质，理解个体与社会之间的互动关系。马克思通过研究人的需求本性，为我们认识人的本质提供了一个深刻洞察人类行为和社会结构变化的视角。

（三）人的超越性存在使真善美统一成为可能

人主体地位的确立和社会化本质的获得，为在现实生活中促进真善美的统一提供了可能，而要真正使这种统一在理论领域与实践领域得到践行，才是真善美统一的真正价值所在。

首先，"真"是对事实的回应。就本质而言，"真"就是人类力图掌握客观世界的一切规律，以客观规律来指导实践活动，从而达成人类社会活动的预期目的，这是对事实、真理的积极回应。在现实生活中，这一任务主要依靠自然科学来完成。从人类社会历史发展的进程来看，在人类社会初期，人类认识和改造社会的能力有限，这也意味着人类所掌握的客观规律有限，对自然的认识和改造程度极其低下，对"真"的追求能力有限。如果人类只满足这种低水平的认知，那么人类今天的生存状态是难以想象的，但人的社会化本质使人能够不断加深对客观世界的认识，正如马克思在《共产党宣言》中所指出的那样——人凭借现代化机器创造了丰富的物质财富，而这种物质财富是过去几个世纪所创造的物质财富的总和。这种在掌握客观规律基础上的社会实践活动是基于事实来体现人的超越性本性，这种对"真"的追求聚焦于客观存在的一切，人们通过不断的知识积累和科学实验将越来越多的无人知晓的世界范围纳入人的认知领域,这就是"真"本身存在的价值意义,扩大了人类认识与实践活动的时空范围。

其次,"善"是对价值的回应。人对"真"的追求不断扩张人的认知范围和改善人的生活条件。那么,人存在的价值是否就只有"真"这一个维度?答案当然是否定的。古今中外,很多思想家对人存在的应然属性提出了很多不同观点。亚里士多德就认为:"人类不同于其他动物的特性就在于它对善恶和是否合乎正义以及其他类似概念的辨认。"❶亚里士多德指出,与其他动物不同,人类具有辨别是非、判断正义与否的特性。他进一步指出,要想实现真正的自由,必须建立一个以城邦为基础的社会秩序,而这种秩序必须建立在一个充满正义的社会环境上,因为"城邦的最终目的,即终极善,就是幸福"❷。卢梭认为自由是人的本性,"放弃自由意味着放弃了作为一个个体所应享有的权利和承担的义务。这种放弃不仅违背了人天生具备的道德品质,而且也会使他们失去行动上的正当权利"❸。人类因个体力量的渺小而想要生存就不得不求助于共同体,但"在这一集体中,个体虽然和整体联系在一起,但依然像以往一样自由,服从自己的意志"❹。也就是说,个体在共同体中失去的是自然的自由,收获的却是约定的自由。因此,卢梭的社会契约论强调,个体都应该将自身和全部力量置于普遍意志的最高指导下,以便形成一种团结的、有机的、协作的关系,从而实现"一体",即"虽然与整体联系在一起,但仍保持着以往的自由,服从自己的意志"❺。换句话说,个体都可以从集体的不可分割的一部分中受益,从而实现"一体"的目标。亚里士多德和卢梭均认为,个体应

---

❶ 亚里士多德. 政治学 [M]. 吴寿彭,译. 北京:商务印书馆,1965:8.
❷ 王涛. 人、城邦与善:亚里士多德政治理论研究 [M]. 上海:上海人民出版社,2013:29.
❸ 卢梭. 社会契约论 [M]. 张灿金,曹顺发,译. 北京:中国法制出版社,2016:10.
❹ 卢梭. 社会契约论 [M]. 张灿金,曹顺发,译. 北京:中国法制出版社,2016:14-15.
❺ 卢梭. 社会契约论 [M]. 张灿金,曹顺发,译. 北京:中国法制出版社,2016:15-16.

当把社会利益放在首位,并且只有一种可行的行动准则,就是遵循"社会理性"❶。他们认为,要想获得"真",就必须借助自然科学,探索客观现象来追求事实真理,但要达到"价值",就必须借助人文社会科学。

最后,"美"是对"真"与"善"的统合。事实真理和价值真理构成了"真"与"善"的基本范畴,而人的存在是否只能在追求客观事实的机械活动中和强调社会理性的价值判断中存在?如果人类的生活仅仅局限于对事实和价值真理的追求,那么他们的存在就可能显得不全面,因为这种生活方式忽略了人的情感体验,这种体验虽然源自感性,却超越了个人层面的狭隘感受,具有普遍性的力量,可称为"大感性"。因此,这种"大感性"与理性一样,是构成人类本质的无可置疑的人性理由。❷ 因此,"美"由于其特殊的理论品质和精神内核成了"真"与"善"相互连接的中间环节,它既观照到了人的理性存在,又不忽视人的感性存在;既强调了"真",又将"善"纳入其范畴,真正实现了"真""善""美"的统一。有专家提出,"美"与"真""善"之间存在内在联系,这种联系本质上是审美体验中主体与客体的和谐交融,以及审美活动与认知和评价过程的相通性。这表明,"美"能够转化为"真"与"善",通过审美体验可以抵达"真"和"善"的境界。❸ 在"真""善""美"的统一体中,三者相互补充,克服了各自的不足,实现了追求真理、追求至善、追求美的内在融合。这种融合使认知和评价活动避免了片面性和主观性,从局部的真理走向全面的真理,从短期、个人的利益走向与长期、集体利益相一致的真正的"善"。❹ 这促进了人的合目的性与合规律性的和谐统一。

针对思想政治理论课教学而言,实现"真""善""美"的统一有助于

---

❶ 檀传宝. 德育美学观 [M]. 太原:山西教育出版社,1996:232.
❷ 赵汀阳. 论可能生活 [M]. 北京:中国人民大学出版社,2009:1.
❸ 檀传宝. 德育美学观 [M]. 太原:山西教育出版社,1996:233.
❹ 檀传宝. 德育美学观 [M]. 太原:山西教育出版社,1996:67-68.

促进学生的全面和谐发展。马克思主义基本原理揭示了人的全面发展与自由的概念，即社会中的每个成员都能够完全地发挥自己的潜能，包括认知和情感能力的提升，以及对物质世界和精神世界的构建与丰富。个人发展不只是智力和体力的增长，还包括道德修养、情感深度和社会关系的拓展。人的全面发展既受到自然条件和社会生产力等客观因素的限制，也受到个人主观条件的影响。马克思主义认为，在现实层面，人的本质是社会关系的总和，这种社会属性让人超越了动物的生存状态，获得了社会化的本质。这使人不仅能够以任何物种的方式进行创造❶，也允许人按照美的规律来塑造自己。❷ 马克思主义关于人的全面发展的理论为思想政治教育中的德育目标提供了坚实的理论基础。将美育融入思想政治理论课的教学过程中，一方面有助于教师遵循教育规律进行教学规划和实施，另一方面可以促进教师引导学生依据美的原则来塑造自己的品格，以此终结教育中人的"异化"现象，推动实现人的自由而全面的发展，真正实现立德树人的教育使命。

三、对马克思主义经典表达的理解

人作为活动着的主体，存在自然和社会的双重属性，其中人的自然属性指人是自然界自我运动变化发展到一定阶段的产物，人和动物一样是生物性的存在，人处于动物般的生活状态与动物没有差别。人作为自然界的一部分，为了生存和发展，必须通过劳动或实践活动与自然界进行物质的交换，这是人作为自然存在的固有特性和基本需求。但人并不满足于生物

---

❶ 马克思，恩格斯. 马克思恩格斯选集（第1卷）[M]. 中共中央马克思恩格斯列宁斯大林著作编译局，译. 北京：人民出版社，2012：57.
❷ 马克思，恩格斯. 马克思恩格斯选集（第1卷）[M]. 中共中央马克思恩格斯列宁斯大林著作编译局，译. 北京：人民出版社，2012：57.

般的生存，在漫长的进化过程中人获得了社会化的本质，拥有了自己的社会属性，这种社会属性最典型地体现在人在意识指导下所进行的一系列社会实践活动中，而这些社会实践活动中最为根本的活动是物质生产实践活动。物质生产实践不仅是人类历史发展的起点，也是其发展的结果。人正是通过自己的社会属性超越了动物性的一般生存。这种超越性存在在社会历史领域中又有不同表现，将这些不同表现进行概括，人作为超越性的存在者有着对"真""善""美"的永恒追求，同时人在追求"真""善""美"的过程中也是实现自己的本质力量对象化的过程。因此，马克思主义鲜明地指出："人也按照美的规律来构造。"对此，首先，需要正确理解"人也按照美的规律来构造"的真正内涵；其次，需要明确如何才能实现思想政治理论课教学"美的构造"。

（一）"人也按照美的规律来构造"

在人类悠久的文明发展过程中，众多思想家和哲学家都从人类自身出发探讨美及其根本属性。中世纪的神学家阿奎那曾提出："唯有人类能够从可感知的事物中领略美的本质。"❶ 康德也有过类似的见解，他强调："美是专属于人类的，或者说，适用于那些具有动物本能但又拥有理性的生物——因为人类不仅拥有理性，也具有动物本能。"❷ 康德同样指明了美只能适用于人这种特殊的存在物的观点。

黑格尔作为德国古典哲学的集大成者，其思想体系的实质就是奠基于"绝对精神"基础上的唯心主义体系。他说过，不管是自然美还是超越自然的艺术之美，其存在的意义都是为人而存在的。他解释道，自然界中的

---

❶ 伍蠡甫. 西方文论选（上卷）[M]. 上海：译文出版社，1988：145.
❷ 康德. 判断力批判：人是美与崇高的最后根源[M]. 彭笑远，译. 北京：北京出版社，2008：32.

生命因其能够体现真实（理念）在最初级的自然形态（生命）里直接存在，并因此被视为自然美，这种美，尽管是直接感知的，但它并非为了自身的存在而存在，也不是自主创造出来以展示美感。换句话说，自然之美的存在主要是为了被观赏，即为了人类这种有意识的生命体，这种有意识的生命就是人的存在本身。在黑格尔看来，美是理念在感性世界中的显现，它的存在与展现只有通过有意识的生命——人类——才能实现。

我国著名的美学家蒋孔阳认为，人类对现实的审美体验是美学研究的起点。在美学领域，所有问题都应该基于人对现实的审美体验来进行探讨。❶ 蒋孔阳将人对现实的审美体验置于美学研究的核心位置，实际上是将人作为审美关系的中心来考察。

因此，从不同思想家的美的观点来看，美与人这一主体有关，美因人而存在，只有在人类社会之中才存在美。可能会有人对此提出异议：既然人是自然界运动变化发展到一定阶段的产物，那么在人产生之前就存在自然界，那么就可能存在美，为什么能够说在人之前没有美存在？在《1844年经济学哲学手稿》中，马克思对这个问题进行了阐述。马克思对于"谁是第一个人和自然界的起源"这样的问题持拒绝态度，因为他认为这属于一种脱离现实和历史的抽象性质疑，提出这类问题的人往往将自然界和人类本身抽象化，却期待他人证明自然界和人类的存在。马克思批评这种提问方式，暗示提问者可能是一个只关心自己存在而否认一切的人，他可能是一种极端的自我中心主义者。❷ 马克思认为自然界和人的实在性本身已经说明了"人和自然界的形成过程"，而对于超越自然界和人之外的存在者的指认就是对自然界和人存在本身的否定。同样，如果仍然有人追问在

---

❶ 蒋孔阳. 蒋孔阳全集（第三卷）[M]. 合肥：安徽教育出版社，1999：3.
❷ 马克思，恩格斯. 马克思恩格斯文集（第1卷）[M]. 中共中央马克思恩格斯列宁斯大林著作编译局，译. 北京：人民出版社，2009：195.

人产生之前的美，比如自然界中的植物美和动物美等，这些发问的人同样犯了"利己主义者"的错误。提出在人产生之前"植物美"和"动物美"是否存在这一问题本身就是从人的角度出发，而非从没有产生人之前的那种状态出发，因此针对这些问题，无论从哪个角度回答都是对人存在本身的否定。由此可知，根本不存在没有针对人而言的美，美只对人而存在，但这种对人而存在的美，不同的人同样存在不同理解，而马克思主义的科学真理为我们把握美提供了正确的世界观和方法论。

在《1844年经济学哲学手稿》这部作品中，马克思提出了一个独到的美学观点，他指出，与动物仅依照它所属物种的需求和限制来创造不同，人类能够超越物种的限制，按照多种尺度和需要来进行生产。更重要的是，马克思强调人类在生产过程中能够理解并应用美的规律。这标志着人的创造活动不仅是实用的，也是审美的。此观点凸显了人类对形式和美感的自觉运用，能够以美的规律来影响和塑造其创造物。

理论界对这一论述存在不同理解。蒋孔阳在学术界讨论的基础上，对美学史中"尺度"的概念进行了深入分析。他认为，尺度指的是事物之间特定的联系和比例，只有符合这些联系和比例的事物才被认为是美的，否则，是不美的。此外，尺度与具体事物的形状和外观紧密相关，它是具体而非抽象的。如果脱离了具体的形状和外观，所谓的抽象尺度就无从谈起。❶ 蒋孔阳进一步阐释了马克思所描述的"美的规律"，认为它包括四个层面的含义：第一，美的规律是人劳动的一个基本属性；第二，美的规律应与不同客观事物自身的规律相一致；第三，美的规律与人的劳动实践目的紧密相连；第四，美的规律是具体的，而非抽象的。❷

蒋孔阳关于"美的规律"的第一点体现了美的规律的客观性和社会

---

❶ 蒋孔阳. 美学新论［M］. 北京：人民文学出版社，2006：227.
❷ 蒋孔阳. 美学新论［M］. 北京：人民文学出版社，2006：229-231.

性。对于美的规律，我们不能离开人类的社会实践活动而在头脑中用理念抽象概括。第二点指明了美的规律的多样性。正是由于美的规律的多样性才构成了精彩纷呈与和谐美丽的大千世界，同时，也要求我们要按照客观事物不同的规律来构造美，不能以同一个标准要求所有的事物都呈现出一种美，美的规律具有多样性和丰富性特质，整齐划一的美是"伪美"。第三点指明了美的规律的目的性特征。美只能针对人而存在，而并不是所有针对人的美都是美的规律，只有那种真正实现了人的本质力量对象化的美才属于美的规律。人在实现自己的本质力量对象化的过程就是在劳动中发挥自己全部的本质力量进行创造性的自由活动，这种活动的成果是对自己本质力量的确认和肯定。当完成劳动后，人看到自己劳动成果凝结了自己的智慧与力量，符合自己的需要和预期目的，从而能够产生一种快乐之感，实现审美享受。第四点指明了美的规律是历史的和具体的，而不是空洞无物的抽象性存在。柏拉图在谈及何为"美"时，只进行抽象的哲思，而没有真正将其运用到现实生活、服务人类、促进人的全面发展和推动社会的全面进步，真正马克思主义视域下的美的规律是具体的和历史的，美的规律通过人类不断前后相继的奋斗过程而不断彰显出来，同时也只有通过不同个体对美的规律的构造才能促进整个人类社会的不断向前发展，这也体现了个体与社会的辩证统一。

（二）思想政治理论课教学如何实现"美的构造"

马克思主义美学观不仅指明了美及其本质，还揭示了美的规律的特征及如何才能进行"美的构造"。思想政治理论课教学是教师和学生进行的一种社会实践活动，同时也是师生彼此对象化自己本质力量的过程。对教师来说，他们的职责是教育和引导学生，帮助学生建立正确的价值观，促进学生形成完善的人格和健康的个性。教师不仅要提升学生的知识技能，还要培育学生具备符合我国社会理性要求的正确价值观、必备品质和关键能力。教师的教育过程只要实现了上述目标，就实现了教师的创造性劳动，彰显了教师的本质力量，也就实现了审美化教学。对于学生而言，学生学习的过程同样也是在进行一种社会实践，与教师输出自己的本质力量相反的是，学生更多的是使自己的知识结构和各方面能力在学习过程中得到提升和培养，因此学生在进行学习活动时是通过他人本质力量的推动来增强自己本质力量对象化的能力和强度，还处于本质力量对象化的储备时期。但这种储备从根本上来说仍然是促进自身这个自然存在物——身体和人格完善的过程，同样属于美的范畴。因此，为了实现"美的构造"的思想政治理论课教学，我们必须从美的本质和规律出发，将其融入教学中，使其具有合目的性与合规律性、个体性与社会性、功利性与非功利性三者的辩证统一。

首先，思想政治理论课教学要实现合目的性与合规律性的统一，这是由人的本质决定的。人类是自然界在自我运动发展过程中达到一定阶段形成的产物，本质上属于自然的一部分。为了持续生存和发展，人必须与自然界进行物质交换，以获取必要的生产和生活资料。这种交换是人的自然属性或生物属性的一部分，它表明人类的实践活动是受到限制的。因此，在认识和改造世界的过程中，人类需要遵循客观规律，按照规律办事，这样才能实现社会实践活动的预期目标，或者尽可能接近这些目标。从人类社会的历史发展来看，在人类社会早期，由于生产力水平较低，人类对自然界的认识和改造能力有限，那时人类对自然的情感态度主要是恐惧和害怕，当人们遇到无法解释的自然现象时，不得不求助外界的神灵或者原始宗教形象，以得到精神慰藉。随着人类社会的发展，生产力水平不断提高，人们对自然界和社会的认识达到前所未有的程度，创造了丰富的物质财富和精神财富，这是人按照预期目的发挥自己主体能动性的结果，从而实现了合目的性与合规律性的统一。由此可知，从人类的产生及人类历史发展的客观规律来看，人类的社会实践活动都必须坚持既遵守客观规律，同时又积极发挥主体能动性的原则，实现实践活动的合目的性与合规律性的统一。同样，思想政治理论课教学作为人类实践活动的一种具体形式，其在教育教学过程中也需要师生双方在遵守教育教学规律的基础上发挥主观能动性，实现预期的教育教学目标，促进师生双方的教学相长，在创造性劳动过程中收获愉悦与美好。

其次，思想政治理论课教学要坚持个体性与社会性的统一，这是由美的本质和人的社会属性共同决定的。其一，美具有社会评价的功能，即美的东西能够得到社会的认同和接受，能够得到大多数人的认可和鉴赏。康德在《判断力批判》中说道："流落到一个荒岛上的人独自一人既不会装饰他的茅屋也不会装饰他自己，或是搜寻花木，更不会种植它们，以便用来装点自己；而是只有在社会里他才想起他不仅是一个人，而且还是按照自己的方式的一个文雅的人（文明化的开端）；因为我们把一个这样的人评判为一个文雅的人，他乐意并善于把自己的愉快传达给别人，并且一个客体如果他不能和别人共同感受到对它的愉悦的话，是不会使他满意的。"❶ 这一方面指明了美为人而存在，是"对美的经验性的兴趣"。美为人而存在，是一种存在于个体中的东西。另一方面也说明美具有社会功能，人作为活动着的主体只有处于一定社会关系中才能产生审美活动，人在孤立无援的世界中将不会在乎美与丑。托尔斯泰曾经花费了大量时间寻求美和艺术的定义，最后他得出一个结论："美和艺术是用来传达人与人之间的感情。"❷ 这表明美和艺术是沟通和联结人与人之间情感的一种中介力量，这种力量"不在于它能给予人们以知识，不在于它能带来金钱和财富，而在于它能倾泻作者自己的感情，用来点燃他人的感情，从而产生强烈的

---

❶ 康德. 判断力批判 [M]. 邓晓芒, 译. 北京：人民出版社，2017：149.
❷ 转引自蒋孔阳. 美学新论 [M]. 北京：人民文学出版社，2006：173.

社会共鸣：爱所应当爱的，恨所应当恨的。爱美而嫉丑，这是美和艺术强大的社会作用"❶。因此，美具有社会评价功能。其二，马克思曾指出人的本质在其历史意义上是一切社会关系的总和。马克思关于人的本质的思想指认了人的社会属性，人只有处于一定的社会关系中才能实现自己的人生价值，彰显生存的意义。人的社会属性使人从动物一般性的生存样态中超越出来，成了能够追求真善美等永恒价值的存在者。但人对真善美的追求，不管是从生物方面，还是从能力方面来说，都存在极限，而对这种极限的克服只有社会才能做到，犹如费孝通所言的时空"差序格局"，社会能够在人的极限之处继续延续个体的追求，无数个体前仆后继的追求构成了整个社会不断前进的永恒动力。因此，从美的社会评价功能及个体性与社会性之间的辩证关系来看，当前我们在思想政治理论课教学中也必须坚持个体性与社会性的有机统一。一方面，教育教学活动涉及的参与者都是具有活力和生命力的个体，他们对美的感知和偏好各有差异。正如蒋孔阳在《美学新论》中所指出的，美感欣赏是一种极具个性的活动，与文艺创作一样，充满了个人特色。❷ 立美、审美和创美的过程都是基于这种个性化的前提。另一方面，思想政治理论课程教学并不能满足每个学生多样化的审美需求，有时学生可能会提出一些不符合主流价值观的审美要求。在这种情况下，教师应坚持社会性的审美标准，正如蒋孔阳所强调的，人是社会的产物，人的个性也是源于其社会性。❸ 如果脱离了人与人之间的相互关系，个性就无法显现，审美也就无从谈起。此外，个体的审美需求与社会发展规律相符合，与社会进步的步伐相协调时，个性才会越来越光辉、越来越鲜明。❹ 因此，思想政治理论课教学要坚持个体性与社会性相统一，

---

❶ 蒋孔阳. 美学新论 [M]. 北京：人民文学出版社，2006：173.
❷ 蒋孔阳. 美学新论 [M]. 北京：人民文学出版社，2006：353.
❸ 蒋孔阳. 美学新论 [M]. 北京：人民文学出版社，2006：355.
❹ 蒋孔阳. 美学新论 [M]. 北京：人民文学出版社，2006：356.

使社会性寓于个体性，同时个体性也只有在社会性中才能真正实现美育。

最后，思想政治理论课教学要坚持功利性与非功利性的统一。美具有超功利主义性质，而且美育的重要目标之一就是实现超功利主义，这只是美与美育丰富内涵的一个方面。同时，美及美育就其本质而言同样基于人类的社会实践活动，因此，思想政治理论课教学要坚持功利性与非功利性的统一。第一，就非功利性方面而言，如何理解美育有没有功利性，中西方文化对此有不同的理解。在西方美学发展史上，比较看重其非功利性的一面。苏格拉底和大希庇阿斯在对何为美的讨论中，最后也否认有用可以作为美的定义，这说明在他们看来仅从有用性和利益出发还不能将美的基本内涵与精神实质解释透彻。康德对美的非功利性强调得最为透彻，他在《判断力批判》中指出："关于美的判断只要混杂有丝毫的利害在内，就会是有偏心的，而不是纯粹的鉴赏判断了。"❶ 这种审美无功利性要求我们在欣赏美和创造美的过程要摒弃实用主义观和功利主义观，提倡在纯粹的欣赏和创造活动中舒展人的感性力量，彰显人的自由个性，陶冶情操，培养审美和人文情怀，这是针对美育的非功利性质而言。第二，就其功利性方面而言，美是人本质力量的对象化，人的本质涉及人与人之间的一系列关系，对象化涉及人的社会性实践活动，从这两方面来看，美本身就是人类社会实践的产物。同时，美育是美本身所蕴含的精神实质、核心要义、理论品质和实践要求的进一步贯彻实施，美育是一种社会实践活动。由此可知，美与美育都与人的社会实践活动相关，而只要涉及社会实践活动就一定带着人的主观目的，但这种主观目的存在正确与错误、崇高与低俗、美与丑之分。在我国思想政治理论课程教学中，坚持功利性与非功利性的统一是至关重要的。这意味着学生在学习过程中应该追求一种高尚的、崇高的、美的功利主义目标，这包括学习知识、掌握技能及树立正确的世界观、

---

❶ 康德. 判断力批判 [M]. 邓晓芒, 译. 北京：人民出版社，2017：42.

人生观和价值观。这种目标不仅包括树立为人民和国家服务和贡献的崇高理想，还包括"认同走中国特色社会主义道路是历史的必然，坚信中国特色社会主义是国家富强、民族振兴、人民幸福的根本保障，坚定中国特色社会主义道路自信、理论自信、制度自信、文化自信；拥护党的领导，领会中国特色社会主义最本质的特征是中国共产党领导，中国特色社会主义制度的最大优势是中国共产党领导，党是最高政治领导力量；明确社会主义核心价值观是公民最基本的价值标准，自觉践行社会主义核心价值观，树立共产主义远大理想和中国特色社会主义共同理想"❶。这些目标旨在激励学生树立共产主义远大理想和坚定中国特色社会主义共同理想，为实现中华民族伟大复兴而不懈努力。

总之，马克思主义美学观不仅为我国思想政治理论课进行审美化教学提供了理论资源，还对如何实现思想政治理论课的审美化教学提供了重要启示。思想政治理论课程采用审美化教学方法，这不仅反映了美的本质特征，也体现了对教师和学生创造性劳动过程的重视。其核心目标是在保持合目的性与合规律性、个体性与社会性、功利性与非功利性相统一的同时，促进学生人格健全发展，提升他们的审美素养和创造力。这种方法强调在社会活动中充分展现个人力量，自觉形成良好的学习生活品质，最终实现培养全面自由发展的、能够担当民族复兴大任的时代新人。

第二节　我国传统文化中的美育思想

美或者审美教育中蕴含着主体对自由的精神境界追求，我国传统文化中也含有丰富的美育思想，《老子》曰"天地有大美而不言"，美的存在与

---

❶ 中华人民共和国教育部. 普通高中思想政治课程标准（2017 年版，2020 年修订）[S]. 北京：人民教育出版社，2020：6.

道的存在相生相息，让人去追求至道之美。道家的美学思想并不拘泥于形式，"五音""五色"等外在的形式并不能带来内心美的升华，道家更注重形式之后的"道"，常以"赤子"之心体会其德。同时，以孔子为代表的儒家思想提倡的"诗教"和"乐教"，同样从内容与形式、现象与本质、物质与精神、主体与客体等多方面解释了美育的思想境界。如果说儒家思想追求的是"齐家治国平天下"的入世理想，深入探讨和研究我国传统文化中所蕴含的美育思想，不仅为当前思想政治理论课程中的审美化教学提供了理论资源，而且有助于推动中华优秀传统文化的创造性转化和创新性发展。这为建设具有中国特色社会主义文化强国提供了坚实的文化基础。

一、道："真情之流"中的"美"

中国传统文化中的"道"具有极端抽象性与先验性。从哲学层面上来看"道"，它是人类存在之前的"物质""本体""本原"，它是作为"一切存在物的总和的自然"❶，"是事物的产生、秩序和意义的渊薮"❷，相当于"物质概念和宇宙概念"❸。《易》被认为是中国传统文化的重要组成部分，它深刻地影响着中国哲学的发展，而"道"则源远流长，深植于人们的思想中。据《系辞传》，《易》由教导人们使用火及耕种的伏羲所著，百姓按天象及时序的指导而耕作，统治者便创制简单的符号作为播种及收割等的根据。《易》具备一个简单的思考原则，那就是"道"。"易"指不易与变易，涵盖所有事物，指向所有方位、远近，无始终，循环式运作，当

---

❶ 周义澄. 自然理论与现时代：对马克思哲学的一个新思考［M］. 上海：上海人民出版社，1988：80.
❷ 张汝伦. 什么是"自然"？［J］. 哲学研究，2011（4）：94.
❸ 周义澄. 自然理论与现时代：对马克思哲学的一个新思考［M］. 上海：上海人民出版社，1988：82.

一物达其极致，其运作轨道会回转，并开始另一轮回。宇宙运行也是如此，比如物极必反的原理。郭店楚简《语丛一》曰："《易》所以会天道、人道也。"这被认为是中国历史上关于"天人合一"思想的最早阐述。❶《道德经》中认为："道"孕育了最初的统一，从统一中分出阴阳，阴阳交融产生了万物。万物都承载着阴气而拥抱阳气，通过气的调和达到平衡❷。老子在这里强调了"道"的至高无上，它被视为自然界的至高原则，是万物生长和养育的源泉。由此可知，"易"变易出"道"，而"道"又演绎出"天道"和"人道"，二者融会贯通，合二为一而又一分为二。故此研究"天道"不得不研究"人道"，研究"人道"不得不研究"天道"，在这一层面上来看"自然之天"，它便是作为万物元始，天下万物以"道"为宗主，天下之物，因"道"而通为一。

朱谦之通过系统研究《易》及其思想精髓，编著了《周易哲学》一书，该书对《易》进行了非同寻常的解读。朱谦之提倡以"情"为核心，提出了"真情之流"的理论，这一理论对于我们深入挖掘《易》中的美育思想具有重要的启发意义。朱谦之在《周易哲学》一书的序言中首次明确阐述了"真情之流"的观点，即他所认为的宇宙不再是由广袤的物质构成，而是统一的、充满生机的"真情之流"，这种流动是活跃而连贯的，不应被理解为物质形态，而是一种无形的、动态的存在，所有有形有体的事物都被这种"真情之流"所包含。❸朱谦之认为，以往对《易》核心思想的解释过于复杂和抽象，带有浓厚的形而上学特征，使普通人难以真正领会《易》的深层含义。因此，他以一个"情"字为统领来深入阐发《易》思想之精微。

---

❶ 荆门市博物馆. 郭店楚墓竹简 [M]. 荆门：荆门文物出版社，1998：194.
❷ 陈剑，译注. 老子译注 [M]. 上海：上海古籍出版社，2016：148.
❸ 刘彦顺. 中国美育思想通史 [M]. 济南：山东人民出版社，2017：492.

朱谦之立足于"情"来阐发《易》，这里的"情"并非我们平常所言的通常之情，他眼中的"情"具有其独特的个性，而且唯有真正把握了这些性格特征才能真正读懂"真情之流"的要义与旨归。他曾对"情"之最初来源及本体含义作出说明，即为方便起见，不妨确指给大家，本体不是别的，就是人人不学而能、不虑而知的一点"真情"，就是《易》中屡屡提起而从未经人注意的"情"字。❶ 而"情"的状态则是天地万物的本体，永远在那里变化，没有间断，好像滔滔不绝的流水一般，故得名"真情之流"。由此可以看出，在朱谦之看来，"情"并非完全的感性之情，而是综合了理想之思维的情。当代著名美育学者刘彦顺对这一思想进行了深刻的阐释，他提出："'情'的存在形式是主体不断向对象展开的统一且持续变化的活动，这一活动本身也是在不断寻求和提升意义与价值的过程中。因此，在朱谦之的观点中，'情'既不是一种超脱世俗的'涅槃'状态，也不是静态的客体本体，而是主体在追求意义与价值的过程中与所接触的对象或客体共同构成的生活实践，这种生活实践最根本、最原始的表现是一种积极的、绽出的、涌现的时间性过程。"❷ 从这里可以看出，"真情之流"并非简单的情感表达，更为核心的是对人存在价值和意义世界构建的极端关切，强调对人感性存在与理性存在、主体与客体、此岸世界与彼岸世界、有限与无限等之间的弥合与统整，真正做到了对人存在的观照。

总而言之，《易》作为我国传统哲学思想的重要典籍之一，其蕴含的"道"之精微为人之安身立命提供了基本的解释范式。古往今来，不同的人对其进行不同解读，朱谦之对其进行了富有生命力的解读，这为当前我国美育事业发展寻找思想渊源提供了重要的线索和启示。美育的本质就是对人全面和谐发展的重视，而当前在具体教学实践过程中，多以知识传授

---

❶ 刘彦顺. 中国美育思想通史［M］. 济南：山东人民出版社，2017：488.
❷ 刘彦顺. 中国美育思想通史［M］. 济南：山东人民出版社，2017：489.

为主导,重视学生理性能力的发展,对学生感性能力的培养没有足够的重视,因此,在当前的思想政治理论课程教学中,我们应该充分利用"真情之流"学说的理论价值和思想魅力,对其进行批判性吸收和创新性发展,以期为新时代美育作出新的贡献,真正培养出能够担当民族复兴大任的时代新人。

二、无为:出世的超然之"美"

道家提倡以"无为"来阐发美学思想,进而建立超然的人生之美。老子和庄子是道家思想的创始人,他们的这种"无为"思想为道家思想的后来发展产生了重大影响。老子与庄子的哲学思想——特别是关于"道"的概念——深受当时社会背景的影响。

(一)老子与庄子的善恶与美丑之说

善与恶属于道德范畴,而美与丑则是美育范畴,但在先秦尤其是西周时期对这两对范畴并没有做出明确的区分。在《老子》第二章提到:"天下皆知美之为美,斯恶已;皆知善之为善,斯不善已。故有无相生,难易相成,长短相形,高下相倾,音声相和,前后相随。是以圣人处无为之事,行不言之教。"❶ 由此可知,老子不仅区分了美与恶、善与不善之间的差异,还提出二者相互转化的可能性。美与恶、善与不善不是绝对的对立,在一定条件下可以相互转化,二者互为存在条件,这体现了老子的朴素辩证法思想。然而,要真正理解老子的哲学思想,就不能仅仅局限于"道生一,一生二,二生三,三生万物。万物负阴而抱阳,冲气以为和"❷。"道"

---

❶ 陈剑,译注. 老子译注 [M]. 上海:上海古籍出版社,2016:7.
❷ 陈剑,译注. 老子译注 [M]. 上海:上海古籍出版社,2016:148.

可以被视为宇宙中最伟大的力量，它可以控制和改变所有的事情，使之变得更加完美。由此来看，美与恶、善与不善作为现象世界的具体存在，同样是由"道"产生并由"道"来说明的。那么进一步追问，"道"来自哪里？老子给出的回答是"无"，老子在朴实的辩证法中看到了"有"与"无"之间的相互转化、互为存在的条件，从"无"中产生"有"。黑格尔后来的"有"与"无"界说与此相似。总的来说，《道德经》的核心理论认为，"无"的状态创造出"道"，它构成了一切万物，并且成为人们追寻的根本。然而，"是以圣人处无为之事，行不言之教"，即便是圣人，也无法完全把握"道"，必须通过"无为"和"不言"的实践，才能最终接触到"道"，达到与"道"相融合的境界。老子不主张个人主动采取行动，在各种冲突中推动变革来实现发展。从根源上来看，老子的这种思想具有极端抽象性，他通过无形无色无味的"道"来解释世界，同时对"道"的解释还存在模糊不清的缺陷，使人难以在现实生活中真正把握"道"。因此，老子的思想是从概念出发来看待和解释世界的。与此同时，他思想中所蕴含的美与恶、善与不善也只是一种在"道"的指引和规范下的、没有斗争性的抽象思辨。

老子的这种思想在庄子的思想中得到进一步发展和升华，但他把老子的朴素辩证法变成相对主义，他主张万物不分，浑然一体。

庄子曾曰，阳子之宋，宿于逆旅。逆旅人有妾二人，其一人美，其一人恶，恶者贵而美者贱。阳子问其故，逆旅小子对曰："其美者自美，吾不知其美也；其恶者自恶，吾不知其恶也。"[1]

庄子认为，事物的美与丑、贵与贱的判断是主观的，并且每个人的审美标准都是不同的。他指出，美与恶的界限并不固定，人们无法通过辩证来确定哪种观点是正确的。例如，一个人可能认为某物是美的，而另一个

---

[1] 毛佩琦，徐昌强. 庄子全集 [M]. 北京：煤炭工业出版社，2015：213.

人则可能认为它是丑的；反之亦然。因此，庄子主张，我们不应该试图去界定或判断美与恶的绝对标准。❶ 庄子从老子的朴素辩证法走向了相对主义。庄子首先从现实生活中提取出一定的具体事件来说明这些对立事件之根本不能明确辩证，因为每个人对同一对象会得出不同的结论，而这些不同结论又不能证明谁错谁对。由此，庄子推出不能辨别相互对立之物，如美与恶不能明确辨析。既然对这些既已存在的事物不能辨析，那就说明人的认识能力有限，因此导出了不可知论，对于不能解释的现象则只能求助于"道"，庄子这就沟通了老子的思想。

（二）老子和庄子对美的否定之思想

老子和庄子作为道家的主要代表人物，他们的思想具有一贯性。通过以上对老子和庄子的美丑与善恶思想的分析，可知贯穿他们思想的核心就是"道"，这与当时他们生活的时代环境有关。老子生活的时代，奴隶主阶级的经济基础已经开始动摇，那么老子所代表的思想则是这种社会变革的"时代精神"。庄子出生于战国时期，当时的社会已经发生巨大的变化：传统的奴隶制度已经解体，奴隶主阶级的统治力量和经济基础遭到严重削弱，封建地主阶级的统治地位在各国开始确立。❷ 这种剧烈的社会变革对他影响更大，见识到统治阶级的昏庸与无识，庄子对于他们推崇的德行、美饰极为排斥，力主"无所为"与"无用之用"，对于汲汲于功名之流，不屑为伍，而以道为终极目标。

正是由于"道"这种"无为而治"的思想贯穿于老子和庄子思想的始终，"道"才是人们安身立命之所，而"道之华"则是对"道"的分有，这就导致老子和庄子不可能在他们的内心里真正接受任何美与艺术。因此，

---

❶ 施东昌. 先秦诸子美学思想述评［M］. 北京：中华书局，1979：52.
❷ 施东昌. 先秦诸子美学思想述评［M］. 北京：中华书局，1979：58.

老子曰:"五色令人目盲,五音令人耳聋,五味令人口爽,驰骋畋猎令人心发狂,难得之货令人行妨。是以圣人为腹不为目。故去彼取此。"❶

老子提倡对现实生活中的美和艺术持一种超然态度,他建议人们不要被色彩、声音、味道以及放纵的狩猎和稀有物品所诱惑。老子甚至认为应该摒弃那些被视为"道"的外在装饰和华丽之物,对于"圣人"而言,只要"为腹"维持基本生存即可,"圣人"真正追求的是"道"的至高境界,只有真正达到"道"的境界,"圣人"才能成为真正的"圣人",这才是"至美至乐"。庄子则进一步发展升华这种"无为"思想,形成更为"超脱"的"绝对自由"思想。庄子提倡忘却内心的忧虑与恐惧,抛弃感官的依赖,从而达到一种超脱尘世纷扰、自由自在地游荡于世俗之外的境界。庄子继承了老子的"圣人为腹不为目"思想。庄子曰:"且夫失性有五:一曰五色乱目,使目不明;二曰五声乱耳,使耳不聪;三曰五臭薰鼻,困㑊中颡;四曰五味浊口,使口厉爽;五曰趣舍滑心,使性飞扬。此五者,皆生之害也。"❷

庄子上述思想与老子"圣人为腹不为目"之说如出一辙。

总之,老子和庄子作为道家的主要代表人物,他们的思想为道家思想后来的进一步发展奠定了基础。但老子和庄子的思想是他们所生活时代的反映,是当时社会变革的精神映象。同时庄子的思想中还存在一些自相矛盾的观点和论述。从整体性的视角出发,庄子认为美与丑、善与恶之间不存在绝对的界限,尽管在他的作品中,有时通过对比手法来突出美丑的差异。例如在《齐物论》中,他通过自然界生物对美的反应来说明美的存在,指出:"毛嫱和丽姬,是人们普遍认为美丽的。然而,鱼见到她们会深潜,鸟见到她们会高飞,麋鹿见到她们会快速奔跑,这四种动物中,谁能

---

❶ 陈剑,译注. 老子译注 [M]. 上海:上海古籍出版社,2016:38.
❷ 毛佩琦,徐昌强. 庄子全集 [M]. 北京:煤炭工业出版社,2015:134.

真正理解什么是天下的真正美色呢?"❶ 这表明庄子在某种程度上承认了美的存在,尽管他主张超越这些相对的判断,但其思想核心还是在于"道",是"道通为一",是"道枢"❷。不管是老子的朴素辩证法还是庄子的相对主义,不管是老子的"道"之"无为"还是庄子的"道"之"超然",不管是老子的客观唯心主义还是庄子的主观唯心主义,都体现了他们的唯心主义色彩。他们对外部世界的考察不是从现实生活和社会实践出发,而是从抽象的"道"出发,这就从根本上决定了他们的美学思想的唯心主义色彩。

　　对道家思想的分析还必须注意的是,作为一种思想,它必然是时代的反映,但这些思想之所以有生命力,在于其能够穿越时空,为不同的时代所阐发和改造利用。因此,对于当前我们进行的美育事业,抽离出道家思想所固有的时代背景,其思想内核中还存在一些能够为当代我们所汲取和利用的思想资源。老子以淡泊名利为要,坚持"无为而治"的原则及"不贵难得之货"的情怀,追求"道"的最高境界,这种思想境界和精神追求对于当代仍然具有重要的启示意义。老子主张要顺其自然达到美的境界,所以老子并不像儒家学派那样大讲审美和艺术教育的作用,而是采取一种超然的态度。❸ 庄子作为老子思想的继承者进一步发展了道家美学思想,提出"天地有大美而不言"的美学命题。庄子认为,对美的欣赏不要带着功利主义目的,但我们在进行审美的时候能够实现无目的性的合目的性。也就是说,我们在进行审美鉴赏的时候不是带着一定的功利主义目的去欣赏对象,但在欣赏对象之时又在无意中实现了某种潜在的目的,这种对美的欣赏才是道家所坚持和强调的美学观。这是一种"至美",而要达成这

---

❶ 毛佩琦,徐昌强. 庄子全集 [M]. 北京:煤炭工业出版社,2015:30.
❷ 毛佩琦,徐昌强. 庄子全集 [M]. 北京:煤炭工业出版社,2015:21-22.
❸ 王岗峰. 美育与美学 [M]. 厦门:厦门大学出版社,2009:6.

种欣赏无须外在的强制，是对个体精神自由的追求。这种思想对于教育的启示就是要求教育少一些功利欲望，多一份家国情怀。这就要求教育活动所涉及的各方主体，如学校、社会和家庭，都要摒弃功利主义思维，在物欲横流的现实生活中要重视对学生正确价值观念的培养和引导，摒弃急功近利的功利教育和培养模式，引导学生的道德行为习惯形成，逐步从外在引导向自我欣然接受和自觉践行转变。当前，思想政治理论课作为德育的重要组成部分，同样需要涵养"先天下之忧而忧，后天下之乐而乐"的国家情怀，去除功利主义和精致主义杂质，使教育教学过程真正成为一种主体精神自由的创造过程，做到内容与形式、现象与本质、思想性与艺术性、知识性与观赏性有机结合。

三、仁："诗教"与"乐教"之"美"

儒家以"仁"为核心构建思想体系。孔子作为儒家学派的创始人，他的教育思想主要体现在他所提倡的"诗教"与"乐教"，这就是"礼乐教化"思想。在"凤鸟不至，河不出图"的时代，孔子希望通过实施"诗教"与"乐教"来规范社会秩序，以期在礼乐崩坏的时代背景下继续维护周礼。而孔子教育的"诗""礼"培养的目的是有君子之德的人、具有仁德的人。

（一）儒家思想的核心："仁"

儒家学说注重个人的德行修养，注重从人道推及天道，从天道推及人道，实现人道与天道、天地神人的统合与圆融。儒家思想倡导以仁爱之心对待所有生命，孔子曾说，缺乏仁爱之人无法长久地承受困境，也无法长久地享受快乐。仁者以仁为安，智者以仁为利。孔子还提到，只有仁者才能正确地爱人和恨人，并且强调，如果一个人立志于仁，就不会有恶行。❶作为宇宙万物的一部分，人可以通过遵循"仁德"的行为规范来认识和改造自然界，进而"协助天地之化育"，实现"与天地同在"，达到人与自然的互补共生，促进人与自然的和谐统一。

儒家对"道"的理解多从"人道"出发，从人之主观能动性角度阐释个体（如国君）守执"道"则万物将自然归化，国君只有崇尚德政，用德行事，才能得到天道之保佑。孔子提出，以德治国，就像北极星一样，固定在它的位置，而其他星星都围绕它转动。❷君主在治理国家时，应明白提拔正直、公正的人放在不正直、邪恶的人之上，人民就会服从；反之，提拔不正直、邪恶的人放在正直、公正的人之上，人民就不会服从。❸君主应避免被后人评价为不如古代诸夏的灭亡。❹君主应真正实现"以礼待臣"❺，在任何时候都不背离仁德，即使在遭遇困难和挫折中也坚持如此。❻同时，君主应怀有德行、崇尚礼仪、重视正义、坚守诚信。"仁德"作为"道"的分有，停留于感性直观层面，社会个体（国君）通过"仁德"修养可达于"天"，从而在"修仁、修义、修刑、修德"之中实现"顺天地，体阴阳"。总之，从人之主体性视角出发，人之主体能动性发挥要符合"仁德"。

（二）儒家美育思想：基于"仁"的"诗教"与"乐教"

儒家思想中的"诗教"与"乐教"成为其美育思想的主体内容之一。

---

❶ 冯国超，译注. 论语 [M]. 北京：华夏出版社，2017：36.
❷ 冯国超，译注. 论语 [M]. 北京：华夏出版社，2017：11.
❸ 冯国超，译注. 论语 [M]. 北京：华夏出版社，2017：18.
❹ 冯国超，译注. 论语 [M]. 北京：华夏出版社，2017：24.
❺ 冯国超，译注. 论语 [M]. 北京：华夏出版社，2017：30.
❻ 冯国超，译注. 论语 [M]. 北京：华夏出版社，2017：37.

在教育方面，孔子强调以诗歌和音乐作为手段将仁爱之礼进行传输，即发挥艺术的工具手段来促进德育的实施。孔子提出了著名的"兴于诗，立于礼，成于乐"之命题，认为"诗"和"乐"是君子及有德之人修身成人的主要途径。日本著名美学家今道友信曾对此解释道：其中"兴于诗"强调人类要通过诗歌这一艺术形式才能得以解放，"立于礼"则是人们在祭祀时所遵行的一系列行为规范，本身就体现了一种艺术之美，而"成于乐"强调音乐这种艺术形式包含了世界的基本结构形式，即时间和空间，也就是说音乐包含了整个世界的存在结构，人在这种音乐之美中可以享受自由，获得解放，实现对主体自由精神境界的追求，是通过前两个阶段后所达成的最高境界。❶ 这说明在整个德育过程中有创造与运用艺术的必要性，同时一个人道德性格的养成本身就是充满美的实践过程，这一过程本身就是美与德携手并进的过程。

在《论语·为政篇》中，孔子提出："道之以政，齐之以刑，民免而无耻；道之以德，齐之以礼，有耻且格。"❷ 孔子在这里强调了仅用法律和惩罚手段虽然可以防止犯罪，但无法培养人们的内在道德感。相反，通过道德教育和礼仪规范，可以激发人们的羞耻心，并促使他们自觉地遵循社会规范。这表明了礼仪和道德在塑造人们行为中的核心作用，也意味着需要培养超越个人欲望、主动积极的道德行为。"约之以礼"的美学理论除了强调修身成德，还存在很多美育与德育相互融通的内容，即"礼"作为"仁"的具体化，是德的主体内容，《论语》中有如下论述：

子曰："君子成人之美，不成人之恶。小人反是。"（《颜渊篇》）

子曰："里仁为美。"（《里仁篇》）

子曰："如有周公之才之美，使骄且吝，其余不足观也已。"（《泰伯篇》）

---

❶ 檀传宝. 德育美学观［M］. 太原：山西教育出版社，1996：138-139.
❷ 冯国超，译注. 论语［M］. 北京：华夏出版社，2017：11.

子张曰:"何谓五美?"子曰:"君子惠而不费,劳而不怨,欲而不贪,泰而不骄,威而不猛。"(《尧曰篇》)

子曰:"人而不仁,如礼何?人而不仁,如乐何?"(《八佾篇》)

子曰:"志于道,据于德,依于仁,游于艺。"(《述而篇》)

子曰:"大哉尧之为君也!巍巍乎,唯天为大,唯尧则之。荡荡乎,民无能名焉。巍巍乎其有成功也。焕乎其有文章。"(《泰伯篇》)

由此可知,"诗教"、"乐教"与"礼"从内在联系上相互贯通。德育美学家檀传宝认为,孔子的诗教和礼教都是希望通过审美化或者艺术化的手段来使学人或弟子自觉接受其承载的思想内容和精神实质,以达成孔子的"中和"之美。朱谦之也指出,"诗教""乐教"具有促进"礼教"的价值功能,但个体在接受"诗教"、"乐教"与"礼教"的过程中同样能够获得"真情之流",即美的享受。朱谦之指出,"礼乐诗之教的交叉、融合、互助,正是一种悦乐精神在道德领域、审美领域的展开,礼可以使情欲、乐、诗变得节制,诗、乐可以使礼更加自然、愉悦地得以原始地涌现"❶。因此,在实践"礼"的过程中,人们实际上是在体验和欣赏"诗教"和"乐教"所蕴含的、充满生命力和愉悦感的美。"诗教"、"乐教"与"礼"之所以能够相通,在于美与善相通,因为当我们纯粹地谈及善的时候,注重的是善所蕴含的具体内容,而忽视了善所存在的具体形式;但当我们谈及美的时候,我们就不得不在注重内容的同时也重视内容所表达的具体现实,这与美的本质相通,因为美是内容与形式的统一体。正因为美与善的这种关系,儒家的"诗教"、"乐教"与"礼教"才能形成通感,即"诗教""乐教"是作为"礼"的具体展现形式,而"礼"则是其真正内核。正如朱谦之所言,自然主义、自由主义的快乐教育生活实质上是中国传统的教育理念,中国教育的最终目标是实现一种哲学化的人生,而其

---

❶ 刘彦顺. 中国美育思想通史 [M]. 济南:山东人民出版社,2017:499.

方法则是通过营造快乐的生活来达成。❶ 能够将"礼"与"乐"完美结合的原因在于，中国哲学教育本身就是以艺术为追求目标——尽管世界上还没有完全以艺术为本位的教育体系，但也没有一个教育体系不以艺术性为追求目标。特别是中国，从哲学教育出发，自然倾向于艺术教育。中国历代教育家向来重视礼乐教育，其中礼是外在行为的一种有序节奏，乐则是内心生活的一种和谐状态，礼乐都蕴含着艺术的特质。❷

这些学者对儒家思想中"约之以礼"美学理念的内在逻辑关系总结得十分精当，指明"诗教"和"乐教"作为形式丰富"礼教"的重要作用，同时形成"礼"的过程也是一种享受"真情之流"的过程，从而实现了社会理想与个体感性之间的有效沟通，排除了个体与社会之间的分离乃至对立，有利于促进人的生理与心理、直觉与知觉、个体性与社会性、具象性与抽象性、功利性与非功利性的统一。

此外，值得一提的就是"约之以礼"，其美学理论蕴含着对超越人生境界的追求，即重视追求人与自然和谐的背后是人生境界的宁静与超然。孔子对其弟子指出"吾与点也"，在孔子看来言利则多怨。子曰"知者乐水，仁者乐山；知者动，仁者静；知者乐，仁者寿"❸，孔子对"智者"与"仁者"不同生活态度和精神追求的思考，体现了人与自然和谐共生、天人合一的理念。颜回即便生活俭朴，也能保持乐观，孔子对颜回"一箪食，一瓢饮，在陋巷，人不堪其忧，回也不改其乐"的赞赏，源于颜回将精力集中在追求学问和守道上，物质的匮乏并未影响他对崇高理想的追求，这正是孔子所推崇的。颜回的这种超越物质追求的精神境界，被历代中国志士所推崇。它不仅是对个体自由精神和独立人格的追求，也体现了深刻的

---

❶ 刘彦顺. 中国美育思想通史［M］. 济南：山东人民出版社，2017：499.
❷ 刘彦顺. 中国美育思想通史［M］. 济南：山东人民出版社，2017：499.
❸ 冯国超，译注. 论语［M］. 北京：华夏出版社，2017：71.

美学精神，即美的精神是对自由和超越境界的追求。美之所以美，是因为它代表了实践主体的自由，审美的愉悦来自在对象中观照到自身对必然或命运的超越。❶ 思想政治理论课教学应当借鉴这种对自由境界的追求，将道德教育的目标定位于实现个体的道德自由，实现社会规范与个体自由的和谐统一。

第三节　国外文化中的美育思想

在人类历史发展的长河中，各个不同的民族创造了不同的文化，形成了绚丽多姿的人类文明，而这些不同文化中又包含着丰富多彩的美学思想，这体现了各个不同民族对美的认识和人生存的关切。当前，随着中国特色社会主义进入新时代，我国教育事业作为中国特色社会主义事业的重要组成部分，理应在新时代的机遇下作出新贡献，取得新发展。进入新时代，各个国家与地区之间进行文明的交流互鉴则是进一步增强政治互信、互利共赢、促进人类文明不断繁荣发展的重要途径。国外美育思想丰富，西方文明中孕育的美育思想对我国当前开展美育工作具有理论上的借鉴意义。因此，应加强对国外美育思想资源的挖掘，进一步推动我国美育事业不断取得新胜利。当然，由于历史文化传统的不同，对国外美育思想的吸收和借鉴也必须立足中国国情和文化传统，对西方美育思想坚持批判与吸收相统一的原则。

一、从精神中来构建美的概念及其本质

在西方文明中，柏拉图最早对美及美育进行了系统研究。柏拉图认为，

---

❶ 檀传宝. 德育美学观［M］. 太原：山西教育出版社，1996：119.

"美"与美的东西存在差别,人们在现实生活中见到的所有的美都不是真正的"美",这些所谓美的事物通过努力只能无限地趋近于真正的"美",而永远不可能成为"美"。同时,真正的"美"为至上者统领所有具体的美。究其根源,柏拉图眼中真正的"美"是概念的抽象,这种"美"脱离现实生活,没有涉及社会实践,是一种抽象思辨之物,同时这种抽象概念还排除具体实际,亦即排斥特殊性,只承认普遍性和一般性,"美"难以抵达现象世界。黑格尔对柏拉图的这种思想作了深刻的评价。首先,黑格尔认为,柏拉图是第一个对一般性和特殊性进行区别的人,柏拉图看到了对事物的认识不应从特殊性入手而应从一般性和普遍性出发,现象世界中没有形成一般性范畴或概念的东西都不能称其为美本身、善本身、真本身等。其次,黑格尔指出,既然柏拉图看到了美必须用一般性的概念和范畴去把握它,那么无论是什么样的范畴和概念都出自人的思维,即"进入思考者的意识"。最后,黑格尔在分析柏拉图美学的基本范式后,指出柏拉图美学思想中的缺陷。黑格尔认为,柏拉图美学思想通过一般性范畴和概念来把握世界,存在形而上学之嫌,具有极端抽象性,因此,这种关于美的思想已不能满足人们的需要。黑格尔的评价指出了柏拉图哲学的要害。

康德作为德国古典哲学的奠基人,提出了一系列创新性的观点,并且他的"星云"假说也颠覆了传统的机械宇宙观。在哲学领域,康德对人类主体性的探索和提升作出了重大贡献。他的美学思想,尤其是体现在《判断力批判》中的部分,对西方美学史产生了深远的影响。然而,有的学者如邓晓芒认为康德的美学思想不应仅从《判断力批判》的角度来分析,而应从人类学的角度进行更全面的审视。邓晓芒在探讨康德美学思想的构建时强调,康德的美学并非简单基于对前人美学研究的总结和批判,而是出于其哲学体系作为"人类学"这一更广阔视野的内在需求。如果从美育的人类学视角出发,将人视为一个有机整体,康德可能就不会试图去调和其前两部批判作品中的分歧，而是更倾向于明确区分本体与现象的界限。❶这种看法也存在一定的道理，但我们从《判断力批判》中挖掘康德的美学思想并未否认其思想的一贯性和整体性，同时，康德的美学思想确实在该书中得以集中体现。这是讨论康德美学思想来源的前提性阐明。

康德主要从主体思维来思考美，认为美是主观的，须从自我的思维来体验和把握。同时，这种美存在无目的性的合目的性特征，要求人们不要以功利主义心态进行鉴赏判断。康德对美的理解还包含了一个深层的观点，即美虽然表现为一种符合目的性的形式，但关键在于它能够激发想象力与理解力之间的和谐互动。正是这种互动，能够普遍而必然地引发愉悦感，而这种愉悦感，才是评价对象是否具有美感的关键因素。❷ 也就是说，康德对美的看法虽然是从主观的无目的性出发，但其实质还是要求在立美和审美过程中有想象力和理解力的参与，这就指明了这种无目的性并非真正地无目的性，有理解力的参与就有人的知性存在，而知性就是理性的具体表达。因此，可以合理推断出康德的观点：虽然愉悦与不愉悦的感觉是个人的体验，但它们同时具有普遍的必然性。❸ 这种看法在杨辛和甘霖的《美学原理》中得到了体现。

作为德国古典哲学的集大成者，黑格尔的美学思想构成他整个唯心主义哲学体系中的一个重要分支。因此，他的美学思想仍然根植于唯心主义的哲学原则之上。虽然黑格尔在构建自己的美学思想时强调这种思想是对前人思想的超越和弊端的克服，特意强调他是从"经验观点和理念观念的统一"❹ 出发的，但我们站在马克思主义的立场来看待黑格尔的美学思想，可以发现其仍然没有克服西方哲学传统固有的矛盾。黑格尔那里形成庞大

---

❶ 邓晓芒. 冥河的摆渡者：康德的《判断力批判》[M]. 武汉：武汉大学出版社，2007：2.
❷ 杨辛，甘霖. 美学原理 [M]. 2版. 北京：北京大学出版社，2001：20.
❸ 杨辛，甘霖. 美学原理 [M]. 2版. 北京：北京大学出版社，2001：20.
❹ 黑格尔. 美学（第一卷）[M]. 朱光潜，译. 北京：商务印书馆，1982：28.

的思想体系，这一方面是对以往文明成就的综合，尤其是哲学成就的综合，另一方面这也是企图阻止人的理性思维继续前进，因为按照西方传统哲学发展进路，黑格尔以"绝对精神"为核心的思想体系已经达到西方传统思维的顶峰，这种以"绝对精神"为核心的思想体系就形成一个"自己返回自己的圆圈"，不再有发展的可能性。但纵观人类历史，构建出这种不再发展的思想体系也就意味着人类社会发展的停滞，因为理性思维尤其是哲学思维是时代精神的精华，人类社会并不会因为思想体系的完结就不再发展，不管这一思想体系多么完善与和谐。因此，黑格尔美学思想具有被超越的历史必然性，而马克思主义正是对其的全面超越。

黑格尔认为美是理念的感性显现，这里的理念并非仅仅是纯粹概念的集合，而是融合了经验与概念、现象与本质、感性与理性、概念与客观存在等有机统一的理念。既然在黑格尔看来美是理念的感性显现，这就不奇怪黑格尔认为"艺术品作为人的活动的产品"❶ 而形成的艺术美高于自然美的观点。黑格尔对此展开的陈述是，他认为"自然界事物只是直接的，一次的"❷，这说明自然美是直接存在的，而没有经过人雕琢的自然界不存在美。根据黑格尔的观点，艺术作品的美是源于心灵的创造活动，并且只有通过心灵的参与才能实现。❸ 艺术作品融合了人的感性追求和理性追求，它既反映了人的内在思维，也呈现了外在的客观对象。在艺术欣赏的过程中，人们能够实现自我认同和自我提升。总体来看，黑格尔的美学思想仍然是其以"绝对精神"为根基的思想体系的分支。

此外，黑格尔在其美学思考中，还提出了一些具有深远影响的观点。他特别强调劳动在个人审美体验中的重要性，认为人们通过实践活动来实

---

❶ 黑格尔. 美学（第一卷）[M]. 朱光潜，译. 北京：商务印书馆，1982：33.
❷ 黑格尔. 美学（第一卷）[M]. 朱光潜，译. 北京：商务印书馆，1982：38.
❸ 黑格尔. 美学（第一卷）[M]. 朱光潜，译. 北京：商务印书馆，1982：49.

现自我认识，因为人们有一种内在的驱动力，希望在他们面前的外部事物中实现自我，并在这个过程中认识自己。通过改变外部事物，人们能够在这些事物中重现自己。❶ 在这种实践活动中，人们"消除了外在世界的顽固疏远性"❷，将外部事物纳入自己的认识范畴，这种改变外在世界事物的疏远性的劳动，就是对自身外部现实的欣赏和享受。黑格尔还用一个小男孩把石头扔进水中的实例，来具体说明这种创造性劳动带给人的愉悦和美的享受。这是从具体的美学视角来理解黑格尔的思想。同时，黑格尔的贡献还在于他强调事物自身的运动、变化和发展，认为"思维的本性是辩证法"，这种辩证法是矛盾、自我否定，从而不断推动事物向前发展。但"当思维对于依靠自身能力解决矛盾感到失望时，就会退而求其次，借助于精神的情感、信仰、想象等方式或形态，以寻求解决或满足"❸。这说明黑格尔思想中虽然具有革命性的辩证法，但当思维对自身矛盾无法解决时，它就不得不求助于所谓的"神秘力量"，这是其思想的唯心主义成分。

二、从具体物质及其属性探索美的本质

人类认知能力是一个历史性的生成过程，在人类发展的不同历史时期，人们对自然界和人自身的认识所能够达到的程度存在差异性。在人类社会的初期阶段，由于生产力较为低下，人们对自然界的认知非常有限，因此对自然充满了敬畏和畏惧之情。在原始社会中，个人被视为自然界的一部分，生活在一个由自然法则支配的无情严酷世界中，如同一根易碎的芦苇。为了生存，人们必须遵循自然法则。❹ 正是在这样的生存环境中，为了能

---

❶ 黑格尔. 美学（第一卷）[M]. 朱光潜，译. 北京：商务印书馆，1982：39.
❷ 黑格尔. 美学（第一卷）[M]. 朱光潜，译. 北京：商务印书馆，1982：39.
❸ 黑格尔. 小逻辑[M]. 李智谋，译. 重庆：重庆出版社，2006：10.
❹ 康芒纳. 封闭的循环[M]. 侯文蕙，译. 长春：吉林人民出版社，1997：10.

够实现人与自然之间的和谐，克服大自然的神秘性与不可抗拒性，人们不得不求助于外界的某种神秘力量以求得慰藉。所以，西方文明早期的自然哲学与这种社会背景深为相关。古希腊时期构建的以具体物质及其属性为总原则的自然哲学当然对美学发展同样产生了影响。毕达哥拉斯学派就提出从"数"来思考美，认为"数"具有和谐一致性，各种不同比例的组合就能够形成一定的秩序和图形，从而创造美。

亚里士多德也认为美的事物在其比例、秩序、位置、形状、大小、色彩等方面是和谐一致的。亚里士多德认为一个事物如果是美的事物的话，不仅它的各部分之间是和谐一致的，同时它的大小、比例能够为肉眼所观察。在他看来，极为微观的事物不能成为美的事物，因为我们人类不能通过感官直接感知它；极为宏观的东西也不能成为美的事物，因为我们同样不能通过感官直接感知它。亚里士多德这种思想与我们传统文化中的"至大无外，至小无内"的思想存在一定程度上的相似。亚里士多德注意到了美的形式与形象，这与当时从"理念"来思考美不同，也为美学研究开启了新路径。从古希腊到中世纪乃至近代，有不少学者循着亚里士多德的角度，从具体的形式美和形象美来研究美，对美的普及和大众化作出了重要贡献。但我们也看到这种过分强调美的具体外在形式，而忽视对美内在本质的把握，同样存在片面性和不完整性，因此，我们对这种美学观点应加以辩证地看待。

荷迦兹是近代英国著名文艺理论家和画家，他对美的思考同样也是从具体的物质形态入手的。他的美学思想主要体现在《美的分析》中，他认为美是"适宜、变化、一致、单纯、错杂和量；——所有这一切彼此矫正、彼此偶然也约束、共同合作产生了美"❶。他指出各个部分之间的和谐构成美，"每一件个别的物体，不论是出自艺术还是自然，其各部分是否适合于

---

❶ 北京大学哲学系美学研究室. 西方美学家论美和美感 [M]. 北京：商务印书馆，1980：101.

形成整合物体的目的，是首先必须考虑到的问题。因为这对于整个物体的美与否有着极为重要的关系"❶。他进一步举出例子来加以说明，如人体各部分之间的尺寸大小、大腿与小腿、躯干等之间的比例关系如何协调而变得和谐。他还强调美在变化，"各种植物、花卉、叶子的形状和颜色，蝴蝶翅膀上、贝壳表面上的彩色花纹，除了以变化的乐趣赏心悦目以外，似乎没有什么其他的用途"❷。但是这种看待美的角度存在机械性倾向，同时这种对美的理解从其出发点上就存在片面性，过分强调感性直观而忽视了知性理解。

狄德罗提出"美是关系"的命题。狄德罗认为在哲学范畴内，美是那些能够激发我们对事物之间联系感知的东西，这表明美是由人的心智所构建的，基于对外部世界关系的一系列认知。他进一步阐述："无论是何种关系，我认为美的本质就是这些关系。这不仅仅是从审美的狭隘角度来看，而是从一个更哲学的、更普遍的美的视角，以及语言和事物本质的层面来理解。"❸ 这反映了狄德罗对"美是关系"这一命题的普遍性和一般性理解。狄德罗还进一步阐明了他对关系的理解："当我说一个存在物因其关系而美时，我指的不是我们想象力所创造的智力或虚构的关系，而是那些实际存在的关系，通过我们的感官被我们的悟性所感知。"❹ 狄德罗对美及其本质的揭示突破了以往人们从单一具体物质或者某种具体物质的属性来揭示美的弊端，提出"美是关系"的时代命题，因为关系是客观的和现实的，因此在狄德罗看来，美也是客观的和现实的。同时，他对美的思考不仅从客体维度出发，他还注意到了主体在审美中的作用，即所有的关系都依赖于主体对这些关系的反映和认知，只有建立在主体认知基础上的关系

---

❶ 北京大学哲学系美学研究室. 西方美学家论美和美感 [M]. 北京：商务印书馆，1980：101.
❷ 北京大学哲学系美学研究室. 西方美学家论美和美感 [M]. 北京：商务印书馆，1980：103.
❸ 北京大学哲学系美学研究室. 西方美学家论美和美感 [M]. 北京：商务印书馆，1980：131.
❹ 北京大学哲学系美学研究室. 西方美学家论美和美感 [M]. 北京：商务印书馆，1980：133.

才能构成美。因此，这是狄德罗美学思想价值较为突出的地方。但同时，我们也看到他的美学思想已经走到了真理的大门口，还没有完整地真正进入真理的门内。比如对关系本质及其历史生成性的理解，如果他进一步充分诠释美与社会关系历史性之间的相互关系，那么他的美学思想就会具有厚重的历史感，达到"历史原则的高度"。再如，如果他在社会关系的历史生成性方面进一步深入研究，那么他就可能发现理解美学的"阿莉阿德尼"之线，即从社会实践中的物质生产美及其本质，但这些都是超越了历史的纯粹假设，没有机会付诸实践。

三、从人的生活中来探索美及其本质

俄国革命民主主义者车尔尼雪夫斯基是将美学思考与人类生活紧密联系起来的代表性人物。他利用文学作品来批判当时沙皇的封建专制统治。他的文学活动集中在 19 世纪 30—60 年代，这一时期也是俄国革命民主主义上升时期，正是在这一时代背景下他提出了对美的看法。他的美学思想主要体现在《生活与美学》（学界也译为《艺术与现实的审美关系》，本书取《生活与美学》一书名）。

我们来解读车尔尼雪夫斯基生活美学观的主要内容。车尔尼雪夫斯基的生活美学观涵盖了对生活本质与美的独特见解，他强调生活本身的价值，认为最为宝贵的是能按照自己的意愿和爱好生活。他看待生命的态度是肯定的，认为活着总是好过死亡。他认为，生命的本能是恐惧死亡和热衷生活的。此外，车尔尼雪夫斯基对于美的定义也非常广泛，他认为任何能反映生活或唤起生活记忆的事物都是美的。这种观点将美的存在范围扩展到了生活的各个方面，无论是自然界中的景观，还是社会生活与艺术作品中的表现，都能体现生活的美学。通过这种方式，车尔尼雪夫斯基不仅定义

了美的表现形式,而且探讨了美与生活之间深刻的关联。他的生活美学观包括了对美的事物多维度的理解,涵盖了宏伟、幽默与悲剧等多种类型的美,这为我们如何观察和理解周围的世界提供了一个丰富而全面的视角。

在分析车尔尼雪夫斯基的美学理念,尤其是他对黑格尔观点的反驳时,我们可以更深入地理解他的观点。在《生活与美学》一书的结论部分,车尔尼雪夫斯基坚定地阐述了他的理念,即现实世界的美,因其真实而完整,通常超越了艺术美。他认为,艺术不是对现实美的改善或升华,相对现实美来说,其表现力往往显得较为贫乏。他指出,艺术表现的美感在强度和多样性上都无法匹敌现实生活所提供的美感,并且在表达雄伟、悲剧或滑稽等方面也同样不及现实。这一观点与黑格尔所主张的艺术美高于自然美的思想形成鲜明对比。车尔尼雪夫斯基的见解强调了现实美的无可比拟,挑战了传统的美学观念,特别是对艺术与现实关系的认识。

在车尔尼雪夫斯基的观点中,现实高于艺术,他的这种看法与他所强调的"生活中的美"相辅相成。他明确表示,艺术至今未能创造出真实生活中简单的事物,如一个橙子或苹果那样的东西。他指出,诗歌中的形象与现实中的形象相比,往往显得力不从心,缺乏完整性和明确性。这说明了现实的真实感、可感知性、丰富性及生动性是艺术无法超越的。车尔尼雪夫斯基指出,艺术的根源在于现实,且应当反映现实,他认为现实的优越性意味着艺术的必要性。他认为,艺术的存在有其必要性:当现实的某些方面不能直接呈现给人时,艺术可以作为一种"替代",满足人们对现实的探索和感知需求,从而体现艺术对人的价值作用。

通过分析车尔尼雪夫斯基的美学观,我们可以发现,美是生活这一观点同样存在空洞性和抽象性,尽管这一观点比从人的精神中或者以具体物质存在来构建美及其本质有一定的进步意义,但这种美学观是从人本主义出发思考美。正如费尔巴哈一样,他批判了黑格尔的"绝对精神",将人从天上拉回地下，但费尔巴哈仅仅从人的自然属性来理解，而不是将人的本质放在社会生活中，尤其是放在物质生产实践中来理解，这就导致了费尔巴哈在自然领域是一个唯物主义者，但其在社会历史领域则是一个唯心主义者。但这种费尔巴哈批判工作的不完善并不影响他是马克思通往科学真理的重要中介。同样，车尔尼雪夫斯基同样存在与费尔巴哈一样的缺点。车尔尼雪夫斯基的美学观，虽然在批判黑格尔的唯心主义美学——"美是理念的感性显现"——方面表现了锐利的批评，但他的美学观也存在不足。他的美学思想受到费尔巴哈的唯物主义思想的影响，但这种思想的局限性导致他未能对"生活"和"美"的本质给出科学的解释。在艺术美与现实美的关系上，车尔尼雪夫斯基过分强调现实美而轻视艺术美，这在一定程度上是一种片面的观点。❶ 此外，车尔尼雪夫斯基未能充分理解"革命实践是构成人类社会生活的本质和基本内容"❷ 的观点。他的美学观的另一个缺陷是缺乏辩证法的视角，没有从事物发展变化的角度来探讨美，他"不擅长发现客体与主体之间的真正联系，也不擅长用事物的进程来阐释理念的进程"❸。这说明了他在批判黑格尔的同时也出现了"将洗澡水和婴儿一起倒掉"的情况。

但同时，车尔尼雪夫斯基主张从现实生活来探究美，这与从唯心主义和机械唯物主义观点来诠释美相比具有较大进步性，同时他将充满生机的现实生活引入美学研究，极大地拓展了美的研究范围。如果他更进一步以马克思主义的世界观和方法论来探讨美，那么他的美学观则是科学的美学观。值得指出的是，虽然在车尔尼雪夫斯基之前，比如席勒和黑格尔都在一定程度上从现实社会的视角来探讨美的思想，但都还处于萌芽状态，最

---

❶ 北京大学哲学系美学研究室. 西方美学家论美和美感［M］. 北京：商务印书馆，1980：241.
❷ 杨辛，甘霖. 美学原理［M］. 2 版. 北京：北京大学出版社，2001：31.
❸ 普列汉诺夫. 普列汉诺夫美学论文选［M］. 程代熙，译. 西安：陕西人民出版社，1983：211.

早明确提出从现实生活来理解美的人则是车尔尼雪夫斯基,这一功劳应当属于他。这就要求我们具体分析、批判吸收历史上不同思想家的美学观,以历史的眼光来看待这些美学思想。

综上可见,通过分析、研究、阐释西方历史上不同思想家、哲学家、美学家和文艺理论家对美及其本质的看法,我们可窥见其思想观点精彩纷呈,他们既存在相同的观点,也存在完全对立的观点。恩格斯曾经对这些唯心主义思想和旧唯物主义思想的出现做了最好的说明,恩格斯指出:"世界体系的每一个思想映像,总是在客观上受到历史状况的限制,在主观上受到得出该映像的人的肉体状况和精神状况的限制。"❶ 这是对唯心主义美学观和旧唯物主义美学观出现的历史必然性的最好解释。然而,对美的正确认识只有回到马克思主义美学思想的基本立场、观点、方法上才能真正把握。

第四节　思想政治理论课审美化教学的心理学构建

思想政治理论课教学作为大中小学思政教育一体化建设的重要组成部分,是一种主客观相统一的社会实践活动。要实现审美化教学,首先需要回答一个根本问题:各学段的教师和学生是否存在审美需要。只有在确认教学主体存在审美需要的前提下才能进一步探讨如何实现思想政治理论课的审美化教学,培养教学主体的审美意识和认知,产生审美情感,促进其审美欣赏,进而实现审美创造。同时,新时代人民日益增长的美好生活需要包含物质与精神两个层面,教师与学生作为其中的重要群体,对审美素

---

❶ 马克思,恩格斯. 马克思恩格斯选集(第3卷)[M]. 中共中央马克思恩格斯列宁斯大林著作编译局,译. 北京:人民出版社,2012:412.

养和综合素质的提升本身也是满足美好生活需要的关键组成部分。此外，心理学作为探究人类心理活动规律的学科，其相关理论不仅为思政课审美化教学提供心理支撑，而且对于构建大中小学学生身心发展阶段相适应的欣赏型德育模式具有重要意义。

在众多心理学理论流派中，马斯洛的需求层次理论为我们回答大中小学思想政治理论课教学中师生是否具有审美需求提供了理论基础，但对马斯洛的需求层次理论须以批判和辩证眼光来看待。在明确不同学段师生在成长和发展过程中普遍存在审美需求的基础上，我们还须进一步从心理层面探究美育在思想政治理论课教学体系中的功能建构❶，即如何从心理学视角提升师生审美认知，激发师生审美情感，从而提升师生审美能力，促进师生进行审美创造。

一、需求层次理论的一般性诠释

心理学作为一门研究人类心理现象的交叉学科，不仅在高等教育中具有理论指导意义，也在中小学教育阶段被广泛应用于学生心理发展与认知规律的研究中。这一学科融合了自然科学与人文社会科学的特点，展示了其跨学科的广泛性。随着心理学的不断发展，它目前已经出现了多个子学科，如基础心理学和应用心理学，以及衍生的教育心理学，教育心理学进一步分化出专注于特定学科的心理学，比如语文、数学和外语教学心理学等。❷ 在心理学的不断演进中，主要有三个理论流派对学科产生了深远的影响。

---

❶ 中华人民共和国教育部．中共中央办公厅 国务院办公厅印发《关于深化新时代学校思想政治理论课改革创新的若干意见》［EB/OL］．（2019 - 8 - 14）［2024 - 10 - 11］．http：//www.moe.gov.cn/jyb_xxgk/moe_1777/moe_1778/201908/t20190815_394663.html．

❷ 姬建锋．心理学［M］．西安：陕西人民出版社，2017：8．

第一种是由弗洛伊德创立的精神分析学派。弗洛伊德是奥地利一名精神病学家，他的研究集中在潜意识、性论和人格论等方面。第二种是由美国心理学家华生创立的行为主义学派，强调应通过观察环境与人的行为的关系来客观研究心理现象，并将其简化为刺激与反应的模式，即 S-R 模式。❶ 这一学派，注重经验的精确性和实验的客观性，推动了心理学自然科学属性的发展，但也存在忽略可能性和偶然性的问题。第三种是人本主义心理学派，其代表人物如马斯洛和罗杰斯。这一流派强调从个体本身出发来研究心理活动现象，掌握心理活动的规律，关注人的潜能及其实现，在此基础上，主张通过外部条件促进个体实现自我价值和人生理想。马斯洛的需求层次理论是人本主义心理学的核心成果之一，明确提出人的需求呈现出从基础生存到自我实现的层级递进结构，为我们理解大中小学不同学段学生在成长过程中逐层演化的审美诉求提供了坚实理论支撑。人本主义心理学不仅关注人的生存需求，还强调心理研究应该探索人们在实际生活中的心理体验，支持人的全面发展和自我实现潜能开发，这种学派为理解个体在现代社会中的发展和行为提供了新的视角。

　　马斯洛提出的需求层次理论，作为人本主义心理学的重要成果，不仅有助于我们从心理动因层面审视大中小学思政教育中师生的审美需求，也为思想政治理论课审美化教学路径的探索提供了重要理论依据。❷ 需求层次理论明确将人的需求分成五个递进层次，依次是生理需求、安全需求、社交需求（也可称作归属感和爱的需求）、尊重需求以及自我实现需求。根据马斯洛的观点，人们在满足了较低层次的需求后，才会逐渐追求更高层次的需求，在这一需求层次模型中，自我实现需求处于最顶层，涉及个人对美好生活境界的追求，包括对真理、善良与美的向往。个体在自我实

---

❶ 姬建锋. 心理学 [M]. 西安：陕西人民出版社，2017：11.
❷ 马斯洛·A H. 动机与人格 [M]. 北京：华夏出版社，2006：97.

现阶段，会最大限度发掘并运用自己的潜能，以实现自己的理想和完成与能力相匹配的所有活动。❶ 1954 年，马斯洛在其著作《激励与个性》中，对其理论进行了进一步细化，将审美需求这一概念置于尊重需求和自我实现需求之间，强调了审美需求对于人的和谐发展及个性完善的重要性。通过这种定位，马斯洛突出了满足审美需求在促进个体全面发展中的关键作用，为思想政治课程中探索和满足师生审美需求提供了理论依据和价值指导。

需求层次理论指出人的本质所在，人具有自然属性和社会属性，而自然属性是维持基本生存需要的属性，社会属性则是人之为人所具有的独特属性，人正是这两种属性的结合体。根据马斯洛需求层次理论，人具有不同需求正是对人这两种属性的确认。从不太严格的意义上来讲，生理需求则是属于人的生物属性，而其他需求则多属于人的社会性需求，体现了人的社会化本质。马斯洛的需求层次理论阐明了自我实现需求位于需求层次的最高点。达到这一层次的个体不仅能够有效地掌握自己的生命方向，还能在实现个人价值的同时，考虑到国家、民族的福祉。实际上，对于自我实现者来说，他们所追求的人生价值是与国家和民族的整体利益紧密相连的。虽然这种自我实现的境界在日常生活中只有少数人能达到，但它作为一种目标指向和价值追求对人具有激励作用。只要人们树立正确的世界观、人生观、价值观，在日常工作与学习中努力奋斗，就有实现自我超越的可能性，有可能性就意味着有成功的机会。因此，在新时代背景下，青少年更应立志高远，确立宏伟目标，同时脚踏实地，深刻理解"功崇惟业，业广惟勤"的哲理，在不懈奋斗中追求并实现个人人生价值。

特别值得注意的是审美需求在马斯洛的需求层次理论中的地位。最初，马斯洛并未将审美需求纳入其理论框架，但在后续研究中，他意识到审美、

---

❶ 徐继红. 提升你自己：心理学需要层次理论的研究［M］. 西安：陕西人民出版社，2007：14.

立美和创美对个人全面发展的重要性,并因此提出了审美需求的概念。马斯洛认为,从人的感性存在出发,审美需求是人类固有的本性,其满足对身心健康有益,并且是通向自我实现的关键一步。实际上,需求是激发人行动的根本动力,只有在需求的推动下,人们才会采取实际行动。审美需求作为一种更高层次的需求,它"是人类独有的、具有内在必然性的生命需求,是一种高级的精神追求。它体现了人类作为有生命、有意识的社会存在,内在渴望在活动中实现自我、肯定自我,并根据特定社会历史条件下形成的人生理想,自由而完整地展现自己的独特精神需求"❶。审美需求作为高阶精神诉求,是审美活动的心理起点,其在大中小学各学段均具有现实意义。小学阶段可通过绘画、歌曲等方式启发审美意识,中学阶段则强化艺术理解与情感共鸣,高校阶段则注重审美判断与价值建构,从而促进学生个体人格的和谐成长与人生价值的实现。❷ 审美需求本质上是人类精神潜能的体现,将其融入思想政治理论课教学,能够在小学阶段促进情感启蒙、中学阶段助力世界观建构、大学阶段实现个体价值观完善,是新时代中国特色社会主义核心价值观教育的重要组成部分。❸ 此外,审美需求作为一种精神需求,与物质需求有着本质的不同,满足学生的审美需求,不仅是实现审美化教学的关键环节,也是推动社会主义精神文明建设的重要支撑。

青春期是学生发展的关键时期,标志着第二个生理和心理成长的黄金阶段。在这个时期,青少年的身体和心理会经历显著的变化,特别是在心理上,他们正处于从一个阶段向另一个阶段的过渡期,青春期的孩子们对感官刺激更加敏感,内心世界变得更加丰富多彩,并且具有很强的情感投

---

❶ 朱立元. 美学 [M]. 北京: 高等教育出版社, 2006: 91 – 93.
❷ 马斯洛·A H. 激励与个性 [M]. 北京: 华夏出版社, 2006: 123.
❸ 中华人民共和国教育部. 中共中央办公厅 国务院办公厅印发《关于深化新时代学校思想政治理论课改革创新的若干意见》[EB/OL]. (2019 – 8 – 14) [2024 – 10 – 11]. http://www.moe.gov.cn/jyb_xxgk/moe_1777/moe_1778/201908/t20190815_394663.html.

射力。他们对艺术作品的欣赏需求也随之增长。"青少年的审美需求是激发审美兴趣的内在力量，它体现为对情感交流和表达的渴望，这是人类独有的情感追求。审美需求的培养和提升，不仅促进了个体积极情感体验的增长，也反映了个体对生活的积极态度的增强。"❶ 将审美教育融入思想政治理论课中，并推行富有审美的教学方法，将成为教育发展的新方向，同时也是满足学生的审美需求，推动青少年全面健康成长的必要条件。

马斯洛的需求层次理论为当前我们在思想政治理论课教学中实施审美化教学提供了理论参考，然而，对于这一理论，我们需要进行辩证分析和理性考量。马斯洛的需求层次理论作为人本主义理论的组成部分，其出发点就是单独的个体，与西方文化中的"原子个人"文化传统一样，没有看到个体组成的整体，同时，他认为需求是人的本性使然，否认人的需求具有社会性和历史性。因此，马斯洛需求层次理论对我们而言只具有有限的借鉴意义，对人的需求的把握须回到马克思主义的基本理论中。马克思主义的需求理论不仅揭示了人类需求随着时间演变的特性，还强调了需求的客观性和社会性。这一理论认为，个人需求的满足受到社会生产力发展水平的制约，并且是在特定的社会关系框架下进行的；此外，个体需求的满足还必须考虑社会整体发展情况。

二、提升学生审美能力的基本心理素养

需求层次理论的一般性诠释解决了是否存在审美需求的前提性问题，这为在思想政治理论课教学中融入美育提供了可能。既然存在审美需求，提升学生审美能力从心理学视角提出了具体要求。因此，需要进一步从心理学的内在深层结构来深入分析研究学生实现审美化学习所需掌握的基本

---

❶ 杜卫. 美育学概论 [M]. 北京：高等教育出版社，1997：261.

心理素养。

心理学是一门研究人类心理活动的学科，它通过分析心理现象，提炼出心理活动的普遍规律，这些规律为我们理解人的行为模式和指导实践活动提供了理论基础。然而，从认知的角度来看，"对心理现象的描述和心理规律的阐释都是认知活动的一部分。我们的目标不仅是理解世界，更重要的是改造世界。因此，在理解心理现象和规律的基础上，我们还应该将这些知识应用于改造世界的实践中"❶。这意味着，我们在了解基本心理规律的同时，还需要发挥主观能动性，积极参与对世界的改造。在改造世界的过程中，人类不仅积累了物质财富和精神财富，还深化了对自身的认识，并培养了各种能力，即实现了对人类主体自身的改造和自我认识的深化。人类改造世界的活动通常遵循"认识—实践—再认识—再实践"的循环往复过程，在这一循环中，人类的认识得到提升，实践也不断进步。

审美活动作为人类实践活动的一种类型，它对参与者的心理素养提出了更高的要求。在审美过程中，需要人的感官、知觉、记忆、思维和想象力等心理活动的全面参与。只有在充分发挥这些心理功能的基础上，人们才能真正实现审美、创造美和享受美的过程。列宁曾提出，人类认知的基本规律是从直观到抽象，再从抽象回到实践，通过直观检验，这是认识客观现实的辩证方法。在认识和改造客观世界的过程中，人们发展了多种认知能力，包括感知力和直觉力、认知力和思维力、想象力和情感力，以及审美创造力等。因此，从人的认知规律和学生的心理发展特点来看，思想政治理论课中的审美化教学需要培养学生的感知力与直觉力、认知力与思维力、情感力和想象力，以及审美创造能力。

---

❶ 姬建锋. 心理学[M]. 西安：陕西人民出版社，2017：7.

（一）感知力与直觉力

根据心理认知发展规律，感知力与直觉力是思维活动展开的起点，也是大中小学各学段学生在审美认知启蒙中的第一步。当某一个人开始实践活动时，他必定对此项活动已获得某种认知和直观感受，形成关于实践对象的某种直观形象。我们人类生活在大千世界中，所认识和实践的对象丰富多彩，大中小学阶段学生均通过感官认知建立对世界的初步印象，如小学生通过手工、美术等课程感知色彩与线条；中学生通过语文、历史等人文学科理解文学与人文之美；大学生则在专业课程中深化对美的抽象理解与判断。我们在进行这些实践活动的过程就是在直接感知不同事物或对象的属性，我们之所以能够反映各种对象的不同属性，是因为人类具有不同的感官，但经过漫长的演化，人的感官日趋专门化，如眼睛只能拿来观察世界而不能用来品尝美食等。正是由于不同感官对事物的感受形成了我们所处的丰富多彩的世界，这种直接的感知力和直觉力是人类认识世界的第一步，也是人类最基本的心理活动现象。这种感知力和直觉力由于直接作用于外部世界，与对象直接进行接触，为其他一切能力的发展与完善积累了丰富的经验材料，其他较高级的心理能力都在此基础上产生。正如列宁所言，"不通过感觉，我们既不能知道事物的任何形式，也不能知道运动的任何形式"[1]，这足以说明这种直接的感知力和直觉力的重要性。

人们通过直接的感知和直观形成对审美对象的第一形象是进行审美鉴赏的第一步。也就是说，我们只有有了对欣赏对象的亲身感受，"方才景物兴会，沁人心脾，自然入妙"[2]。审美活动首先是一种感官经验的建构过

---

[1] 列宁. 列宁全集：第14卷 [M]. 中共中央马克思恩格斯列宁斯大林著作编译局，译. 北京：人民出版社，1957：44-45.

[2] 蒋孔阳. 美学新论 [M]. 北京：人民文学出版社，2006：308.

程。从自然万物到人文艺术，从教室布置到校园文化氛围，大中小学各阶段教育都应通过视觉、听觉等感官调动，激发学生的直观审美兴趣。在欣赏过程中，同时还调动了我们的直觉力，这种能力与感知力处于同一水平。人们从事审美活动在直觉力和感知力阶段还没有涉及概念和范畴这种抽象事物，只是单纯地直观感受，形成审美对象的第一手经验材料。尽管感知力和直觉力尚处于审美活动的初级阶段，但它们作为思政教学中审美体验的起点，特别适合在小学与初中阶段通过具体形象、直观内容展开教学，是激发审美情感、积累审美经验的重要前提。❶ 大中小学生需要培养自己的感知力和直觉力，在未经系统认知和研究的基础上积极参加社会实践，走进自然、亲近自然，在天然去雕饰中感受纯真的和本真的对象，不断完善自己的基本感知和直觉能力。

从某种程度上讲，这种感知力与直觉力在动物界同样存在。某些动物同样能够对它们之外的对象进行直观反映，甚至还体现出某些规律性的东西和行为，比如巴甫洛夫实验中的狗就是典型。虽然这些动物能够对外界刺激作出反应，但这并不能证明这种反应是经过思考后的理性反映，而人却能够在直接感知和直觉的基础上进行理性思考并作出判断。因此，在明确感知力和直觉力的基础上，人类还需要进一步增强认知力和思维力。

（二）认知力与思维力

人的认知力与思维力是其社会性本质的集中体现，也是推动个体从感性走向理性、实现系统性审美认知的关键路径。在思想政治理论课程教学中，这一心理发展机制应与各学段学生的心理特点相结合，进行科学引导。一个人一旦在运用自己的认知力和思维力的时候，他就在对自己在感知力

---

❶ 叶澜. 教育本体论［M］. 北京：教育科学出版社，2014：88.

和直觉力阶段所收集的经验感性材料进行加工，而这一过程对人的心理能力则是进一步的考验。对于大中小学学生而言，这一认知—概念形成过程体现为从直观印象积累到学科知识内化。例如小学通过故事寓言建立初步道德判断，中学通过案例分析发展思辨能力，大学则在理论课程中实现价值体系构建。由于人的认知力和思维力所形成的概念谱系是关于对象的普遍性和一般性的概念，它不仅是对个别事物的特殊观察，更是对所有对象的抽象认知，所以思想政治理论课教学需要一个螺旋上升的过程。

人在认知力和思维力基础上所形成的人类知识体系具有"整体性、理解性、恒常性和选择性"❶等特征。首先，整体性是指对人类认识对象的普遍性认识而非个别认识。正如在自然科学发展水平低下的古希腊、古罗马时期，哲学家对世界的认识是整体性的认识，若追问这种整体性认识中的具体联系和专门学科则是为难这些哲学家，因为他们的认知能力还没有发展到能够抓住具体细节的地步。同样，人类经过世世代代形成的知识体系也具有整体性特征。其次，就是理解性特征，人处在感知力和直觉力阶段，对对象的感知还不是从理解出发，而是囫囵吞枣般地把所有对象都囊括到自己的直觉范畴。如儿童对很多对象的认知并不是从理解出发，更多是从直觉感知出发，有时是在试错的过程中获得了对对象的正确认知，但只有这时他才是从理解出发来看待对象。同样，在认知力和思维力阶段，人基本上是从理解出发来看待对象，对对象的把握立足于理性思维。再次，就是恒常性特征，人的认知力和思维力具有恒常性特征，从常识维度来看，人一旦获得了关于某种对象的正确认识，同时随着认识结构的完善，对这一对象的认识就会具有稳定性和恒久性。最后，就是选择性，这种选择性体现了不同人认知能力的差异性，虽然当前我们也在大力提倡对通才型人才的培养，但掌握全部人类知识的人在实际生活中是不存在的。在认知力

---

❶ 姬建锋. 心理学［M］. 西安：陕西人民出版社，2017：53.

和思维力阶段的选择性就是指人们由于各自能力的差异性只能在某些领域作出突出贡献，一个人不可能在所有人类认知领域都作出突出贡献。因此，我们就不难理解生活中有些人在自然科学领域贡献突出，而有的则在人文社会科学领域作出重大贡献，这从一般性和普遍性上来看都符合人类的认知规律。在思想政治理论课教学中，教师应根据不同学段学生认知风格与兴趣差异，因材施教，科学引导其在审美活动中形成理性判断力与个性化表达能力，这不仅符合认知发展规律，也体现个性发展需求。❶ 这要求教师注意观察和掌握每个学生的优缺点，进行有针对性的培养和开发，做到因材施教，力争激发学生的优势潜能，培养高质量人才。

从认知力和思维力的内涵与基本特征来看，大学生在进行立美、赏美和创美的实践活动之前，也需要对知识进行储备，这些知识既可以来自在感知力和直觉力阶段所积累的直接经验的提炼，还可以从书籍文献中间接获取，但最为关键的是要实现在概念层面对所观察和欣赏对象的抽象，形成关于对象的理性认识。思想政治理论课教学内容中富含丰富的审美题材，对这些题材的把握就需要学生对这些作品所承载的真正内涵有深刻的认知，这样才能发挥其所蕴含的内容和精神实质对人的教育和引导作用。由于大学生社会阅历较浅，学习任务较重，几乎没有时间去真正掌握关于美的基本理论知识，这就容易导致学生在审美过程中流于形式，而忽视了对其精神内涵的把握。因此，未来应在大中小学思政教育中逐步构建以"感知—理解—判断"为路径的审美认知体系，实现认知与情感的统一，引导学生在理性思维中把握美的真义，在价值引领中增强文化自信。❷ 认知力和思维力是人类理性能力的集中体现，但人作为感性存在和理性存在的结合体，

---

❶ 皮连生. 心理学与教育 [M]. 华东师范大学出版社，2020：132.
❷ 中华人民共和国中央人民政府. 教育部关于进一步加强新时代中小学思政课建设的意见 [EB/OL]. (2022-11-4) [2024-10-11]. https://www.gov.cn/zhengce/zhengceku/2022-11/11/content_5726114.htm.

不仅具有理性需要，还具有感性需要，而这种感性需要在审美欣赏这一活动中会激发人的情感力和想象力，进一步开拓审美活动的时空领域。

（三）情感力和想象力

情感力体现了人的感性生命特质，是推动审美活动深入展开的核心心理机制。在大中小学思政教育中，情感引导不仅有助于激发学生的审美共鸣，更能够深化其对真善美价值的情感认同和道德归属。一个人在生活中不可能在任何时候都处于知性层面，更不能时时刻刻以理性的态度对待任何事情。同时，人也不能始终处于完全的直接感觉阶段，这种状态容易消磨人的意志，使人处于无人生目的和价值追求的状态。人们在认识和改造世界过程中所形成的情感力主要包括两种：一种是积极的情感，当自己实践活动的结果与预期目的一致时，就会形成一种积极的情感，如高兴、愉快、欢喜、爱、满意等；另一种是消极的情感，这种情感的产生与积极的情感产生原理相反。当我们在谈及审美活动中的情感力时主要包含这两种情感类型。从审美心理学角度看，情感并非简单区分为正负，而是通过美的形式唤起共情与同理心。美感的培养有助于促进审美创造和审美欣赏。小学阶段可借助童话与图像故事激发情绪反应；中学阶段可引导学生在文学悲剧美中体会责任与尊严；高校阶段则强化情感升华，走向理性自省。❶

想象力作为心理认知的重要拓展形式，是将审美经验转化为创造能力的桥梁。在大中小学思政教育中，通过图画构思、角色扮演、视频创编等多样形式，可逐步培养学生基于现实的审美想象与社会理想的构建能力。❷马克思在《资本论》中对人与动物之间的区别进行了深刻阐释。马克思以

---

❶ 朱光潜. 谈美书简 [M]. 北京：北京大学出版社，2018：65.
❷ 中华人民共和国教育部. 教育部印发《关于进一步加强新时代中小学思政课建设的意见》[EB/OL]. (2022-11-10) [2024-10-11]. http://www.moe.gov.cn/jyb_xwfb/gzdt_gzdt/s5987/202211/t20221110_983047.html.

蜘蛛和蜜蜂的活动来类比人的实践活动，他认为人比蜘蛛和蜜蜂高明的地方在于人在进行某些实践活动之初，就能够构建出关于实践活动结果的模型或蓝图，而这一点是蜘蛛和蜜蜂所不能做到的。这说明这种能够意识到自己活动及其对象的意识是人区别于动物的本性特征之一，同时也说明了人具有超前的想象力。人经过感知力和直觉力，以及认知力和思维力对事物的感知和理解后，在大脑中能够形成关于对象的表面映象，这种表面映象就是一堆纯粹的经验材料，没有系统化和专门化。其在经过人的认知和处理后就逐渐形成对客观对象的系统化和科学化的知识体系/概念体系，从而将这些知识体系储存在人脑中。随着积累的逐渐增多，在一定条件下这些知识能够指导人们的实践活动，避免实践活动的无效性。想象在人的审美活动中具有重要作用。首先，从想象能够联结以往的知识而言，人们在进行审美活动的时候需要调动以往的美学知识储备，只有当一个人在充分掌握相关基本理论时才能真正欣赏对象。在感知力和直觉力阶段，我们不需要概念而是直接感受对象，掌握现实经验。在感知力和思维力阶段，我们掌握的是当下的知识，是在为增进知识整体而进行社会实践活动。因此，在这两个阶段对以往知识的涉及较少。其次，从想象能够联结未来来看，想象不仅涉及对以往人类知识的记忆和回忆，还能够根据以往知识立足当下构建关于未来的图景，从而形成自己预期的对象世界。然而在现实生活中，并不是所有的人都能够合理地发挥自己的想象力，从而进行创造性的社会实践活动，因为想象力的发挥受制于一些主客观条件，如知识储备的差异性、社会实践的不同要求、启发性因素等。我们同样应该认识到，审美想象力的培育必须根植于现实生活、立足社会需求，激励学生在创作中表达真情、在构思中融入价值、在作品中体现理想。这一过程是学生从艺术欣赏者成长为精神创造者的心理过渡期。

总之，情感力和想象力作为前两个阶段的跃升，在人的审美活动中扮演着重要角色。在人的各种不同情感体验中,人的想象力作为媒介沟通了过去与未来,联结了主体与客体,融合了先验与经验。鉴赏判断就这样"向着时间与空间两方面拓展,层层创新,显示出无穷的魅力"❶。

(四) 审美创造能力

马克思主义基本原理指出,认识世界是人类实践的起点,改变世界才是最终目标。❷ 在审美教育中,这一理念体现为从对美的感知走向对美的创造,强调学生主动建构审美意义的能力,是大中小学美育共通的重要价值追求。马克思主义理论之所以是人们认识和改造世界的科学理论,就在于它不仅克服了唯心主义的抽象思辨,还批判了类似费尔巴哈那样的机械唯物主义,从而形成科学的理论思维。马克思曾在《关于费尔巴哈的提纲》中明确提出问题的关键在于"改变世界"的命题,这同样对人的审美活动提出了"改变世界"的要求。从美是人的本质力量对象化来看,这种"改变世界"的方式就是人的本质力量的对象化。因此,这里就须进一步说明如何实现审美形态的人的本质力量的对象化。这包含两方面的内容:一方面是在认识自然及其规律的基础上将自然具体化和历史化,人的本质力量的对象化就体现为外在的物质财富和内在的精神财富;另一方面则是在改造自然的过程中,不断完善和发展人这一主体本身的具体过程,能够加深对自己的认识,提升自己的各方面能力等,享受主体自由精神境界。

首先,从人改造自然界来看,人类社会历史发展的过程就是一个不断深化对自然的认识和改造的过程。在人类社会早期,人们对自然的改造能力和范围有限,这时更多以直观感受方式认知自然。随着社会生产力水平的提高,尤其是近代以来,工业革命的快速发展和世界联系得日益紧密,

---

❶ 蒋孔阳. 美学新论 [M]. 北京:人民文学出版社,2006:316.
❷ 马克思,恩格斯. 马克思恩格斯选集(第1卷)[M]. 北京:人民出版社,1995:56.

使人们对自然的改造能力达到前所未有的程度。人们从以前对自然的恐惧和不安中解放出来，甚至达到了征服和控制自然的疯狂程度。当然，这体现了人类的创造能力，但从目前的生态危机来看，人类的创造活动并不是在任何时候都是正确无误而又科学理性的。审美创造是个体在理解自然、社会与自我的基础上进行价值表达的重要形式。在思想政治理论课教学中，应鼓励学生通过绘画、手工、创意写作等形式表达理想；在高校阶段，则可引导学生进行思辨表达与作品策展，提升其综合人文素养与创新能力。

其次，从人自身各方面的不断完善和发展来看，人的本质力量的对象化。人不仅是一种自然存在物，还是一种社会存在者，这种社会属性使得人能够在不同的改造活动中积累经验，发展自己的体力和脑力等自然力，激发自己身上所蕴藏的无限潜力，从而使自己不断完善。人的审美创造能力的培养更多是从个体角度出发，强调发挥个体的无限创造潜能。要实现人的创造潜能的发挥，首先要积极培养学生的创造性思维，但这种创造性思维既区别于想象力，又不同于空想或幻想。对思想政治理论课教师而言，就是要积极激发学生的审美想象力，调动其创造潜能并将其具体化。培养创造性思维必须贯穿于大中小学各阶段的课程体系中。小学强调兴趣激发与多感官参与❶，中学注重思维训练与自主探索，大学则侧重批判性思维与问题导向实践，形成由审美启蒙到文化生产的螺旋式上升路径。大中小学学生处在思想比较活跃的人生阶段，学生对各种事物好奇心浓厚，想象力丰富，创造欲望强烈。因此，教师要根据这一特点进行合理引导和科学指导，为学生进行审美创造提供条件和创造机会。当前我国正积极推进创新型国家建设，人才培养被置于国家发展战略核心。美育作为激发学生想

---

❶ 中华人民共和国教育部. 教育部关于印发义务教育课程方案和课程标准（2022年版）的通知［EB/OL］.（2022-4-8）［2024-10-11］. http：//www.moe.gov.cn/srcsite/A26/s8001/202204/t20220420_619921.html.

象力与创造力的基础途径，应在思想政治理论课中实现系统渗透和价值引领，积极推进以创新为主导的国家发展战略，因为"人才是科技进步的核心要素""所有的科技创新均源自人的创造性劳动"❶。这表明从基础教育阶段就要开始抓学生的创新思维和创新能力，不仅对学生个体成长有利，更是从国家战略高度重视创新型人才的培养，是在为中国特色社会主义伟大事业不断取得胜利培养创新型人才。

综上所述，心理学作为一门专注于研究人的心理活动的学科，其美学领域，包括立美、审美和创美等人类实践活动，情感和行为错综复杂，增加了理解和把握的难度。但从人的认知规律和美的本质来看，提升学生的心理审美素养就要调动学生的直觉力和感知力、思维力和认知力、想象力和情感力，在这些心理活动的综合作用下调动学生的审美创造能力，实现知行合一、理论与实践的有机结合。因此，探讨审美活动的心理功能，从最初的感觉力和直觉力出发，通过直接与对象接触，形成对外部世界的直观形象。在此基础上进一步发挥人的认知力和思维力，将在感知力和直觉力阶段所积累的经验材料进行理念提升，形成关于对象的整体图景；而人在感知力与认知力阶段所进行的心理活动都有各自的缺陷，它们各自抓住了人心理活动的某一方面无限发挥，以至于这二者之间形成不可逾越的鸿沟，而情感力和想象力则是对这种缺陷的克服；从知、情、意、行的规律来看，这里就走到了最后最为关键的环节，即对审美创造力的培养。这种创造力更多从个体主观努力的角度来培养，这也是美育融入思想政治理论课的重要出发点。同时，培养青少年审美创造能力对推进我国建设创新型国家，以及实现富强、民主、文明、和谐、美丽的社会主义现代化国家的目标具有深远的影响，必须加以重视。

---

❶ 教育部课题组.深入学习习近平关于教育的重要论述［M］.北京：人民出版社，2019：63.

第三章　美育融入思想政治理论课教学的背景透视

第一节 美育融入思想政治理论课教学的必然性诠释

思想政治理论课在我国的教育体系中占据举足轻重的地位，将美育融入思想政治理论课教学是顺应时代发展需求和符合我国教育发展实际的举措。随着信息时代的到来，传统的资本经济逐步向知识经济转型，其中人力资本成为最关键的资本，人才竞争成为核心。这种转变对人才培养提出了更高要求。20世纪90年代，西方国家已经开始探索如何培养具备核心素养的人才，并采取了一系列有效的教学改革措施，以满足社会发展对人才的需求。为了抓住教育现代化的发展机遇，我国也积极推进以发展核心素养为重点的课程改革。2016年，我国正式发布了《中国学生发展核心素养》总体框架，标志着国家大力培育和践行学生核心素养，旨在培养"全面发展的人"，并将这一目标具体化到各个学科的教学中，以实现学生核心素养培养目标。思想政治理论课学科核心素养注重培养学生的政治认同、理性思考能力、法律观念以及公共事务参与意识,其中也涵盖了学生的审美鉴赏能力、深厚的人文素养、对美的情感体验以及审美创造力的培养。因此,将美育的精神内涵、理论特质、核心理念和实践要求纳入思想政治理论课教学中,是符合教育发展趋势的必然选择。

一、全球教育发展趋势探究

回顾全球教育目标定位历史,从 20 世纪 50—60 年代注重学生对知识的系统掌握,到后来注重学生各方面能力的培养,再从知识—能力二维目标到更加注重情感态度价值观的知识—能力—价值观三维目标,教育目标随着时代的变化而不断提升。当前,复杂多变的国际形势对教育发展的目标定位提出了更高要求,核心素养由于其精神实质和价值内涵而成为新时期全球教育发展的新方向。

教育是社会发展的强大动力。自 1990 年《世界全民教育宣言》及其行动纲领发布和 2000 年"联合国千年发展目标"提出以来,世界已有数千万名儿童接受了教育,这对于许多国家来说是一项巨大的成就。世界上各个国家,尤其是发达国家非常重视教育,这些不同国家在不同历史时期根据时代发展变化和国内发展需要,提出了不同的人才培养战略,并出台了相应措施予以支持辅助贯彻落实。美国和德国等国家在 20 世纪 60 年代就开始了基于提高教学质量和减轻师生负担的教学改革,"美国以布鲁纳为代表的结构主义教学强调课程内容的精简与结构化,使学生在较短的学习周期中获取最有价值的内容信息,同时使学生在这种精简的结构化的信息获得和内化过程中,形成处理更多更烦琐的信息的能力。德国瓦·艮舍因等的范例教学以典型概念及典型实例为主体教学内容,并设计了相应的范例教学方法及过程，让学生在充分感知体验典型事例的基础上形成概念。在提升教学效果的同时，有效减少了由于教育信息过载和教学方法不当引起的额外负担。❶ 然而，随着时代的发展，教育也需要与时俱进。当前，全球正经历着一场新的科技和信息革命。在这样的背景下，教育的发展需要超越传统的教育模式，更多地关注如何通过教育来推动社会公正、社会公平和全球的团结。教育的一项关键任务是引导人们学习如何在未来世界更好地生活。同时，"教育应重视文化素养，建立在尊重和平等的基础上，有助于实现社会、经济和环境的可持续性发展"❷。至此，国际社会关于新时期教育发展的价值定位更加清晰。

（一）21世纪全球核心素养教育的内涵与提出

在全球化进程加快的同时，人类也迎来了知识时代和信息时代，这就提出了探索人才培养新模式的时代任务。"核心素养"这一概念最初由世界经济合作与发展组织（OECD）提出。在20世纪90年代以来，特别是在1997—2005年，OECD通过其界定与遴选能力项目（DeSeCo，又称"核心能力"），使用此概念来描述所有社会成员应共同具备的关键、必需且占据核心位置的素养。❸ 虽然"核心素养"这一概念的正式提出发生在较近时期，但其背后的教育思想和理念已经在教育领域被广泛讨论并深入探索实践。

"核心素养"的概念在全球范围内被广泛讨论，不同的学者和机构对其有不同的诠释和强调，例如，法国提倡"共同文化"概念，德国则重视"关键能力"，在美国，人们将重点放在"核心知识"上，日本则将重点放

---

❶ 杨博. 高中思想政治课审美化教学初探［D］. 长春：东北师范大学，2003.
❷ 联合国教科文组织. 反思教育：向"全球共同利益"的理念转变［M］. 联合国教科文组织总部中文科，译. 北京：教育科学出版社，2017：3.
❸ 林崇德. 21世纪学生发展核心素养研究［M］. 北京：北京师范大学出版社，2016：2.

在提高"基础学力",而澳大利亚则强调"综合能力"的重要性。OECD认为,未来教育应聚焦于培养具备"关键素养"的人才。日本学者恒宏典等主编的《授业研究重要术语基础知识》中,将核心素养定义为:"学生在学校教育的学习场所习得、以人类文化遗产与现代文化为基础而编制的教育内容,与生存于生活世界的学习者在学习过程中所形成的作为关键能力的内核。"❶ 我国对核心素养的理解则表现在《中国学生发展核心素养》文件中,将其定义为:"以培养'全面发展的人'为核心,其中包括文化基础、自主发展、社会参与三方面的内容,综合表现为人文底蕴、科学精神、学会学习、健康生活、责任担当、实践创新六大素养"❷,并在具体学科上进一步细化形成学科核心素养。这些多样化的理解和定义显示出核心素养是一个多维度、跨文化的概念,且因地域和文化差异而有所不同,其核心目标均是通过教育培养出能够适应现代社会需求的人才。

核心素养体现了教学内容与学生内在认同的深度融合,它超越了学科知识的简单累积,指向学生在学习过程中形成的价值观、品质和能力,对学生的长期发展至关重要。其实施要求贯穿学校教育教学的各个环节,包括课堂教学、课外实践、课程改革、教师发展和评价体系等,增加了21世纪人才培养实施过程的难度。以核心素养为基础的教育实践在全球范围内正经历一个逐渐成熟的过程,但其真正落地实施仍须在实践中不断探索和完善。

21世纪教育核心素养的正式提出经历了一个历史性过程。联合国对教育发展的关注点随着时代需求的变化而不断变化。1972年,联合国教科文组织在《学会生存:教育世界的今天和明天》中提出了学习型社会和终身教育的概念。1996年联合国教科文组织对21世纪教育发展提出新要求,

---

❶ 转引自陈文强. 核心素养与学校变革 [M]. 厦门:厦门大学出版社,2016:24.
❷ 陈文强. 核心素养与学校变革 [M]. 厦门:厦门大学出版社,2016:3.

在《学习：内在的财富》报告中提出了终身学习的四大支柱，"学会求知、学会做事、学会共处、学会发展"，2003年，增加了"学会改变"，扩展为五大支柱。2012年，在《2012全民教育全球监测报告》强调了基本技能、"基本技能、可转移技能、技术和职业技能"三项基本技能的重要性，并指出了一项全球基础教育面临的挑战。据估算"全世界至少有2亿5000万名小学生在读、写、算不能达标"❶。2013年，联合国教科文组织又联合美国布鲁金学会发布《向普及学习迈进——每个孩子应该学什么》的报告。进一步明确了基础教育阶段学生应达到的多方面成就，包括"身体健康、社会情绪、文化艺术、文字沟通、学习方法与认知、数字与数学、科学与技术"❷这些方面应有所成就。这些要求既包含自然科学的目标要求；也有人文社科的目标要求；既有知识型和能力型的目标要求，也有艺术修养和人文素养的目标要求。2014年，联合国教科文组织在《2014全民教育全球监测报告》中再次呼吁注重对学生"批判思维、沟通问题、冲突解决的能力"的培养。

OECD在应对教育问题方面比其他国家和国际组织都具有前瞻性。1997年，OECD启动了21世纪核心素养框架的制定工作。经过深入的研究和广泛的专家咨询，OECD于2003年发布其研究成果——《素养的界定与遴选》，其中对核心素养进行了明确的界定和选择。OECD在《素养的界定与遴选》中从社会心理学角度对人才培养与未来社会发展需要进行了研究，认为21世纪人才培养要注重实现个人的人生价值，比如对学生而言，就是要为他们准备在未来社会生活和工作中所需要的新型核心素养，同时以核心素养为中心向四周辐射以培养学生多方面的品格和能力，使学生能够在未来社会中获得成功，享受人生出彩的机会。

---

❶ 林崇德. 21世纪学生发展核心素养研究［M］. 北京：北京师范大学出版社，2016：14.
❷ 陈文强. 核心素养与学校变革［M］. 厦门：厦门大学出版社，2016：206.

OECD 持续多年对核心素养展开深入研究，并分别在 2009 年、2013 年和 2015 年进行了进一步的追踪调查。这些研究普遍强调教育在 21 世纪应当致力于培育学生具备与社会发展相匹配的能力与素质。到 2016 年，OECD 在国际学生评估项目（PISA）中引入了"全球胜任力"这一新维度。PISA 的目标是"对 15 岁学生在数学、科学和阅读能力方面进行定期的国际比较，评估他们是否掌握了参与未来社会所需的核心知识和技能。通过建立三年一次的循环评价体系，为各国提供制定教育政策的参考依据，帮助评估和审视国家及学校教育的整体成效"❶。全球胜任力在 2018 年首次出现在 PISA 评估中，可见全球胜任力在未来教育中的重要性。同时，我国积极参加 PISA，2019 年 12 月 3 日，中国 4 省市学生的阅读、数学和科学的平均成绩在所有参与国家（地区）中居于首位。这足以说明我国基础教育所取得的成就。

欧盟对教育核心素养也给予了关注。欧盟意识到，在与美国等国家的竞争中，人才是最关键的竞争资源。然而，欧盟成员国普遍面临人力资本投资不足、高等教育普及率低，以及对全球顶尖人才吸引力不足等问题。2000 年，在里斯本举行的峰会上，欧盟设定了基于终身学习构建核心素养体系的共同教育目标，并提出到 2010 年成为世界上最具竞争力的知识经济体的愿景。❷ 随后，欧盟发布了《多样化体系与共同的愿景：2010 年欧洲的教育与培训》报告。2004 年，欧盟将 2000 年的教育理念具体化为"教育与培训整合计划"，目的是提高全民生活质量并增强欧盟的全球竞争力。2005 年，欧盟正式发布了《核心素养：欧洲参考框架》（以下简称《框架》），为成员国提供了符合时代需求的教育参考框架。《框架》明确了核心素养的定义，即个人在知识社会中实现自我、融入社会和就业所需的知

---

❶ 林崇德. 21 世纪学生发展核心素养研究 [M]. 北京：北京师范大学出版社，2016：12.
❷ 林崇德. 21 世纪学生发展核心素养研究 [M]. 北京：北京师范大学出版社，2016：63.

识、技能与态度❶，具体包括母语交流、外语交流、数学与科技素养、数字化素养、学会学习、社会与公民素养、主动性与创新、文化意识与表达等❷，并对每个核心素养在三维目标中的表现和要求进行了详细说明。此外，欧盟学生还需要具备批判性思维、问题解决能力、积极主动性和创造力等素养。该框架的课程理念从传统的重视学科知识掌握转变为重视以核心素养为主要内容的学科综合发展，强调培养学生的多方面能力和素养。同时，它还强调对科技应用的批判性思考，认识到科技在带来便利的同时也存在安全隐患。该框架充分体现了欧洲价值观，为欧盟乃至全球其他国家和地区的教育发展提供了新的思路。这些教育理念首先在欧盟成员国得到广泛认同，并在这些国家开展了积极的实践探索，例如法国根据本国国情提出了自己的核心素养体系，强调职业能力与个人的知识、技能和社交能力紧密相关。欧盟对教育核心素养理念的变革性实践探索，为成员国乃至全球其他国家和地区的教育发展提供了宝贵的经验和启示。

（二）全球教育核心素养内容考察——基于个例的分析

当前，不同国家和地区基于各自国情及时代发展趋势，提出了基于核心素养的不同教学内容与教学模式，但这些模式的多样性并不能掩盖其对学生核心素养和全球胜任力培养的重视，基本上都强调了在激烈的国际竞争中要占据有利地位，让人才发挥重要作用。

1. 美国教育的核心素养框架

美国教育在紧跟时代潮流中不断进行变革，适时提出符合本国教育的发展战略。2002 年，美国正式提出本国人才培养的核心素养战略框架，该

---

❶ 林崇德. 21 世纪学生发展核心素养研究 [M]. 北京：北京师范大学出版社，2016：16.
❷ 林崇德. 21 世纪学生发展核心素养研究 [M]. 北京：北京师范大学出版社，2016：16.

战略框架旨在帮助美国探索那些能够帮助或者有利于该国学生在未来社会中提升美国全球竞争力的核心素养。美国所定义的核心素养是指每个学生或职场人士都应具备的关键能力，旨在培育具备21世纪工作技能和核心竞争力的人才。这些能力确保学生从学校所学技能能够充分满足后续大学深造或社会就业市场的要求，成为21世纪合格的公民、员工和领导者。❶ 美国教育对核心素养的要求具体包括生活与职业技能、学习与创新技能、信息—媒体与技术技能等目标领域。在教学实施上，美国注重营造学习环境、促进教师专业成长，同时在课程与教学设计以及教学效果的评估上追求多元化和丰富性，这些都是美国21世纪核心素养教育实施的关键要素。2012年，美国教育部发布了《通过国际教育和参与取得全球成功》的战略公告，其中强调学生应通过学习艺术、地理、历史、外语等课程来拓宽对世界的认识，并通过国际学习与研究来深化对全球多样性的理解，学会尊重和欣赏世界各地不同的宗教信仰、文化和价值观。❷ 此外，美国高度重视培养学生的全球胜任力。早在1988年，《为全球胜任力而教》报告就提出在高等教育中加强全球胜任力的培养。1998年，美国教育委员会发布了《为全球胜任力而教：美国未来的通行证》报告，再次呼吁培养学生全球胜任力的重要性。2001年之后，美国进一步扩展了全球胜任力培养的目标群体，旨在覆盖所有美国人，而不止是社会精英。

2. 芬兰教育的核心素养框架

芬兰十分重视发展本国教育，并且在探索新的教育教学模式及新的教育教学理念方面作出了突出贡献，这些新的理论研究与实践探索为芬兰培养了大量优秀人才，提高了芬兰的国民素质。2014年，芬兰国家教育委员会推出了《国家基础教育核心课程》，旨在塑造能够适应未来社会挑战的

---

❶ 林崇德. 21世纪学生发展核心素养研究[M]. 北京：北京师范大学出版社，2016：17-18.
❷ 陈文强. 核心素养与学校变革[M]. 厦门：厦门大学出版社，2016：224.

人才。此次改革特别强调在基础教育阶段培养学生的"横贯能力",以应对经济、科技和社会进步对学习环境、劳动市场及人才素质需求的变革。"横贯能力"涵盖了多个领域,包括思考与学习、文化素养、互动与自我表达、自我照护与日常生活管理、多元识读、信息通信技术、职业技能与创业精神,以及参与和构建可持续未来的能力。❶ 到2016年秋季,芬兰的在校学生开始全面执行新的核心课程,将七种"横贯能力"的培养作为教育的重要任务,并融入各个学科的教学目标中。芬兰的课程改革具有两大显著特征:学科交叉性和实施"现象教学"。首先,芬兰注重学科间的交叉与融合,摒弃了传统的单一学科教学模式,强调以未来社会所需的关键能力和素质培养为核心,将多维素养能力的提升作为教育改革的关键目标。这些能力和素质包括"思考与学习能力、多元文化认知、社会交往与自我表达、自我管理与日常生活技能、综合素养与信息技术能力、就业与创业能力,以及可持续发展意识和社会参与能力"❷。其次,芬兰实施了"现象教学",这是一种以特定主题为中心,整合相关学科知识,形成跨学科课程模块,并以此进行教学的方法。这种方法通过跨学科的课程设计,促进学科间的融合,为学生提供了更为综合的学习体验。❸ 如果说学科交叉是芬兰教育理念的特点,那么"现象教学"就是这种特点的具体化。这既为当前全球教育发展提出了新理念,还提供了新的操作模式。

3. 德国教育的核心素养框架

在20世纪80年代,德国提出了以培养关键能力为中心的教育模式。关键能力被定义为"不直接与特定专业技能挂钩的知识、能力和技能,它们是个体在多样化的情境和角色中做出决策的能力,也是在职业生涯中应

---

❶ 王红. 芬兰基础教育阶段英语课程中的横贯能力培养 [J]. 世界教育信息, 2019, 32 (2): 68.
❷ 陈文强. 核心素养与学校变革 [M]. 厦门: 厦门大学出版社, 2016: 201.
❸ 陈文强. 核心素养与学校变革 [M]. 厦门: 厦门大学出版社, 2016: 202.

对不可预测变化的能力"❶。这种教育模式的核心目标是让学生在未来的社会中能够适应不断的变化，避免被社会淘汰，并且能够利用自身掌握的关键能力来应对社会的各种变化。由于德国实行半全日制基础教育，学生正常学习之外还有大量课外活动时间，而德国十分重视课外时间在培养学生多方面素养和能力中的作用。德国人认为，学生所需的各种素养和能力并不一定都来自课堂教学，课外活动在帮助学生获得多种素养和能力方面起着重要作用。同时，课堂教学由于其固有的限制，难以使学生在课堂上所掌握的知识马上得到检验，从而巩固学生所学到的知识，而这一缺陷在课外活动中就得到了克服。相关研究显示，德国学生的课外活动内容丰富，涵盖了补习课程、计算机技术学习、音乐训练，以及由儿童和青少年培训机构所提供的学习机会。在这些活动中，艺术教育显得尤为关键，尤其是音乐培训，它在众多课外艺术教育形式中起着领导作用。校外机构如音乐学校、戏剧学校和教会等提供了丰富多样的音乐训练服务，音乐学校成为最受欢迎的艺术教育场所。德国的许多城市设立了公立音乐学校，它们在每个工作日的下午至晚上开设音乐课程，由持有正式教职和正规资质的专业教师授课❷，并且这些学校得到了政府的财政支持。德国社会普遍认同，音乐、舞蹈和绘画等艺术活动能够激发学生的积极参与和创造力，这些活动有可能成为学生终身的爱好。这样的艺术实践不仅能够提高学生的审美素养，还有助于促进人的全面发展。

从整体上看，20世纪90年代全球核心素养教育的提出是时代发展对人才培养提出的新要求的积极回应。传统基于知识—能力—价值观的三维目标模式已不再适应新时代的发展需要，传统以原料和物质投入为主导的生产方式已转化为以数据和信息为主导的生产方式，而对这些数据和信息

---

❶ 林崇德. 21世纪学生发展核心素养研究[M]. 北京：北京师范大学出版社，2016：20.
❷ 黄崇岭. 德国中小学阶段校外学习研究[J]. 世界教育信息，2019，32（14）：70.

的分析与处理给人的能力提出了更高要求。同时,当前,全球性的挑战依然存在,如全球性生态危机、局部战争和地区冲突、全球贸易摩擦等一系列新旧问题不断交叉叠加。正是在这一时代背景下,如何培养建设地球家园的新型人才成为新的时代课题。总体来看,新时代的核心素养培养重点已经超越了对传统知识体系的简单评估,它更强调在学习深度、创新思维和团队协作等方面对学生进行全面培养。

二、新时代我国教育发展战略分析

教育是民族复兴和社会进步的基石,对国家的长远发展和党的大政方针具有决定性影响,也是实现中华民族伟大复兴的基础工程。当前,全球正处于科技革命的新一轮浪潮之中,新的增长动力不断积聚。特别是在经历了严重的金融危机之后,各国纷纷调整自己的发展战略,更加重视以科技创新来推动国家的发展。在这种以高科技为关键因素的国际竞争中,人才的竞争尤为关键,而人才竞争的核心则在于培养人才,人才培养的起点在于教育。同时,随着中国特色社会主义进入新时代,我们开启了全面建成社会主义现代化强国的新征程。进入新时代,我国社会的主要矛盾已经发生了重要变化,人民对高质量教育的需求日益增长,人民期望获得更加公平和更加普及的教育。正是在这一时代背景下,我国教育事业发展走到了时代前列。

(一)新中国成立以来,党和国家对人才培养的历史性认识

自新中国成立以来,教育在党和国家的事业中一直占据重要地位。在推动我国教育事业发展的过程中,党和国家不仅深刻地回答了培养什么人、如何培养人的问题,也在不断深刻回答为谁培养人这一重大问题。党和国

家始终强调要注重学生的全面发展，包括德育、智育、体育和美育。毛泽东在 1957 年《关于正确处理人民内部矛盾的问题》的讲话中提出，"我们的教育方针应该是使受教育者在德育、智育、体育等方面都得到发展，成为有社会主义觉悟的有文化的劳动者"。❶ 邓小平在 1978 年的全国教育工作会议上也提出了相同的观点"应该使受教育者在德育、智育、体育几方面都得到发展，成为有社会主义觉悟的有文化的劳动者"。❷ 2002 年，党的十六大报告进一步强调，"坚持教育为社会主义现代化建设服务，为人民服务，与生产劳动和社会实践相结合，培养德智体美全面发展的社会主义建设者和接班人"。❸ 2007 年，党的十七大报告重申了教育优先发展的重要性，"全面贯彻党的教育方针，坚持教育为社会主义现代化建设服务、为人民服务"，并强调要把立德树人作为教育的根本任务，培养德智体美全面发展的社会主义建设者和接班人。❹ 自党的十八大以来，以习近平同志为核心的党中央进一步丰富和发展了我国教育全面发展的内涵与精神实质。2018 年，习近平总书记在全国教育大会上提出"德智体美劳全面发展"，并强调要构建一个德智体美劳全面培养的教育体系。目前，"德智体美劳全面发展"已成为衡量我国学生全面发展的权威表述，体现了新时代新形势下教育发展的新要求。

（二）新时代教育优先发展的重要性阐明

当前，中国特色社会主义进入新时代，新时代我国教育发展既面临机

---

❶ 中共中央文献研究室. 毛泽东文集（第 7 卷）[M]. 北京：人民出版社，1999：226.

❷ 邓小平. 邓小平文选（第 2 卷）[M]. 北京：人民出版社，1994：103.

❸ 江泽民. 全面建设小康社会开创中国特色社会主义事业新局面：在中国共产党第十六次全国代表大会上的报告 [R]. 北京：人民出版社，2002：40.

❹ 胡锦涛. 高举中国特色社会主义伟大旗帜，为夺取全面建设小康社会新胜利而奋斗：在中国共产党第十七次全国代表大会上的报告 [R]. 北京：人民出版社，2007：35.

遇，也面临挑战。当前全球正经历着剧烈而复杂的转变，技术进步的速度日益加快，以人工智能、大数据、云计算为代表的技术革新正重塑劳动力市场。许多重复性高、单调乏味，且过度依赖人工的工作岗位正逐步被智能机器人所取代。这些技术变革预示着一轮新的就业创造，同时也不可避免地导致一些就业破坏。这种破坏就是熊彼特所说的"创造性破坏"，即通过创新来淘汰旧的技术、工作岗位和生产关系，同时建立起新的生产体系。未来，新的技术快速发展预计将对劳动力市场产生更加深远的影响。❶这种发展趋势同时对教育和人才培养提出了更高要求。因此，面对新形势，我们要坚持教育优先发展，积极推进教育领域的改革创新，培养能够适应时代发展大势的人才。

首先，坚持教育优先发展是建设社会主义现代化强国的必然要求。党的十九大报告对我国社会主义现代化强国建设提出时间点及相应时间点所要达成的战略目标，这一战略目标对我国教育事业发展具有指导意义。社会主义现代化建设不是一句空洞的口号，它必须落实到具体的战略部署和政策实施上，而所有这一切都需要人才尤其是需要创新型人才来切实推进。正如习近平总书记指出的，"人才正日益成为驱动经济和社会进步的关键战略资源，教育在其中扮演着根本性、引领性和全面性的角色"❷。此外，现代化的关键在于人的现代化，这首先体现在提升人的素质和能力上。人的全面发展和潜力的激发不仅是现代化建设的需要，也是现代化建设的必然结果。人的现代化要求人的各项才能得到全面开发，内在潜力得到激发。现代化建设与人的现代化是相互促进的关系，现代化建设要靠人来推进，而只有拥有高素质的人才能为现代化建设作出重大贡献，这就进一步要求推进人的全面发展，充分发挥我国的人力资源优势，全面提升国民素质。

---

❶ 教育部课题组. 深入学习习近平关于教育的重要论述 [M]. 北京：人民出版社，2019：104-105.
❷ 习近平. 做党和人民满意的好老师 [N]. 人民日报，2014-09-10 (2)：1.

因此，推进社会主义现代化强国建设需要大量的具有现代化素养的人才，而人才的集中培养基地就是学校，这就将教育发展推向我国社会主义现代化强国建设的时代前沿。

其次，坚持教育优先发展是实现中华民族伟大复兴中国梦的必然要求。习近平总书记强调，"坚持把服务中华民族伟大复兴作为教育的重要使命"❶，这一要求为新时代教育事业的创新和发展指明了方向。中华民族的伟大复兴是近代以来中国人民最崇高的理想。在近代之前，中国在科技领域领先世界，但自近代起，由于封建统治的腐败和外来帝国主义的侵略，中国逐渐陷入了深重的危机。众多爱国者为国家的救亡图存进行了不懈努力，但直到1921年中国共产党的诞生，才为中国带来了真正的希望和指引。实现中华民族伟大复兴是中国共产党始终不渝的初心和使命，在党的领导下，我们不断取得中国特色社会主义事业的辉煌成就。现在，中国特色社会主义已经迈入新时代，我们比历史上任何时候都更接近中华民族伟大复兴的宏伟目标，也更具备实现这一目标的信心和能力。但要实现伟大梦想需要付出更为艰苦和艰辛的努力。在实现中华民族伟大复兴过程中，国民素质是关键、是基础、是条件，习近平总书记在多个场合多次强调要提高劳动者素质，建设一支创新型和创造型劳动者大军对于我们中华民族来说是长远大计，对于实现民族复兴的伟大梦想具有重要作用。提升劳动者素质的根本途径在于教育。因此，我们不仅要在教育的基础设施建设上加大投入，同时应更加注重教育的内涵质量提升，追求教育的深度和质量发展；通过实施科教兴国战略和人才强国战略，不断培养具备深厚知识储备、扎实专业技能和创新应用能力的人才队伍。

最后，坚持教育优先发展是坚持以人民为中心的发展理念的必然要求。

---

❶ 张烁. 坚持中国特色社会主义教育发展道路，培养德智体美劳全面发展的社会主义建设者和接班人［N］. 人民日报，2018-09-11（1）：1.

我国是中国共产党领导的社会主义国家，实现共同富裕是社会主义的本质要求。第一，坚持教育优先发展是践行党的根本宗旨的具体体现。中国共产党作为中国特色社会主义事业的领导核心，始终将人民的幸福和民族的复兴作为自己的初心和使命。教育事业与民众生活息息相关，直接关系到人民的福祉。因此，党对教育的高度重视不仅是对服务人民宗旨的践行，也是共产党人初心和使命的具体体现，更是将人民对美好生活的向往作为党的奋斗目标的具体战略施策。第二，坚持教育优先发展是积极回应新时代下人民日益增长的美好生活需要。随着社会主要矛盾的转变，公众期望获得更公正、更优质的教育，特别是农村和偏远地区的人们希望通过教育改善生活环境和条件。优先发展教育是对人民迫切需求的积极回应，确保社会发展成果由全体人民共享，以此增强人民的获得感、幸福感和安全感。第三，尽管我国教育事业取得了显著成就，但仍存在一些问题，如学前教育资源不足、学生学业压力大、大中小学生近视率上升等。[1] 面对这些问题，我们需要以辩证和理性的态度来看待，并认识到随着中国特色社会主义进入新时代，人们对教育的期待日益多样化、个性化和动态化。基于此，我们应进一步深化教育改革，将人民最关心、最关切的教育问题作为工作的重点，着力解决教育发展中的不平衡和不充分问题，提升教育教学质量，推动区域教育公平，满足人民对教育的期盼和需要。

（三）立德树人教育根本任务的提出

在当前国际环境中，随着全球政治力量多元化、经济一体化加速以及信息技术的快速发展，世界文化的多样性正日益增长。在这样的背景下，要实现中华民族的伟大复兴，提升我国在国际舞台上的影响力，我们必须

---

[1] 教育部课题组. 深入学习习近平关于教育的重要论述［M］. 北京：人民出版社，2019：99.

坚持以人为本的发展理念。特别是在教育领域，党的历届代表大会对教育工作的指导都凸显了教育的重要性。党的十七大，确立了教育发展要"坚持育人为本，德育为先"的原则。❶ 党的十八大，更是明确提出"把立德树人作为教育的根本任务"。❷ 进一步地，党的十八届三中全会要求："全面贯彻党的教育方针、坚持立德树人，加强社会主义核心价值体系教育，完善中华优秀传统文化教育，形成爱学习、爱劳动、爱祖国的有效形式和长效机制，增强学生社会责任感、创新精神、实践能力"。❸ 此后，党的十九大和二十大再次重申教育要"落实立德树人根本任务"❹，并强调这一任务的贯彻落实。这些举措不仅体现了党中央在理论上对教育的重视形成共识，还强调了在实际工作中应当如何贯彻实施。这些教育政策的延续和持续深化，体现了我国教育理论的创新与发展，显示了我国教育与时俱进的特点和培养适应时代发展人才所需要的创新精神。

习近平总书记在学校思想政治理论课教师座谈会上，进一步明确："新时代贯彻党的教育方针，要坚持马克思主义指导地位，贯彻习近平新时代中国特色社会主义思想，坚持社会主义办学方向，落实立德树人的根本任务，坚持教育为人民服务、为改革开放和社会主义现代化建设服务、扎根中国大地办教育、同生产劳动和社会实践相结合，加快推进教育现代化，建设教育强国，办好人民满意的教育，努力培养担当民族复兴大任的时代新人，培养德智体美劳全面发展的社会主义建设者和接班人。"❺

---

❶ 胡锦涛. 高举中国特色社会主义伟大旗帜，为夺取全面建设小康社会新胜利而奋斗：在中国共产党第十七次全国代表大会上的报告［R］. 北京：人民出版社，2007：37.
❷ 习近平. 坚定不移沿着中国特色社会主义道路前进，为全面建成小康社会而奋斗：在中国共产党第十八次全国代表大会上的报告［R］. 北京：人民出版社，2012：35.
❸ 中国共产党第十八届中央委员会第三次全体会议文件汇编［G］. 北京：人民出版社，2013：62.
❹ 习近平. 决胜全面建成小康社会，夺取新时代中国特色社会主义伟大胜利：在中国共产党第十九次全国代表大会上的报告［R］. 北京：人民出版社，2017：45.
❺ 张烁. 用习近平新时代中国特色社会主义思想铸魂育人，贯彻党的教育方针，落实立德树人根本任务［N］. 人民日报，2019-03-19（1）：1.

这是对新时代我国教育事业发展整体性要求的重要表达，体现了新时代教育的根本任务是立德树人。学校既是传授知识的地方，也是育人之地，学校教育不仅要向学生传授学科知识和技能，实现教学的目的，同时还要育人，使学生树立正确的世界观、人生观、价值观，坚持教学与育人有机结合。习近平总书记多次在不同场合讲话中指出，人才培养是育人和育才相统一的过程，其中育人是基础。他强调了德育在人才培养中的核心地位，认为这是办学的规律，否则教育就无法取得成功。❶ 立德树人作为我国教育的根本任务，体现了教育的三个基本原则：第一，它揭示了教育的根本性质，是对教育本质的深化和拓展。第二，它彰显了德育在学校教育中的战略地位，对新时代德育工作提出了更高要求。第三，它体现了人的道德发展与全面发展之间的辩证关系，倡导以培养道德品质作为教育的首要任务。

（四）立德树人根本任务对培养时代新人的德育要求

当前，立德树人是我国教育根本任务，德育被提升到各级各类学校教育的突出地位。我国自古以来在学校教育中都很重视德育，注重培养学生的德行与操守。但新时代对德育提出了新要求，赋予"德"更为丰富的时代内涵，体现了德育的时代价值。因此，首先须明确的前提性问题是新时代背景下何为"德"，其次须明确立德树人根本任务对培养时代新人的德育要求，只有在明确了这些基本问题后才能真正深刻领悟贯彻落实立德树人教育的根本任务。

如何理解新时代立德树人的"德"。不同时代对"德"的理解不同，古代与现代的人们对"德"的理解存在差异，即使在同一时代的不同国家

---

❶ 习近平. 在北京大学师生座谈会上的讲话 [N]. 人民日报，2018 - 05 - 03 (2)：2.

和地区对"德"的理解同样存在差异。我国古代特别重视个人修身养德，尤其是儒家以"仁"为核心，要求君子要不断修德，达到"修身齐家治国平天下"之目的。中华民族是世界上最伟大的民族之一，在长期的历史发展进程中"发展了一套完善的道德价值体系，创建了包括个人、家庭、国家乃至宇宙伦理在内的全面道德规范体系和道德教育理论"❶。当前，落实立德树人根本任务，既要与我们的传统文化有所区别，也要继承和发扬其文化中的优秀精髓。在这一过程中，我们必须基于中国特色社会主义的伟大实践来理解和把握"德"的内涵。从中国特色社会主义和马克思主义基本原理出发，立德树人中的"德"指的是"马克思主义的道德观念、社会主义的道德准则，以及中国人民在长期历史发展中培养和形成的传统美德。在今天的中国，社会主义核心价值观正是这样一种德，它既是个体的道德要求，也是更广泛的国家和社会的道德准则"❷。这充分体现了新时代把立德树人作为教育的根本任务，具有丰富的内容体系。只有在深入理解这些内容的基础上，我们才能进一步明确其具体要求，并以各级各类学校的德育工作为重要载体，培养符合时代要求的新一代人才。

　　立德树人对培养时代新人的德育要求是什么？新时代深入贯彻落实立德树人教育根本任务，学校德育是主要阵地。从我国教育体系来看，狭义的学校德育由不同层次教育来承担。基础教育也是立德树人的事业之一，基础教育阶段的学生与高等教育阶段的学生相比，具有心智不成熟、可塑性较强、好奇心重、模仿能力强等特征，这就需要在这一阶段进行正确价值观的引导。基础教育不仅关系到学生个人的发展，也关系到国家的长远发展和社会的整体进步，国家对于基础教育的课程内容，教学方法，评估

---

❶ 教育部课题组. 深入学习习近平关于教育的重要论述 [M]. 北京：人民出版社，2019：22.
❷ 教育部课题组. 深入学习习近平关于教育的重要论述 [M]. 北京：人民出版社，2019：115 – 116.

体系等方面都作出了明确规定，体现了对未来公民素质的培养的明确要求和期望。在中学阶段，尤其是高中阶段，德育课程主要由高中思想政治课来承担。这门课程不仅承接了初中阶段德育内容，还为学生进入高等教育阶段做好准备，是德育连续性的重要环节。最新版普通高中思想政治课程标准特别强调，高中思想政治课是与初中和高等教育阶段的德育课程相衔接的课程，共同肩负着立德树人教育根本任务。高等教育阶段的思想政治理论课不仅是传授知识，更是价值观的塑造、人格的培养和社会责任的唤醒。它需要在基础教育德育成果的基础上，进一步深化学生的思想认识，使其在掌握专业知识的同时，成长为具有坚定理想信念、深厚家国情怀、创新能力的社会主义建设者和接班人。这不仅关乎个人成长，更关乎国家未来和社会进步，是实现中华民族伟大复兴的重要基石。因此，我们必须以思想政治教育一体化思维，指导大中小学思政教育一体化教学与评估，充分发挥思想政治教育在推动立德树人中的积极作用，强化德育的教学效果，持续提升教书育人能力，进一步加强和巩固新时代中国特色社会主义事业的道德基础。

积极发挥思想政治理论课贯彻落实立德树人教育根本任务的作用。首先，积极发挥各级各类学校的作用。青少年时期是人生发展的关键阶段，被视为成长的黄金时期。在高等教育中，除了向学生传授知识，育人同样是核心任务，特别是帮助学生建立正确的价值观和崇高的社会理想，鼓励他们在奋斗中展现青春的活力，是高等教育的价值体现。习近平总书记曾勉励青少年"从小学习做人、立志、创造。要学会做人的基本准则，传承中华民族的传统美德，弘扬社会主义新风尚，热爱生活，懂得感恩，与人为善，诚信礼貌，努力成为学习和践行社会主义核心价值观的榜样"❶。青少年还应成为奋斗者和追梦者，在实现中华民族伟大复兴的中国梦的生动

---

❶ 张烁. 美好的生活属于你们美丽的中国梦属于你们[N]. 人民日报，2015-06-02（1）：1.

实践中放飞青春梦想。新时代的青年要在中国特色社会主义的伟大实践中树立远大理想，既要有远大志向，也要脚踏实地，认真学习，刻苦训练，掌握扎实的技能本领。同时，学校教师在贯彻落实立德树人根本任务中发挥着重要作用。习近平总书记曾指出，教师职业是历史上最古老、最伟大和最神圣的职业之一，这不仅说明教师职业源远流长，也强调了教师工作的独特性和重要性。学校教师之所以重要，是因为他们的工作关乎塑造灵魂、生命和人格，肩负着实现"两个一百年"奋斗目标和中华民族伟大复兴的中国梦的重大使命和责任。思想政治理论课教师作为德育教师队伍的重要组成部分，要牢记"四有"好老师的标准，并将这些标准贯彻到教育教学的全过程和各个方面。这要求思想政治理论课教师深入挖掘学科价值和育人功能，坚持在教育教学中贯彻落实立德树人的根本任务，为培养能够担当民族复兴大任的时代新人而努力。以义务教育阶段德育为例，目前我国义务教育阶段教育正在进行以核心素养为核心的新课程改革，发展我国学生核心素养与立德树人教育根本任务并不矛盾。发展我国学生核心素养是我们党的教育方针的具体化和细化，义务教育阶段各门学科"要充分挖掘学科课程教学对全面贯彻党的教育方针、落实立德树人根本任务、发展素质教育的独特育人价值，各学科基于学科特点凝练本学科的核心素养，明确学生学习该学科课程后应形成的正确价值观念、必备品格和关键能力"[1]。例如，高中思想政治课的学科核心素养是政治认同、科学精神、法治意识和公共参与，这体现了高中思想政治课的学科属性。加强各学段思想政治课学科核心素养培育，有助于深入贯彻落实学校立德树人教育根本任务。

综上所述，从国内外教育发展大势来看，我国教育发展必须适应时代发展大势，积极主动吸收国内外先进办学经验，加快推进世界一流大学和一流学科建设。习近平总书记强调："我们要认真吸收世界上先进的办学

---

[1] 中华人民共和国教育部. 普通高中思想政治课程标准（2017 年版，2020 年修订）[S]. 北京：人民教育出版社，2020：2.

治学经验，更要遵循教育规律，扎根中国大地办大学。"❶ 这一指导意见虽然针对我国高等教育，但同样适用于普通高中教育。普通高中教育在义务教育的基础上进一步提升国民素质，是普及性的基础教育，为学生接受更高层次的教育和未来的职业发展打基础。因此，习近平总书记对高等教育的发展要求也给普通高中教育提供了重要指引。在义务教育阶段，深入贯彻国际视野与中国特色相结合的教育原则，对于学生适应社会生活、接受未来高等教育和未来职业发展至关重要，能够为学生的终身发展奠定基础，使他们在面对复杂多变的国内外形势时，保持中国青年应有担当，在大是大非面前挺身而出，坚决维护党和人民的利益。

总之，我们应当坚持从中国的国情和中国文化的视角出发，用辩证统一的观点引导学生正确认识中国特色社会主义教育发展道路与其他国家教育发展道路在历史传统、培养目标、时代任务等方面的差异；同时，也要鼓励学生"通过更紧密的交流互动，深化对全球知识和文化的理解，对不同民族的奋斗和愿景有所感知，以促进学生增进相互理解、拓宽国际视野、激发创新思维，并树立为人类和平与发展作出贡献的远大志向"❷。

第二节　美育融入思想政治理论课教学的重要性诠释

美育融入思想政治理论课教学重要性阐释是对美育和德育二者间的相互作用进行具体分析。思想政治理论课蕴含美育功能，这表现在教学实践中，通过形象化的展示和多样化的教学实践活动，展现人的本质力量和生活的丰富性，使课程的美育特性得以充分体现。这种教学方式不仅能提升

---

❶ 习近平. 青年要自觉践行社会主义核心价值观 [N]. 人民日报，2014-05-05 (2)：4.
❷ 教育部课题组. 深入学习习近平关于教育的重要论述 [M]. 北京：人民出版社，2019：17.

课堂的吸引力，也能给师生带来精神上的愉悦和享受。思想政治理论课的美育功能主要表现在两个方面：对个人发展的影响和对社会进步的贡献。首先，思想政治理论课有助于提升师生的人格美和心灵美。其次，思想政治理论课具有能够实现教学双主体自由的功能，在达成师生道德人格自由基础上实现对自由境界的追求。最后，思想政治理论课能够培养学生对于美的崇高追求，它通过融合个人成长与社会进步的需求，推动二者在和谐共进中实现个人的人生价值。

一、思想政治理论课具有培养人高尚审美品性的功能

美育融入思想政治理论课教学，能够培育学生的精神审美素养，这涵盖了人格之美与心灵之美。美育的双重功效不仅在于净化人们的情感，激发创新思维和想象力，还在于其解放心灵的属性。它使个体在审美历程中得以超脱现实世界的繁杂，步入一种超越功利性的存在状态，从而在无目的中体验到目的的完整性，享受到精神自由的境界。

首先，思想政治理论课具有培养人格美的功能。人格美是指一个人的个性品质和行为举止符合社会伦理道德标准，能够为社会带来精神财富，并在精神层面上起到引领和激励作用，传播正面的能量，从而推动社会和谐与精神文明的建设。在思想政治理论课的教学过程中，教师可以通过生动有趣的教学方式以及与学生生活紧密相关的内容，引导学生体验和领悟人格美的内涵。思想政治理论课程能够激发学生向先进人物学习其道德品质，鼓励他们将人格美的追求内化于心、外化于行。在审美活动中，审美对象所蕴含的意义能够深刻影响人的内心，引导人达到高尚的审美境界。这一过程促使个体超越狭隘的自我，激发出真正具有人的价值的内在品质和属性，帮助人摆脱有限的、自私的欲望，向自由和崇高的精神境界升华，

从而塑造高尚的道德品质和美好的人格形象。

其次，思想政治理论课具有培养心灵美的功能。心灵美反映了一个人的内在德行和善良，如思想、兴趣和情感等指导下的高雅行为方式。作为一门德育课程，思想政治理论课强调的是规范性教育，旨在引导学生形成正确的思想政治观念和道德品质，以满足特定社会时期的规范要求。我国的思想政治理论课以马克思主义为理论基础，致力于落实立德树人的根本教育任务，旨在培养学生的正确价值观，并以学科核心素养作为课程内容的主体。通过思想政治理论课，可以培养学生正确的价值观念、必要品质和关键能力。课程内容中蕴含着丰富的美育资源，教师应该充分挖掘这些资源中的美感，以美感启发真知、以美育培养德行。例如，社会中的英雄和先进人物，他们的英勇事迹和人格魅力对青少年的成长有着积极影响。同时，教材中提及的与日常生活紧密相关的行为准则，例如诚信、尊重他人、参与公益事业、节约水电资源、杜绝食物浪费以及环境保护等，同样具有重要的美育功能，有助于培养学生正确的价值观，增强他们的道德感。通过开发和利用这些资源，可以发展学生仁爱之心，产生心灵美。

二、思想政治理论课可以实现师生的主体自由

马克思主义美学理论揭示出美是人本质力量的对象化，而并非所有人的本质力量对象化都能够产生美。美作为一种高级的感性直观和自由形式，首先是合目的性与合规律性的实践活动过程本身，然后才是实践活动产生的成果、产品或痕迹。思想政治理论课教学目标在于使社会理性所要求的课程目标得以实现，这种实现既要求课程目标内容与形式有机结合的实现，也要求师生作为双主体在教育教学过程中充分实现对自己本质力量的确认和对象化。教师要实现对自己本质力量的确认和对象化，不仅需要自我本

身的对象化审美，还需要教学过程审美化，将外在社会理性所要求的价值追求以审美化的形式传递给学生，使学生将乐学和好学转化为自己内在的信仰和自觉追求，从而实现从无律到他律、从他律到自律、从自律到自由的德育认知过程，而学生只有真正在自由阶段才能实现对自己本质力量的确认。在思想政治理论的学习过程中，学生将课程目标转化为个人的价值观和信念，这仅仅是确认自身内在力量和潜能的第一步。正如檀传宝在《德育美学观》中所述，"只有当道德主体实现了自由，个体才能在道德规范与个人意志之间找到平衡，达到合目的性和合规律性的和谐统一，一如人类在征服自然时所实现的统一与和谐。只有在这种状态下，个体才能真正理解道德人格之美，并欣赏自身作为道德自由主体的美感"❶。这种认识有助于个体超越社会理性对个体的疏离感，实现真正的自由。因此，道德自由不仅是个体自由的重要组成部分，也是人在社会历史领域实现本质力量对象化的重要途径。所以，道德自由不仅体现了思想政治理论课教学过程中的主体自由，还在一定程度上指认了思想政治理论课教学美存在的可能。

三、思想政治理论课可以培养人崇高的审美理想

思想政治理论课坚持以"马克思列宁主义、毛泽东思想、邓小平理论、'三个代表'重要思想、科学发展观、习近平新时代中国特色社会主义思想为指导，以社会主义核心价值观为统筹"❷，这些指导思想是马克思主义在中国的两次飞跃和创新发展成果。作为中国共产党领导的社会主义国家，我国致力于在马克思主义指导下培养人才。根据马克思主义基本原理，人的本质是其社会关系的总和，个人与社会之间存在相互依存的辩证关系。

---

❶ 檀传宝. 德育美学观［M］. 太原：山西教育出版社，1996：127.
❷ 中华人民共和国教育部. 普通高中思想政治课程标准（2017年版，2020年修订）［S］. 北京：人民教育出版社，2020：2.

个体的成长依赖于社会环境,而社会则为个体的成长提供必要的条件和支持。因此,社会理想是把集体利益作为出发点树立的理想追求。

马克思在指导人生理想中就明确提出,个体在选择职业时应该考虑那些能够为人类社会发展进步作出贡献的职业。这种为人类集体利益而工作的职业能够帮助人们克服狭隘自私性,为全人类服务能够给个体带来身心上的双重愉悦,也只有这样才能真正实现人生价值。在中国共产党领导下,无论是新民主主义革命,还是社会主义革命和社会主义建设中,都涌现出无数英勇的革命烈士和优秀的模范人物。学生通过学习这些模范人物的先进事迹,能够触动内心,产生崇敬之情,在这种情感的推动下产生学习英雄的实际行为。同时,新时代要求青少年树立正确社会理想,既要志存高远,又要脚踏实地,唱响青春之歌,在奋斗中铸就辉煌。当前,追求中华民族的伟大复兴是青年一代的崇高理想。思想政治理论课旨在培养学生的政治认同、科学精神、法治意识和公共参与能力,同时引导学生树立共产主义崇高理想,坚定中国特色社会主义信念,激励他们为实现中华民族的伟大复兴和国家的繁荣富强而不懈奋斗。课程目标与审美追求在内涵意义上是相辅相成的,这为将审美教育融入思想政治理论教学提供了坚实的基础。对当代的青少年来说,他们的使命是投身于中华民族复兴的伟大事业,通过深入学习科学文化知识,加强理论修养,不断提升个人能力和素质,为将来回报社会和报效祖国做好准备。

随着经济社会的快速发展,科技越来越发达,我国生态环境的危机也在不断加剧,对学生的生态观等思政教育的重要性变得日益明显。如相关资料显示,我国一次性筷子生产加快,年均生产量达到 800 亿双,而一次性筷子过多使用造成的环境问题也日益严峻。以小见大,我们可以看到我国环境保护正面临严峻挑战,包括资源短缺、环境污染加剧和生态系统退化等。人类作为自然界的一部分,其生存和发展必须依赖于与自然界的物质交换，因此，维护人与自然的和谐共生是审美理念中的关键要素。人类对自然的友好态度不仅是审美的体现，也是对人生境界的升华。美育专家曾繁仁倡导回归大自然，回归人类的起源。这就要求当代青年学生秉持马克思主义自然观，即尊重自然、顺应自然规律、保护自然环境，学会与自然和谐相处，理性消费，以形成全社会共同保护地球家园的良好风尚，共同营造一个美丽的居住环境。

第三节　美育融入思想政治理论课教学的可能性诠释

美育融入思想政治理论课教学的必然性和重要性并不必然推导出其具有可能性，而只有在确立存在可能性的条件下才能进一步向着审美化教学实践推进。美育融入思想政治理论课教学何以成为可能？思想政治理论课因其理论深度和内容的抽象性，可能在理论与现实结合方面与其他课程相比存在一定的差距。要实现该课程教学向审美维度的转变，关键在于探索如何将深奥的理论知识与学生的实际生活经验相融合，使之更加生动、贴近现实，并激发学生的审美情感和思考。这种转变可以通过丰富多样的教学方法实现，例如利用案例教学、情景模拟、多媒体展示等手段，使抽象的理论与学生的具体感知相结合，提高教学的吸引力和实效性。同时，教师可以引导学生从审美的角度去理解和欣赏思想政治理论中的深刻内涵，从而实现知识传授与审美教育的有机结合。

思想政治理论课本身有没有可以开展美育的资源，这是在思想政治理论课中进行审美化教学的重要条件。目前，学术界尚缺乏对思想政治理论课中美育资源统一的定义，然而，通过深入研究与分析，我们认同思想政治理论课的教学内容是富含美育资源的。教学内容是指在教学活动中，师生互动所涉及的、旨在达成特定教学目标的一切素材与信息，它涵盖了教学计划、课程标准及教材等多个方面，其中教材尤为重要，因为它承载着教学内容的核心。因此，当我们讨论思想政治理论课中美育元素融入时，本质上是在挖掘教材中所蕴含的美育资源。

探究思想政治理论课蕴含的美育资源首先须明确美的各种形态。不同学者对美的理解各有侧重，康德区分了"依存美"与"纯粹美"，而日本美学家今道友信则将美分为"自然美"与"艺术美"，认为它们是美的不同表现形式。叶朗则将美分为自然美和社会美，强调自然美是心灵美的反映，是人与自然和谐相处时产生的审美体验；社会美则涵盖了人物美、民俗风情美、传统节日美以及日常生活美等多个方面。❶ 杜卫则从景观美、人文美、自然美三个维度来探讨美，特别强调了学校美育的重要性。❷ 何云波和彭亚静则将美分为艺术美、生活美、科技美❸，而修俊雅、王世民等人则进一步将美分为生活美、艺术美、环境美、社会美、科技美等类别❹。尽管学界对美的形态有多种分类方式，但基本上没有脱离自然、人、社会的范畴。正如檀传宝在《德育美学观》中所指出的，"美的存在有自然或现实的方式，也有艺术家有意创美而形成的方式"❺。这意味着美既存在于自然界和现实生活中，也可以通过艺术家的创造性劳动来体现。因此，在思想政治理论课中，我们可以从自然美、社会美、艺术美、科技美等不同维度来挖掘美育资源。自然美可以体现在对自然界的欣赏和保护中；社会美可以体现在对人物、民俗、节日等社会文化现象的理解和体验中；艺术美可以通过欣赏和创作艺术作品来培养；科技美则可以通过探索科学原

---

❶ 叶朗. 美在意象［M］. 北京：北京大学出版社，2010：179-180.
❷ 杜卫. 美育论（第2版）［M］. 北京：教育科学出版社，2014：183.
❸ 龙娜. 高中思想政治课教学融入美育的探究［D］. 桂林：广西师范大学，2018：20.
❹ 龙娜. 高中思想政治课教学融入美育的探究［D］. 桂林：广西师范大学，2018：20.
❺ 檀传宝. 德育美学观［M］. 太原：山西教育出版社，1996：137.

理和技术应用来体验。通过这些方式，思想政治理论课可以更好地实现美育的目标，培养学生的审美能力和审美情感。

一、思想政治理论课教学内容蕴含的自然美资源

历史上对于自然美的解释呈现出丰富多样的视角，一些学者认为自然美是自然对象本身固有的特质，而另一些学者则认为，自然本身并没有美和丑之分，实际上美是人们基于自身的主观情感对自然现象的一种解释和再现。后者与唯心主义关于美的理论不谋而合。然而，在笔者看来，自然美不仅是自然事物在客观世界中存在的形态，更重要的是，它是人们在社会实践活动中所创造出的美。也就是说，自然美的形成，实际上是人们与自然的互动和历史活动结果。马克思认为，美是人的本质力量呈现的一种方式，而人的生存和发展始终伴随着与自然的互动，是人将"自然人化"的结果。这种互动可以从三个方面来理解：一者人是自然存在的一部分，因而人也是自然界之物；二者人不仅能认识和改造自然，还能创造物质和精神财富，推动自然界向适合人类生存的方向发展；三者人在自然历史化过程中形成的劳动成果是对人本质力量的肯定，当人们看到这些成果时感到愉悦和舒适，就证明了这些成果具有美的属性。因此，从美的本质来看，自然美并非纯粹自然界固有的美，而是人类实践活动的产物。马克思在批判费尔巴哈的非实践性美学观时指出，自然界并非如费尔巴哈所言的那样自成一体，而是一个在现代社会中已经不复存在的自然界。❶ 马克思主义的美学观点强调了，自然美与人类活动之间的密切联系，认为自然美实际上是人对自然的理解和改造的直接结果，是人类社会实践的成果。

---

❶ 魏小萍. 探求马克思：《德意志意识形态》原文文本的解读与分析 [M]. 北京：人民出版社，2010：66.

人类作为自然界自我发展的产物，在人类产生以前或产生以后的很长一段时间内都不存在真正意义上的美。在人类产生以前不存在美这很好理解，因为那时还没有人的实践活动，因此美作为人的本质力量对象化的产物也就不可能存在。在人类产生以后的很长一段时间里，人对自然界的认识还停留在很低的水平上，人类无法正确把握自然运行的规律，同样也没有能力掌握规律来为人类生产生活服务，因此在这一时段里人类还没有真正意义上的美的享受。从马克思主义的自然观和美学观来理解自然美，我们应该采取一个更宽广的历史视角，从人类社会发展的整体宏观角度来审视自然的人化过程。这种理解认为，自然界并非在没有人类参与的情况下就缺乏美的属性，而是通过人类的实践活动，自然界被赋予了新的意义和价值，从而成为审美的对象。正如王滢在《大学美育》中所指出的，许多自然物正是在"自然人化"或"人化自然"的过程中获得了"人化"的属性，并因此具备了独特的审美价值。❶ 这表明，自然美不仅是自然界固有的属性，而且是在人类社会实践中被重新定义和赋予意义的结果。同时，对自然美的理解还应该包括对自然界本身的欣赏，以及对人类加工过的自然景观的美的欣赏。这意味着，我们在欣赏自然美时，既要关注自然界本身的壮丽与和谐，也要欣赏人类智慧和创造力在自然景观中的体现。这种全面的自然观理解有助于我们更深刻地认识到人与自然的关系，以及人类活动对自然美的影响。自然界是人类存在的指认对象，这就是说自然界存在，人就存在，自然界不存在，那么人就不可能存在。因此，从这一视角来看，尤其是当下，我们面临着严峻的生态危机，作为人类更应该尊重自然、保护自然，学会与自然和谐相处，构建人与自然生命共同体。

从具体形态的角度来探讨自然美，我们可以将其主要分为两大类：自然景观和人文景观。自然景观指的是那些未经过人为改造的自然形成的景

---

❶ 王滢. 大学美育［M］. 成都：电子科技大学出版社，2017：51.

观，例如黄河、长江、大海等，它们以其原始的风貌展现出大自然的壮丽和力量。而人文景观则是在自然景观的基础上，通过人类的创造性活动加工改造而成，如长城、苏州园林等，它们不仅展现了自然之美，也蕴含了人类文化的深厚底蕴。自然景观和人文景观相互依存、相互渗透，共同构成了自然美的丰富内涵。正如叶朗在《美在意象》中所指出的，"自然美是历史的产物，它的发现和欣赏与个人的情感、心灵、精神紧密相关，最终都与时代和社会文化环境密不可分"❶。例如，孔子提出的"乐山乐水"之境，将山水与人的品德相联系；宋代周敦颐在《爱莲说》中所表现的"出淤泥而不染"的高洁品格，都是自然美与人文精神相结合的典范。通过对自然美的定义和特征的分析，我们发现在思想政治理论课的教材中存在丰富的自然美资源。这些资源不仅包括对自然景观的直接描述，也包括对人文景观的深入解读，以及对自然美与人的精神世界的联系的探讨。通过这些资源，思想政治理论课可以引导学生更深刻地理解自然美，培养他们的审美情感和审美能力，同时也能够提高他们对自然和人文环境的保护意识。具体来看，思想政治理论课教学内容中蕴含的自然美资源如下。

（1）在新时代背景下，我们追求的现代化目标强调人类社会与自然的和谐相处，这种现代化不仅满足人们对日益增长的物质和精神需求，以追求更高品质的生活，同时也致力于提供优质的生态环境，以满足人民对美好生态环境的需求。面对资源日益匮乏、环境污染加剧以及生态系统退化等多重挑战，我们必须树立一种尊重自然、顺应自然和保护自然的生态文明理念，一起努力保护我们共有的自然生态系统，确保生命共同体的和谐发展。

（2）形成人与自然和谐发展新格局。社会主义生态文明建设是建设美丽中国，确保中华民族的可持续发展，并迈向社会主义生态文明新时代。

---

❶ 叶朗. 美在意象［M］. 北京：北京大学出版社，2010：198.

这一战略布局是中国特色社会主义"五位一体"总体布局的关键组成部分。为实现这一宏伟目标，我们必须努力实现人与自然和谐发展的新格局，具体包括：坚持节约优先、保护优先、自然恢复为主的方针，着力推进绿色发展、循环发展、低碳发展，形成节约资源和保护环境的空间格局、产业结构、生产方式、生活方式，从源头上扭转生态环境恶化趋势，为人民创造良好生产生活环境，为全球生态安全作出贡献。❶

（3）加强中国特色社会主义生态文明建设，必须依靠完善的法治与制度。因此，要加快生态文明体制改革，这就要求把生态文明纳入制度化、法治化建设轨道，用制度保护自然环境，推进生态文明建设。为了实现上述目标，我们在推进社会发展中就要坚持绿色发展、解决突出环境问题、加大生态系统保护和修复力度，建立健全多元生态补偿机制，以及健全生态环境保护责任追究制度和环境损害赔偿制度。❷

大自然是一本书，也是人类思维和智慧的摇篮。在人类文明演进的过程中，自然美始终对人类的灵魂构成一种深刻的吸引力和感召。对于学生而言，欣赏自然的壮丽与鬼斧神工是个人成长过程中不可或缺的精神资源，有助于他们更深入地掌握知识，并提升对人与自然关系的深刻理解。苏联著名教育家苏霍姆林斯基就大力提倡儿童要亲近自然，领略自然美，倡导在自然环境中陶冶情操，培养仁爱之心。例如，在教育实例中，一位语文教师在教授新词汇时遇到了困难，不管怎么教，学生们都难以掌握，然而，在另一次野外活动中，教师偶然发现学生们能够轻易地读出一个新单词，这是因为教师在之前的游玩中，曾将该单词的发音与鸟鸣声联系起来，并告知了学生新单词的发音。这一实例凸显了自然环境在启迪智慧方面的独

---

❶ 本书编写组. 毛泽东思想和中国特色社会主义理论体系概论［M］. 北京：高等教育出版社，2023：252.
❷ 本书编写组. 毛泽东思想和中国特色社会主义理论体系概论［M］. 北京：高等教育出版社，2023：253-254.

特魅力。

同样，卢梭也是一位大力倡导用自然美来进行教育的知名教育家。他把爱弥儿带到大自然中，让其亲身感受自然之美，通过与自然的亲密接触来体验生活的真谛，从而培养孩子的道德感、审美感和独立思考的能力。他认为真正的美存在于未经人为雕琢的大自然之中，而人造的美则是可以模仿和雕琢的。❶ 虽然卢梭对美的看法存在一定的片面性，但他对自然美的诠释为我们欣赏自然美提供了重要的启示，启发人们重新审视教育的目的和方法，以及自然在人类成长过程中的作用。在当前的思想政治理论课教学中，应当深入挖掘自然美的育人价值，以提升教学内容的思想性、理论性、亲和力和针对性，从而更好地实现思想政治理论课教育目标。

二、思想政治理论课教学内容蕴含的社会美资源

人的本质并非孤立存在，而是通过其参与和构成的所有社会关系来定义的，这些社会关系构成了人的本质的核心。生产一般把人从动物界中提升出来，实现了人对其生物性本能的超越。从宏观上看，人在社会实践活动中所创造的一切都可以成为社会美。由于社会美的一切均由人创造，因此人成为社会美的核心。社会美是社会事物、社会生活和社会现象中所呈现出来的美，它广泛地渗透于社会的方方面面，与人类的社会实践紧密相连。

社会美的范畴广泛而多元，众多学者对此有着各自的理解和分类。例如，叶朗将其定义为人物之美、民俗风情之美及节日庆典之美。修俊雅等人则提出了以人性之美、生活之美、环境之美为基础的分类。❷ 此外，还

---

❶ 卢梭. 爱弥儿［M］. 方卿，译. 北京：北京出版社，2008：117.
❷ 龙娜. 高中思想政治课教学融入美育的探究［D］. 桂林：广西师范大学，2018：20.

有学者将社会美分为实践主体之美、实践活动之美和实践成果之美。❶ 基于这些研究，我们综合认为社会美可以包括人物之美、生活之美、节日之美以及习俗之美。这些分类并不是严格分隔的，尤其是习俗美和节日美之间存在十分紧密的联系，因为传统节日通常伴随着特定的庆祝形式。节日的庆祝习俗被视作对日常生活的一种超越，它们让人们以一种特殊的方式与世界和谐相处，并在其中沉浸与陶醉。❷ 节日和民俗是民族精神文化的重要组成部分，是民族身份和凝聚力的象征。没有这些文化遗产，一个民族就会失去其文化根基。因此，在大中小学思想政治理论课中，社会美的这些资源被整合到教学内容之中，旨在培养学生的审美观念和对民族文化的认同感。

（1）谁劳动，谁光荣，国家表彰和奖励有突出贡献的人。屠呦呦因在开发抗疟疾药物方面作出杰出贡献而获得诺贝尔化学奖。赵忠贤因其在高温超导材料研究上的突破性进展，被授予2016年度国家最高科学技术奖。新时代涌现出许多敬业奉献、服务人民的先进模范，如为国"深潜"隐姓埋名30载的黄旭华等，他们用生命诠释着平凡与伟大的价值理念，为社会留下宝贵的精神财富。❸

（2）英雄模范人物的时代价值。在革命战争年代，无数中华儿女前仆后继、顽强奋斗、英勇牺牲，为中国的解放和人民的自由付出了生命，李大钊、夏明翰、杨靖宇、董存瑞等就是这些英雄模范中的杰出代表。在社会主义建设和改革开放时期，许多模范人物不计个人得失，勤奋工作、艰苦奋斗，全身心投入为人民服务的事业，焦裕禄、王进喜、孔繁森、郑培民、史来贺、任长霞、牛玉儒、李保国和南仁东等都是这些模范中的佼佼

---

❶ 周锦鹤. 论美育与大学生的全面发展［J］. 西南民族大学学报（人文社科版），2005（11）：393-395.

❷ 叶朗. 美在意象［M］. 北京：北京大学出版社，2010：245.

❸ 本书编写组. 思想道德与法治（2023年版）［M］. 北京：高等教育出版社，2023：124.

者。黄大年教授的爱国心声"只要祖国有需要，我必全力以赴"，南仁东"有一点瑕疵，都对不起国家"，李保国立志"以我为农，农化为我"，郑培民则展现了"做官先做人，万事民为先"的为民情怀。这些崇高品质和精神既提醒广大青年，人的价值不仅是自我实现，更是要看他对社会发展和人类进步事业的贡献。❶

（3）中华民族精神体现了中华民族的整体风貌和精神特征。民族精神作为民族文化的结晶，其形成和发展既是长期历史积淀的过程，也是随着时代变化而不断丰富的过程。中国共产党在新民主主义革命时期，铸就了井冈山精神、长征精神、遵义会议精神、延安精神、西柏坡精神，在社会主义革命和建设时期，铸就了抗美援朝精神、红旗渠精神、大庆精神和铁人精神、雷锋精神、焦裕禄精神、"两弹一星"精神；改革开放和社会主义现代化建设新时期，铸就了特区精神、抗洪精神、抗击"非典"精神、载人航天精神、抗震救灾精神；中国特色社会主义新时代，铸就了探月精神、新时代北斗精神、脱贫攻坚精神、北京冬奥精神等。❷。

（4）"改革先锋"许振超。青岛港码头工人许振超立足岗位，干一行、爱一行、精一行的劳动精神，使其成为了著名的"桥吊专家"。他勤奋好学、苦练技术，练就了"一钩准""一钩净""无声响操作"等绝活。他勇于创新，敢于开拓，带领团队积极开展科技攻关，持续破解了安全生产难题，填补了国际技术空白，为国家节约了巨额成本，也带动了码头青年掀起"干一行、钻一行"的热潮。2018年，党中央、国务院授予许振超"改革先锋"称号。他用一把吊钩，把普普通通的岗位干成了了不起的事业。❸

---

❶ 教育部，组织编写. 普通高中教科书·思想政治必修4·哲学与文化［M］. 北京：人民教育出版社，2023：72.

❷ 教育部，组织编写. 普通高中教科书·思想政治必修4·哲学与文化［M］. 北京：人民教育出版社，2023：101.

❸ 教育部，组织编写. 普通高中教科书·思想政治必修2·经济与社会［M］. 北京：人民教育出版社，2023：57.

（5）盾构机电路团队的"毫米精神"。某企业技师小赵和工友们面对4万多根电缆、4100个元器件、1000多个开关，由50多个接线盒控制的电路系统，一根线接错，一个器件误用，就会导致整个盾构机失灵的挑战，表现出毫厘必究、万无一失的作风，保障"神经中枢"的高效运转。他们苦心钻研，历经58天，终于设计出新型接线盒和电路系统，使我国的这项技术达到世界领先水平❶。把每一毫米都磨成光，这就是用心做好每一件事的工匠精神。

（6）中华文化历经数千年的发展，孕育了深邃且丰富的文化成果，并形成独特的文化价值体系。中国的数学早于西方几百年，形成了以计算见长，以解决实际问题为特点的数学理论体系。中国的天文历法以农业应用为本，对天体位置的计算十分精确，历法应用的规模之广、延续的时间之久为世界罕见。古代中国的蚕丝织物，令当时的欧洲人特别钟爱，带来了丝绸之路的长期繁荣。中国的瓷器名扬四海，在中世纪的西方比黄金还贵。中国的铁器也在世界上领先了两千年之久，其产量、质量都令西方称美不已。中国的农学著作发表之早、数量之多为世界之最。中国的医药学自成一家，为世界瞩目。❷ 这些优秀传统文化已经深刻融入中华民族的血脉之中，成为中华文化基因的根基，无时无刻不在影响着我们的思维方式和行为模式。

中华优秀传统文化在经济、政治、文化、生态、教育、外交等方面的基本思想，在今天仍有积极价值。经济上，见利思义，民生为本损有余而补不足；政治上，为政以德，民为邦本，任人唯贤天下为公；文化上，和而不同，殊途同归，因俗而治；生态上，天人一体，回归自然，崇尚自然

---

❶ 教育部，组织编写. 普通高中教科书·思想政治必修2·经济与社会 [M]. 北京：人民教育出版社，2023：57.

❷ 教育部，组织编写. 普通高中教科书·思想政治必修4·哲学与文化 [M]. 北京：人民教育出版社，2023：96.

教育上，有教无类，因材施教，德智并重；外交上，协和万邦，讲信修睦，礼尚往来；等等。中华优秀传统文化中的许多思想主张对当代我国推进改革开放和社会主义现代化建设具有积极意义❶。

人民有了信仰，国家便有了力量，民族便有了希望。我们应当在全社会推广和培育社会主义核心价值观，使其成为全体人民的共同价值追求，并成为人民自觉遵守的行为规范。在中华优秀传统文化中，涵养着中华民族共同的价值观，如革故鼎新、与时俱进的思想，脚踏实地、实事求是的思想，惠民利民、安民富民的思想，道法自然、天人合一的思想等❷，成为当代培育社会主义核心价值观的宝贵资源和灵感来源。

任何美好的理想都不是轻易实现的，都需要我们坚持不懈付出努力。在新时代条件下，继续弘扬中华民族不屈不挠、自强不息、艰苦奋斗的精神，是当代中国青年成长成才的必由之路。比如新时代楷模王顺友以其"为人民服务，无论多苦多累都感到幸福"的人生信条，在邮政岗位上创造了非凡的业绩。他独自一人，骑着一匹马，书写了世界邮政史上的传奇。翻山越岭，过滩涉水，将邮件传递至万里之外，二十年间坚持不懈，跋涉于风雪之中，他被誉为世界上最亲切的邮递员。正是这种爱岗敬业、无私奉献的精神，让王顺友在平凡的工作中做出了不平凡的成绩。❸

学习是推动成长和进步的阶梯，实践则是提升能力的关键途径。青年一代的素质和能力将直接影响中国梦的实现。窦铁成凭着"没有文凭，但不能没有知识"的坚定信念，练就了过硬本领。23 岁的窦铁成进入中铁一局时，有一件事情对他触动特别大，别人装电表不让他看。这位只有初中

---

❶ 教育部，组织编写. 普通高中教科书·思想政治必修 4·哲学与文化 [M]. 北京：人民教育出版社，2023：98.

❷ 教育部，组织编写. 普通高中教科书·思想政治必修 4·哲学与文化 [M]. 北京：人民教育出版社，2023：98.

❸ 教育部思想政治工作司，中共北京市委教育工作委员会编写. 莫辜负时代："四个正确认识"大学生读本 [M]. 北京：人民出版社，2018：140 - 141.

文化的年轻人暗自下定决心，一定要学好技术。他说："没知识，没技术，就会被人瞧不起，更谈不上养家立业。"窦铁成通过自学掌握了丰富的电力学知识和技能，先后撰写了 60 多本学习笔记，总字数超过 100 万字，最终从一名普通电务工成长为技能卓越、理论扎实的高级技师。❶

社会美是思想政治理论课教学的重要内容，社会美的内容多、范围广、底蕴厚，社会美以感性的方式呈现，对社会的思想道德建设具有积极推动作用。它体现社会进步的目标和方向，蕴含着符合规律的社会历史内容，服务于特定社会和阶级利益，通常表现为一种精神力量、思想风貌和道德风范，影响人们的思想和情感。❷ 因此，加强学生对社会美的感知和鉴赏能力，有助于帮助学生培养崇高的理想信念，激励他们为建成富强、民主、文明、和谐、美丽的社会主义现代化国家而不懈努力。

人物美是社会美的核心。人物美之所以能够成为社会美的核心关键在于人的本质性存在。人通过有意识的劳动超越了动物般的生存样态，同时人通过劳动推动社会发展，创造丰富的物质和精神财富，并且，人在创造这些财富的过程中也在不断完善和发展自身。但并非所有的人类活动都能成为审美对象，也并非所有的人类个体都能成为审美主体。人既是人类社会历史发展的剧作者同时又是剧中人，这双重身份指明人能够发挥主观能动性推动整个社会不断向前发展。剧中人则说明人主体能动性的发挥还须遵循一定的客观规律，只有在遵循客观规律基础上才能推动社会发展，因此，必须充分挖掘在我国历史上那些既遵守社会运行客观规律，同时又积极发挥主观能动性推动社会发展的先进模范人物的美育价值，彰显这些人物的美育功能。

---

❶ 教育部思想政治工作司，中共北京市委教育工作委员会编写. 莫辜负时代："四个正确认识"大学生读本 [M]. 北京：人民出版社，2018：131-132.

❷ 王滢. 大学美育 [M]. 成都：电子科技大学出版社，2017：61.

总体而言，社会美因其能够"培养崇高理想、塑造积极生活态度、培育高尚道德情操、领悟人生真谛与价值、唤起生活热情"❶等多重功能，成为美育融入思想政治理论课的核心要素。无论是人物之美、生活之美、节日之美，还是习俗之美，都是陶冶心灵的重要资源，特别是人物之美对学生的影响尤为重要。人物之美的价值不在于外在形象，而在于人物内在的精神品格和思想力量。通过人物的典范作用，可以更有效地引导学生师法英雄，感受伟大人格魅力，"激发学生内心深处对崇高、尊严和辉煌的向往，鼓励他们勇往直前，超越平庸，树立远大目标，振奋精神，积极面对人生"❷，从而实现人生价值与理想。

三、思想政治理论课教学内容蕴含的艺术美资源

不同的人对艺术美有不同界定，主要观点如下：第一种观点认为艺术的核心在于模仿现实。第二种观点主张艺术是艺术家主观情感和思想的表达。第三种观点则强调艺术的双重目的，即提供愉悦和进行教化。第四种观点认为艺术之美在于激发诗性，传递深刻的体验，触动灵魂，提升精神层次。第五种观点视艺术为一种符号系统，通过语言符号构建审美世界。第六种观点将艺术看作文化系统的一部分，是文化符号实践的结果，其美在于文化元素的融合与统一。❸第七种观点认为艺术美是人们基于审美意识和感知，遵循美的规律，通过特定载体创造的美的形态，是艺术家对现实生活的创造性表达和社会生活的集中反映。综上所述，我们认为，艺术是对现实生活的提炼和生动展现，优秀的艺术作品能够培养人的情感，增

---

❶ 王滢. 大学美育 [M]. 成都：电子科技大学出版社，2017：62.
❷ 王一川. 美学与美育 [M]. 北京：中央广播电视大学出版社，2008：257.
❸ 王一川. 美学原理 [M]. 北京：中国人民大学出版社，2015：43-44.

强审美素养，提升审美能力。艺术美涵盖了音乐、绘画、书法、舞蹈、戏剧、影视等多种艺术形式。在思想政治理论课教学中，艺术美作为一种教育资源，有助于丰富教学内容，激发学生的审美兴趣，培养他们的审美情感和创造力。思想政治理论课教学内容蕴含的艺术美资源非常丰富，譬如下列所述的例子中艺术美得到了充分体现。

（1）传统文化资源雕刻艺术，在创新发展过程中，不仅表现为雕刻技艺更加纯熟、表现力日益突出，而且体现在用于雕刻的材质范围日益扩大，有石雕、玉雕、竹雕、木雕、沙雕、冰雕、果核雕刻……甚至还有在头发丝上进行的雕刻。❶ 这些传统雕刻艺术蕴含着丰富的地域文化资源和艺术精神。

（2）世界文化多姿多彩，每一处杰作都是人类对美之想象的立体注脚。北京天坛以三重青蓝琉璃穹顶向上收束，像一朵倒扣的莲花，檐角微微翘起，似在与云对话，诠释着东方"天人合一"的含蓄之美；古罗马斗兽场的巨石拱门层层叠落，断壁残垣仍回荡着角斗士的喘息与观众的呼啸，把帝国的力量与血腥狂欢雕刻成永恒的对称之美；库库尔坎金字塔犹如一条用石头筑成的羽蛇，是玛雅人用宇宙刻度把天文写成了建筑的光影诗。不同的建筑艺术、舞蹈艺术、体育运动项目、语言文字等，承载着不同民族的文化内涵。❷

（3）良渚古城、复活节岛国家公园、阿布辛拜勒至菲莱的努比亚遗址❸等，这些跨越山海的世界文化遗产如同一条隐形的丝带，把不同大陆、不同时代的人紧紧相连。它们以石、以玉、以沉默与光影，向世人昭示：

---

❶ 教育部，组织编写. 普通高中教科书·思想政治必修4·哲学与文化［M］. 北京：人民教育出版社，2023：99.

❷ 教育部，组织编写. 普通高中教科书·思想政治必修4·哲学与文化［M］. 北京：人民教育出版社，2023：103.

❸ 教育部，组织编写. 普通高中教科书·思想政治必修4·哲学与文化［M］. 北京：人民教育出版社，2023：104.

艺术之美一经诞生，便不惧风沙、不问归期，以无声的语言穿透时空壁垒，在岁月的长河中熠熠生辉，成为人类共同的精神家园。

此外，思想政治课教材所涵盖的艺术美资源还包括音乐、书法、绘画、戏曲、雕刻、刺绣、建筑等多元形式。具体表现为：音乐类——俄罗斯莫斯科龙凤琴社师生进行的琴箫合奏表演；书法类——《兰亭集序》临本、战国简牍及《论语》古籍；绘画类——以毛泽东与朱德井冈山会师为题材的油画作品；戏曲类——吉尔吉斯斯坦学生研习京剧的场景；雕刻类——云冈石窟造像、秦始皇陵兵马俑及丝绸之路主题群雕；刺绣类——沈绣《嘉藕图》（局部）；建筑类——苏州园林景观小品等。

艺术作品是人类思想的物化形式，它们能够增强学生对艺术美感的辨识和欣赏能力。这种能力的提升不仅能够激发学生学习热情，还能改善传统教学模式带来的枯燥乏味感，让学生在一个充满活力和创造力的环境中享受学习过程。艺术美能够更深层次地引导学生进行自我反思，帮助他们塑造健全和谐的人格品质，进而促进学生在德智体美劳方面全面均衡发展。但要实现对艺术美的欣赏还须掌握艺术品的一般特点，艺术品所展示的美是内容与形式、创造性与规范性、个体性与社会性等的统一体，只有在明确这些特点的基础上并遵循审美规律才能真正实现对艺术品的鉴赏，从而陶冶情操。

四、思想政治理论课教学内容蕴含的科技美资源

科技发展的程度证明人类能够认识和改造自然的程度。科技是人类认识和改造自然的中介手段，因此从某种程度上可以说科技美是人对自然美的进一步分化，人们多凭借感性直观理解便可把握自然美，但科技美则是人类理性思维之美，科技美集中体现人类理智思维所能达到的最高程度。

恩格斯在《自然辩证法》导言中从哲学高度对自然科学理论与美的关系问题进行了深刻阐释。恩格斯认为，由于物质世界具有统一性和普遍性，反映物质世界规律的自然科学理论也具有体现和谐性的可能性，这种和谐性在一定程度上就具有美的因素。进一步来说，由于物质世界不断运动、变化和发展，人类在理解这一运动过程时需要始终坚持思维连贯性和逻辑严密性，这本身就是一种美的体现。这种严密逻辑反映了一种秩序之美，它体现了思维的一致性和条理性，是人类认知过程中对美的追求的具体体现。这也使自然科学除了如实地描绘物质世界的本质规律外，还要遵守一定的美的原则。这就为自然科学理论与美的结合提供了可能。

科技美是科技领域中与人类社会进步和谐相融，能够激发人的愉悦感的科学美和技术美。科学美在科学理论的构建和科学探索的过程中得到体现，涵盖真实之美、严谨之美、深刻之美等多个方面，具体包括理论美、公式美、实验美、成果展示方式美、科学研究的劳动创造美等，科学美是一种需要深入探究和感知的理性美。技术美则是科学发展和提升在实用性和操作性上展现的卓越技艺，如机器人技术、航天技术等，它们是科学美的具象表现，通常以物质形态呈现。科学美与技术美是相互依存、辩证统一的关系。正如马克思与恩格斯所述，"技术的进步在很大程度上依赖于科学，而科学的发展又深受技术需求的推动"❶。科学成就常常指导技术发展，而技术成就则体现科学的实际应用。

科学美的概念最早在古希腊毕达哥拉斯学派中得到验证，他们认为数学的比例和谐即是美。尽管科技属于自然科学范畴，而美学属于人文学科，但许多杰出科学家如爱因斯坦、达尔文、杨振宁等都强调了自然科学与美的结合，认为科学探索需要审美情感的滋养。卢瑟福将科学发现过程视作

---

❶ 马克思，恩格斯. 马克思恩格斯文集（第10卷）[M]. 中共中央马克思恩格斯列宁斯大林著作编译局，译. 北京：人民出版社，2009：668.

一种艺术活动。詹姆斯·华生则用充满诗意的语言叙述了他发现 DNA 结构的灵感时刻，描绘了一个在寒冷冬天，他坐在温暖的炭火旁，任思绪飞扬的场景，突然间心中涌动一股灵感，领悟到 DNA 结构的美妙形态。❶ 思想政治理论课教学内容中蕴含的科技美资源如下。

（1）科技给人们生活带来了便利。国家大剧院自运营以来，以其常年持续不间断的艺术普及教育活动助推我国文化发展。❷ 现在人们可以利用电脑工作与学习、进行网上购物、开展远程教育，利用智能手机进行通信和娱乐。然而在远古时代的人们想象不到空调和飞机的发明，更不能享受到这些科技给人们生活带来的好处。

（2）生产力的发展。生产力从农耕时代到工业化生产，再到信息化技术，都得益于科技的发展。在教育的土壤里，"教育—科技—人才"三者协同，呈现螺旋上升。近年来，我国文化产业高速增长。国家推出公共图书馆、文化馆、美术馆、博物馆等公共文化广场免费开放和数字化发展战略，实施智慧广电固边工程和乡村工程。深入推进全民阅读，建设"书香中国"，推动农村电影放映优化升级。❸ 由此可见，科技已不仅是经济增长的外生变量，更是公共文化生产函数的内生核心要素。

（3）科技实力是综合国力的体现。在 20 世纪 50—70 年代，面对世界超级大国的军事威胁，我国在技术基础薄弱且缺乏外部援助的情况下，成功自主研发了导弹、原子弹、氢弹以及人造地球卫星，且研发周期显著短于其他国家。2022 年，中国的航天事业迎来了重要的进展，神舟十五号载

---

❶ 王一川. 美学原理［M］. 北京：中国人民大学出版社，2015：49.
❷ 教育部，组织编写. 普通高中教科书·思想政治必修 4·哲学与文化［M］. 北京：人民教育出版社，2023：115.
❸ 教育部，组织编写. 普通高中教科书·思想政治必修 4·哲学与文化［M］. 北京：人民教育出版社，2023：114.

人飞船发射升空❶，标志着中国太空技术迎来重要里程碑。同时，我国在深海探测领域持续突破，"奋斗者"号载人潜水器成功坐底马里亚纳海沟，深度达10909米，刷新了世界纪录。此外，量子通信、人工智能等前沿技术领域也实现跨越式发展，例如"九章"量子计算机原型机的问世，为全球量子计算研究注入新动力，彰显了我国科技自主创新能力全面提升。

（4）科学技术孕育新突破。当前，全球科技创新进入空前密集活跃期，新一轮科技革命和产业变革正在重构全球创新版图、重塑全球经济结构。❷信息技术、生物科技、新型材料以及新能源技术的应用不断拓展，这些技术的广泛应用正在推动着一场以环保、智能化、普及化为特征的系统性技术革新。此外，大数据、云技术以及移动互联网等新兴信息技术与机器人技术及智能制造的结合，正在加速这一进程，这不仅使科技创新更加多元化，技术迭代和成果转化的速度也显著提升，进而促进了各行各业的快速迭代、升级。

在当今全球背景下，信息技术发展迅速，广泛渗透到经济和社会生活的各个领域，对国际政治、经济、文化、社会和军事等方面产生了深远的影响。信息化与经济全球化相互推动，信息资源日益成为关键的生产要素和社会财富，信息控制能力成为衡量一个国家软实力和竞争力的重要标准。随着社会信息化和经济全球化的深入，商品、信息、技术、人才和文化等方面的流动日益增多，形成一股不可阻挡的趋势，世界正逐步进入以信息产业为主导的新经济发展阶段。

科技进步是衡量一个民族文明进步的重要指标之一，"科技进步不仅对经济发展起到促进作用，也对文化发展具有深远影响。科技领域的每一

---

❶ 教育部，组织编写. 普通高中教科书·思想政治必修4·哲学与文化 [M]. 北京：人民教育出版社，2023：101.

❷ 本书编写组. 习近平新时代中国特色社会主义思想概论 [M]. 北京：高等教育出版社，2023：137.

项重大突破和创新都极大地推动了人类社会的经济和文化进步"。自新中国成立以来，尤其是改革开放40多年来，中国共产党准确把握时代脉搏，紧密结合国家发展现状，坚持走中国特色社会主义道路，取得了一系列巨大成就，并推动了中国特色社会主义事业发生深刻的历史性变革。随着中国特色社会主义进入新时代，以习近平同志为核心的党中央提出了"创新、协调、绿色、开放、共享"的新发展理念，强调要建设现代化经济体系，为社会主义事业发展提供强大的技术支撑。而创新是现代化经济体系的基础，因此要充分挖掘大中小学思想政治课教学资源的科技美资源，增强学生创新创造意识，提升学生的创新创造能力，大力培养一批具有创新精神的优秀人才。

第四章　美育融入思想政治理论课教学的现状考察

美育作为我国教育的重要组成部分，其核心目标是培养学生的审美情趣、艺术修养以及人文科学素养。思想政治理论课是学校德育的核心课程，旨在引导学生形成正确的世界观、人生观和价值观。随着素质教育理念的不断深入，将美育与思想政治理论课教学相结合，已经成为学校开展德育工作创新的有效手段。两者结合不仅能够丰富教学内容，还能够激发学生的学习兴趣，使抽象的理论更加生动、易于理解。然而，在实际教学过程中，如何更有效地将美育与思想政治理论课教学相融合，仍然面临一些挑战，包括教学方法的创新、课程内容的整合、教师专业能力的提升等方面。为了更好地促进美育与思想政治教育深度融合，需要教育工作者不断地探索和实践。我们从学校教学案例入手，深入分析美育融入思想政治理论课现状，以期为思想政治理论课教学改革提供理论支持和实践指导。

第一节　美育融入思想政治理论课教学的实践案例

美育与思想政治理论课教学的结合并非偶然。在全球化背景下，美育不仅关乎个体的全面发展，也是国家软实力提升的重要组成部分。美育融入思想政治理论课，不仅能够丰富理论课教学内容，增强学生对美的感知和鉴赏力，还能够强化他们的社会责任意识，提升公共参与意识和公民道德素质。

目前，学界普遍认为，美育与思想政治理论课的融合有助于提升教学效果。例如，李晓红（2015）的研究指出，通过艺术作品解读，学生可以深入理解历史事件背后的人文精神，增强对国家和民族文化的认同感。❶ 同时，张明（2017）的研究强调，审美体验有助于培养学生的批判性思维，使他们在面对复杂社会现象时，能够运用美的视角进行理性思考。❷

案例一：高校思想政治理论课实践

在当前教育改革的背景下，高校积极探索将美育理念融入思想政治理论课教学实践中，以此提升学生的综合素质和人文素养。天水师范学院张帆（2020）提倡以"审美与价值观"为主线，创新教学模式，将艺术作品、历史事件和道德伦理相结合，使理论学习更具生动性和感染力。❸ 该校引入了"情境教学法"，通过组织学生参观博物馆、观看相关电影，如

---

❶ 李晓红. 注定的孤独者——探析《人鼠之间》中佐治的悲剧人生［J］. 时代文学（下半月），2015（1）：75-76.
❷ 张明. 放歌挥笔墨 品读育素养——综合性学习中写作意识的渗透［J］. 语文天地，2017（32）：60-61.
❸ 张帆. 媒介素养教育融入高中思想政治课的研究［D］. 天水：天水师范学院，2021.

《厉害了我的国》等，让学生在欣赏艺术的同时理解国家的发展历程和社会主义核心价值观。据统计，2019年参与此类活动的学生比例达到75%，显著提高了学生对理论知识的兴趣。

山东师范大学崔晓钰（2020）提出教师在课堂上引入音乐、诗歌等元素，通过讨论和分享，让学生从不同角度思考社会现象和个人责任。例如，通过解读《我和我的祖国》这首歌，学生们不仅理解了爱国情感，也提升了批判性思维能力。❶ 根据2020年的课程评价，90%的学生认为这种方式有助于深化理论理解。

青海师范大学刘依萍（2023）鼓励学生参与社会实践项目，如策划并实施校园艺术节等，让学生在组织和参与过程中锻炼团队协作和领导能力，同时提升他们的审美情趣。2021年，参与这类项目的学生成绩普遍高于非参与者，显示出美育融入对学业成绩的积极影响。❷

然而，尽管取得了初步成效，高校在美育融入思想政治理论课的过程中仍面临一些挑战，如何平衡理论深度与艺术广度，以及如何进一步提高教师的专业审美素养等。对此，云霄第一中学分校黄信喜（2022）提出采用"激活兴趣，在情境中感知美""合作共论，在交流中欣赏美""多元实践，在探究中体验美""家校联手，在生活中创造美"四大教学策略，以期在实践中不断优化美育融入的教学路径。❸

案例二：中学思想政治理论课实践

在当今教育改革的背景下，美育作为一种重要的教育手段，正逐渐被纳入中学思想政治理论课的教学体系中。以山西省某地中学为例，学校在

---

❶ 崔晓钰. 中学历史教学中的美育研究 [D]. 济南：山东师范大学，2020.
❷ 刘依萍. 生活化教学在高中思想政治课中的应用研究 [D]. 西宁：青海师范大学，2024.
❸ 黄信喜. 美育视角下的初中美术教学策略研究 [J]. 中学课程资源，2022，18（7）：39-41.

践行美育融入思想政治理论课的过程中，展现了一种富有创意且深具实效的教学模式。❶

注重课程内容的整合与创新。在传统的思想政治理论课中，他们引入了新时代劳模精神进行讨论，使理论学习与社会审美体验相结合。通过教师声情并茂的授课，学生充分汲取劳动模范的精神力量，坚定价值信念。

教学方法上，学校采用情境式教学法，通过劳模案例，尤其是新时代劳动模范的先进事迹，进一步拓展开发课程资源，使案例更加贴近实际、贴近生活，从而引起学生共鸣。与此同时，开展相关主题的演讲和辩论活动，使学生在参与活动中感受真善美的力量。这种方式不仅延伸了课堂教学效果，也增强了学生的情感体验和道德认知。

学校还特别强调教师的角色转变。教师不仅是知识的传递者，而是引导者和激发者。他们通过自身的专业素养和人格魅力，引导学生发掘生活中的美，培养他们的审美情趣和人文情怀。教师定期参加专业培训，提升自身的艺术修养和教学技巧，以更好地将美育理念融入课堂。

中学的美育融合发展实践取得了一定成效，但也面临一些挑战。比如，如何进一步平衡理论与实践的比重，确保美育目标的达成；以及如何提高学生的主动参与度，使之从被动接受转变为主动探索。这些问题需要在未来的教学实践中不断探索和完善。

在具体教学实践中，通过创新教学模式、提升教师素质，以及关注学生需求，可以有效地将美育理念融入中学思政课堂，从而培养更具审美素养和人文精神的时代新人。

上述两个案例展示了大中学校在美育融入思想政治理论课上的积极尝试和初步成果，为其他学校提供了有价值的参考和启示。

---

❶ 王一昕. 新时代劳模精神融入高中思想政治课教学研究［D］. 合肥：合肥师范学院，2022.

案例三：美育融入思想政治理论课的教学成果

在深入探讨美育融入思想政治理论课的实践中，我们选取了福建三明具有地域文化代表性的教育机构，三明学院和三明九中，对它们在实施美育融合教学方面的成果进行评估。据相关研究报告显示，三明学院在2021—2023年，将苏区美育实践、非遗艺术等艺术实践课程与思想政治理论课内容相结合，学生的审美素养和批判性思维能力显著提升。学生参与度调查数据显示，90%的学生表示对课程内容产生了浓厚兴趣，且有75%的学生认为课程提升了他们的道德情感认同。

三明九中则通过组织主题式讨论和社会实践活动，如"走进三明"项目，让学生在探究三明历史事件中体验红色文化艺术的魅力。在2023年，该校的期末考试中，涉及美育元素的主观题得分明显高于往届，显示出学生对于三明地域文化理解的深化。学生满意度调查显示，80.3%的学生认为这种教学模式使他们更愿意参与到课堂讨论中，有效提高了他们的参与热情。

通过对实践案例的深入剖析，我们可以观察到区域美育资源融入思想政治理论课，不仅提升了学生的知识技能，也促进了他们的情感价值观形成和人文素养的提高。然而，在各个教育机构中，对于教学成效的评价标准存在一定的差异性，部分教育机构在教师的专业发展和教学资源的配置方面存在提升空间，需要促进艺术元素的深度融合和持续改进教学过程。例如，有的学校在师资队伍中具备艺术背景的教师比例不到30%，这在一定程度上限制了美育教学的深度和广度。

通过对各地高校和中学的案例分析，我们发现美育融入思想政治理论课教学并不尽如人意，尽管学界对此已达成一定的共识，但在实际教学中，美育的融入程度仍有待提高。许多教师在面对繁重的教学任务和评估压力时，可能会忽视美育融入的教学设计，导致教学内容过于单一，缺乏深度和广度。此外，教育资源的分配和课程设置上的不平衡，使一些地区和学校的美育教育发展相对滞后。

一、美育融入的教学方式和手段

一些学校通过组织艺术展览、文化讲座，将美学理念与历史事件、社会现象相结合，使学生在理论学习中感受美的熏陶。教师们采用情境教学法，通过角色扮演、小组讨论等形式，让学生在互动中提升审美素养和批判性思维。

有的学校还利用现代科技手段，如在线艺术资源库和多媒体教学平台，将视觉艺术、音乐等元素融入课堂，激发学生的学习兴趣。❶ 然而，教学方式的灵活性和个性化程度在不同学校间存在差异，这反映了美育融入教学的差异化实践。

我们还注意到，教师的专业素养和教学创新能力在美育融入过程中起着关键作用。具备艺术背景或经过专门培训的教师更容易将美育理念融入课程，而富有创新精神的教师则能设计出更具吸引力和深度的教学活动。

二、美育融入的教学效果评估

通过对近年来高校和中学美育融入思政课的具体分析，我们发现，美

---

❶ Dan Liu and Junyao Zhang, Research on Ideological and Political Education of Art Design Basedon Visual Teaching [J]. International Journal of Education and Humanities，2023，6（3）：102－104.

育与思想政治理论课相结合的方式不仅提升了学生的审美素养，也促进了他们对社会主义核心价值观的理解和认同。

据一项2019年的全国高校调查显示，将美育融入思想政治理论课的学校中，学生对相关课程的满意度提高了15%，且在批判性思维、团队合作和人文关怀等综合素质方面表现出显著提升。❶ 这表明，美育的融入不仅丰富了课程内容，而且在潜移默化中提升了学生的综合素质能力。

教学效果评估显示，美育融入思想政治理论课教学能够提高学生对理论知识的吸收和应用，使他们在面对现实问题时能从美学角度进行深度思考。例如，某中学在实施美育融入后的考试中，学生对于历史事件的艺术解读题目的得分率提高了20%❷。

然而，教学效果的提升并非一蹴而就，它还受到教师评价体系、课程资源匹配以及学生个体差异等因素的影响。部分教师反映，如何在理论讲解中自然融入美育元素仍是一个挑战❸。因此，进一步优化教师培训机制，提升教师在教学中整合美育资源的能力，显得尤为重要。

美育融入大中小学思想政治理论课的教学效果显著，但仍有待深化和拓展。未来的研究应继续关注如何优化美育融入教学的路径，使之更好地服务于学生的全面发展，同时也为我国思想政治理论课教学改革提供有价值的经验参考。

---

❶ L. Qing and Y. Yan, "A Preliminary Study on Integration of Ideological, Political Coursesin to Art Curriculum of Higher Vocational Colleges Under 'Intenet +'," 2021 International Conference on Internet [C]. Education and Information Technology (IEIT), Suzhou, China, 2021, 445–448.

❷ 隋雪静. 美育视角初中历史大概念教学探索——以"隋唐时期：繁荣与开放的时代"为例[J]. 中学历史教学参考, 2024 (7)：51–54.

❸ 余琪. 中华优秀传统美育文化融入新时代高校美育实践路径探析[J]. 汉字文化, 2024 (20)：184–186.

第二节　影响美育融入思想政治理论课教学的因素分析

通过对不同学校和教师的教学方式和手段的调研，我们对美育融入思想政治理论课教学的现状进行了深入分析，发现多元化的教学策略正在逐渐被采纳，如情境教学、艺术作品解析等，以提升学生的审美能力和价值观认知。然而，教学效果和影响并非一蹴而就，尽管大部分学生表示在课程中受益匪浅，但教学效果评估显示，美育与思想政治理论课融合受到课程设置与教学资源、教师专业素养和教学能力、学生接受能力和参与热情等因素制约，融合程度仍有待提高。

一、课程设置与教学资源

教学体系内的课程设置对于美育的融入至关重要，它直接决定了美育元素在课堂教学中的呈现频率和深度。根据教育部 2019 年发布《关于加强和改进新时代大中小学美育工作的意见》，许多高校已经开始尝试将艺术、美学等课程与思想政治理论课相结合，如开设"美育思政"选修课、校本课程，但这在一定程度上受限于课程学分分配和教学时间的安排。

教学资源的丰富程度直接影响美育的融入。优质的教学资源包括艺术教育资源库、多媒体教学工具以及专业的艺术师资。据统计，全国约有 60% 的高校配备了艺术教育实验室或艺术工作室，为美育教学提供了硬件支持。❶ 然而，部分地区和学校仍面临师资短缺、教材更新滞后等问题，这在一定程度上限制了美育在理论课中的有效渗透。

---

❶ 数据来源：中国教育在线（http://www.eol.cn）。

课程设置与教学资源是美育融合的基石。课程设置、教学资源的优化需要与教学目标、学生需求和时代背景紧密结合。例如，数字化教学平台的广泛应用使得跨学科融合成为可能，虚拟现实技术为美育提供了新的教学手段。但如何科学地整合这些资源，使之在提升学生审美素养的同时又能深化他们对政治理论的理解，仍须进一步探讨和实践。❶

二、教师专业素养和教学能力

教师的专业素养和教学能力不仅是教学质量的基础，更是推动美育内涵渗透的重要因素。根据教育部《教师专业发展指导意见》，教师须具备丰富的艺术理论知识，以便在课堂讲解中融入美学观念，引导学生从政治观点中发现审美价值。

教师的艺术鉴赏力是美育融入的基础。❷ 他们需要通过自身的审美体验，将艺术作品的深层意义传递给学生，使学生在理解和接受政治理论的同时，提升审美感知力。❸ 教学技巧的精湛是保证美育融入的有效途径。教师应熟练运用情境教学法，创设与政治理论主题相关的艺术情境，使学生在互动中体验和理解审美。

教师的创新能力是关键。教师需要不断更新教学内容，结合时代精神和社会热点，挖掘政治理论与艺术的交叉点，激发学生的创新思维和批判性思考。❹ 教师的言传身教不容忽视，他们的行为和态度直接影响学生对

---

❶ Xiaodong Liu, Discussion on the Construction of the Cooperative Education Mode of "Ideological and Political Courses" and "Ideological and Political Theories Teaching in All Courses" in Art Colleges [C]. 2021 International Conference Education and Management (ICEM 2021), 2021: 298-303.

❷ 霍登煌. 美育融入高校思想政治理论课的三维审视 [J]. 西南科技大学学报（哲学社会科学），2023, 40 (5): 88-95.

❸ 陈丽蓉. 河北红色文学经典的思想政治教育功能研究 [D]. 石家庄：石家庄铁道大学，2016.

❹ 任雅雯. 美育在高中思想政治课中的渗透研究 [D]. 石家庄：河北师范大学，2024.

美育的接纳程度和参与度。

然而，现实中也存在教师对美育融入的认识不足和技能欠缺的问题，这需要通过定期的教师培训，提升他们的专业素养和教学能力，使之适应新时代背景下美育与思想政治理论课融合发展的需求。

教师的专业素养和教学能力在美育融入思想政治理论课的过程中起着决定性的作用。通过提升教师的综合能力，进一步优化美育在思想政治教育中的地位，实现教育目标多元化和教学内容深度交融。

三、学生接受能力和参与热情

当前，随着教育理念的转变，美育不再仅仅是艺术教育，而是被广泛视为全面素质教育的重要组成部分。学生对于美育的接纳程度和参与积极性直接影响着美育在课堂中的实际渗透效果。

根据教育部2019年发布的数据，学生的审美素养和文化认同感与他们的学习兴趣密切相关。思想政治理论课融入美的元素，如历史事件的艺术解读或哲学观念的艺术表现，那些对美有敏感度和好奇心的学生更容易产生共鸣，从而提高课堂参与度。然而，对于审美基础较弱或对思想政治理论课缺乏热情的学生，他们可能对美育的融入持保留态度，这可能限制了美育在课堂中的影响力。

参与热情是衡量学生接受美育的关键指标。研究表明课堂互动和实践活动能有效激发学生的学习兴趣和参与热情。如果教师能够巧妙地将美育融入讨论和小组项目，学生可能会更愿意主动参与课堂讨论和实践，从而深化对理论知识的理解。❶

---

❶ 张园园，万莹. 新时代高质量美育浸润式育人格局的构建刍议［J］. 语言与教育研究，2025，9（2）：107–112.

学生的学习动机和价值观也对美育的接受度有显著影响。积极的价值观导向，如人文关怀和社会责任感，可以增强学生对美育的理解和接纳，使其认识到美育在塑造人格和提升社会素质方面的重要性。反之，若缺乏有效的引导和支持，部分学生可能会忽视美育在思想政治理论课中的价值，导致美育融入的效果受限。

学生的接受能力和参与热情是美育融入思想政治理论课成功与否的决定性因素。教育者须关注个体差异，通过创设多元化的教学情境，提升学生对美的感知和理解，激发他们主动参与美育活动，从而实现美育与理论教育的有效融合。❶

第三节　美育融入思想政治理论课教学的路径

随着教育理念的转变，越来越多的教育者认识到，单纯的理论讲授已不足以满足学生全面发展的需求，特别是在培养学生的审美素养和人文情怀方面。❷ 尽管一些学校试图将美育元素融入传统教材，但如何实现理论与艺术的有机融合，使之既能传递深刻的政治理念，又能提升学生的审美素养，仍是学校亟待解决的难题。

一、课程设计和教学内容安排

课程设计应以学生核心素养为导向，注重跨学科融合。❸ 例如，可以

---

❶ 朱晴，丁娟娟，俞瑶. 传统文学中美育融入高职《形势与政策》课程教学的路径探索 [J]. 才智，2023（32）：181-184.

❷ 倪逸逸. 美育融入小学美术教学的对策分析 [J]. 小学生（下旬刊），2023（8）：88-90.

❸ 陈沛捷. 通识教育理念下高职美育课程教学方法探析 [J]. 中国文艺家，2017（9）：152-154.

在思政课中引入艺术史、美学理论等，让学生在理解社会历史进程的同时感受艺术之美，提升他们的审美鉴赏力。据一项研究表明，在课程内容中适当增加艺术作品解读，可以提高学生对思政知识的理解深度和广度。❶

教学内容安排应注重情境化和实践性。通过设计情境化的实践活动，如参观博物馆、观看艺术展览，或者组织学生参与社会公益活动，使他们能够在实际操作中体验美育的价值，增强社会责任感。鼓励学生进行小组讨论和主题报告，促进他们批判性思考和创新能力的培养。

应构建多元化的评价体系。除了考试成绩，还可以纳入对学生参与艺术活动、团队合作以及审美表达的评价，以此激励学生更积极地参与美育学习。据2020年《中国教育报》报道，一些学校已经开始尝试这样的评价改革，取得了显著的效果。

然而，值得注意的是，课程设计和教学内容的创新并非易事，需要教师具备深厚的专业素养和教学智慧。他们需要不断更新教学理念，提升自身的艺术修养，以便在传授知识的同时引导学生领略美的魅力，实现美育与思政教育的融洽衔接。

通过精心设计的课程结构和内容，我们可以探索出一条将美育融入思想政治理论课的有效路径，为培养具有全面素质的未来人才打下坚实基础。这既是对传统教育模式的突破，也是对教育现代化的积极响应。

二、教学方法和手段创新

教师专业素质和教学能力是影响美育融入的关键因素。当前，传统的思想政治理论课教学模式正逐渐向更加多元化、综合化的方向转变。据

---

❶ 张建彬. 中国精神·中国故事·中国方案：高校思政课教学探索与创新［J］. 教书育人（高教论坛），2024（18）：58-61.

《中国美育发展研究报告（2020—2022）》显示，75%的高校教师认为，将美育元素融入思想政治理论课教学有助于提升学生的审美能力和人文素养。❶

教师教学方法创新主要体现在以下五个方面。

（1）利用信息技术：现代教育技术如在线课程、虚拟现实（VR）和增强现实（AR）等被广泛应用。例如，教师可以设计互动式案例分析，让学生通过模拟情境来理解和反思社会问题，这不仅增强了理论教学的趣味性，也提升了学生的参与度。

（2）活动导向教学：倡导情境式、讨论式的学习，如组织艺术展览参观、时事辩论等活动，使学生在实践中感受美育，同时锻炼批判性思维和团队协作能力。❷

（3）融合跨学科内容：将艺术史、哲学、文学等多学科知识与政治经济学原理相结合，形成跨学科的教学模块，让学生在探究不同领域的美育内涵中深化对政治理论的理解。

（4）引入实践教学：鼓励学生参与社区服务、公共艺术项目，将理论知识与实际操作相结合，提升他们的社会责任感和美学素养。

（5）培养教师创新意识：通过专业培训和研讨会，提高教师对美育融入教学的理解和实践能力，激发他们积极探索和实施新的教学策略。

教学手段的创新则强调个性化和差异化教学，如利用大数据分析学生的学习习惯和兴趣，定制个性化的学习路径；运用社交媒体平台进行课堂讨论和分享，增强学生的交流与互动。

教学方法和手段的创新是实现美育与思想政治理论课深度融合的关键，

---

❶ 中国教育在线. 首份《中国美育发展研究报告（2020—2022）》发布［EB/OL］.（2022-12-13）［2024-10-11］. https://www.eol.cn/news/yaowen/202212/t20221213_2261033.shtml.

❷ 王宏丽. 艺术审美教育融入高校思想政治教育研究［D］. 武汉：武汉科技大学，2021.

旨在打破传统的教学框架，构建一个既富有深度又富有趣味性的学习环境，更好地培养具有全面素质的新时代青年。

三、教师培训和学生引导

教师作为教育的主导者，直接影响了美育融入思想政治理论课教学的效果。有的教师可能缺乏必要的艺术教育背景或教学技巧，难以在课堂教学中有效开展美育活动。据一项中国教育在线的研究报告显示，高质量的教师培训项目能够显著提升教师整合使用课程资源的能力。❶ 这些培训通常涵盖艺术欣赏、审美教育理论以及跨学科教学法，使教师能够更好地理解和实施美育融合教学目标。

学生的接受能力和参与热情也影响了美育融入的效果。❷ 部分学生可能对美育的理解还停留在浅层次，未能充分认识到其在思政课中的深层价值，往往使美育的渗透效果大打折扣。引导学生参与是实现美育融入的关键环节。学生接受能力和参与热情是衡量美育教学成效的重要指标。研究表明，通过引导学生参与实践活动，如艺术创作、讨论和反思，可以增强他们对美的感知和理解。例如，一项对浙江 8 所在校大学生的调查显示，从教师实际的教学方式和学生们喜欢的教学方式相对比，参与过审美实践活动的学生对现场参观、观看影视剧等情境教学形式满意度更大。❸ 因此，

---

    ❶ 中国教育在线浙江站. 红色文化融入高校课程思政的现状分析及对策研究报告［EB/OL］. (2024 - 08 - 20)［2024 - 10 - 11］. https：//www.eol.cn/zhejiang/zhejiang_news/202408/t20240820_2629208.shtml.
    ❷ 余萍. 影视资源融入高中思想政治课存在的问题及优化策略研究［D］. 上海：华中师范大学，2021.
    ❸ 中国教育在线浙江站. 红色文化融入高校课程思政的现状分析及对策研究报告［EB/OL］. (2024 - 08 - 20)［2024 - 10 - 11］. https：//www.eol.cn/zhejiang/zhejiang_news/202408/t20240820_2629208.shtml.

教师应采取策略，激发学生主动学习和参与，形成积极的学习氛围。

教师培训和引导学生的紧密结合是构建和谐美育环境的关键。通过定期的专业发展研讨会和工作坊，教师可以不断提升自身的教学技巧和审美素养，通过设计富有挑战性和启发性的课堂活动，引导学生积极参与，形成深度思考和批判性思维。这不仅有助于提高学生的综合素质，也有助于深化思想政治理论课的教学内涵，使其成为涵养学生美好心灵的重要途径。

总体而言，美育融入思想政治理论课教学总体呈现出积极趋势。我们将通过深化理论与实践相结合的教学模式，提升教师的专业素养，进一步激发学生的主体性，实现美育与思想政治理论课教学深度融合，为培养新时代全面发展人才奠定坚实基础。

第五章　美育融入思想政治理论课教学的策略探究

美及其本质具有一般性和普遍性，同时美也是现实生活的抽象，这就要求在思想政治理论课教学过程中将这种美进行具体化和现实化。实现思想政治理论课审美化教学，其目标就是将审美元素融入教学过程中，使课堂不仅传授知识，还提供美的体验。这种审美化教学的实施"依赖于德育过程的具体化"。美育融入思想政治理论课，不仅是审美化教学的重要性，也是教育实践的现实需要。为实现这一目标，教师需要不断提升美学素养和教学技巧，以身作则，向学生展示美的力量；在此基础上，进一步提高学生的审美素养，培养学生的审美兴趣，提升学生的审美能力和创造力，促进学生德智体美劳全面和谐发展，为实现中华民族伟大复兴培养合格的建设者和接班人。

第一节　教师通过内外兼修给学生传递美

教师是教学活动的主要参与者，教师本身的审美素养对创造审美化教学具有重要作用。历史上的哲学家和教育家都曾强调教师在塑造知识、文明和精神方面的重要作用。培根将教师比作知识传播的使者和文明培育的园丁，韩愈用"传道授业解惑"来描述教师的职责，而苏霍姆林斯基则视教师为灵魂的塑造者和耕耘者❶。2018 年，在全国教育大会上，习近平总书记强调了教师在传承文明中的不可替代作用，指出他们的责任不仅是教授知识，还要传播思想与真理，承担了塑造新一代的精神与生命的重任。❷ 这些观点不仅揭示了教师职业的特点，也指出了成为一名优秀教师须具备的道德素质。虽然衡量教师优秀与否的标准众多，且每位好教师具备的素质各异，但从美育融入思想政治理论课教学的视角来看，教师应具备深厚的审美修养，这包括内在对美的理解和外在教学的艺术。通过这种素养，教师能够更好地启发学生，实施教学，促进学生全面均衡发展。

教师的内在美与外在美是辩证统一的关系，是一个人审美修养的集中体现。首先，内在美是外在美显示的根源，一个人只有内心美才能展示出真正的外在美。同时，内在美具有稳定性和永恒性，内在美一旦形成，那么这种美将长久伴随他，因此内在美高于外在美。其次，外在美是内在美的具体体现，外在美在形式上反映一个人的性格特征，但我们也看到有些外在美是非人主观能决定的，如人的容貌、体型等与环境和遗传因素有关。外在美作为一种形式美，有易变性和有限性，因此，难以从外在美判断一个人的整体审美修养。总之，内在美和外在美共同构成一个人的审美修养，其中最为关键的是内在美的培养，因此要大力提倡和培养内在美，实现内在美与外在美的统一。思想政治理论课教师通过内外兼修给学生传递美，一要加强教师的内在修养，二要培养外在的语言、行为、教态等外在美，

---

❶ 蔡汀，王义高，祖晶. 苏霍姆林斯基选集（第三卷）[M]. 北京：教育科学出版社，2001：575.

❷ 张烁. 坚持中国特色社会主义教育发展道路培养德智体美劳全面发展的社会主义建设者和接班人[N]. 人民日报，2018-09-11（1）：1.

其中，教师树立审美化教学理念和加强审美修养是思想政治理论课进行审美化教学的基本要求。简言之，教师作为教育教学活动的主导者要实现审美化教学就应将"道德规范的美以自由的形式呈现给德育对象，以唤醒并促进对象吸收德育内容，并外化为道德行动"❶，使学生真正将道德要求内化于心再外化于行，实现理论学习与社会实践的有机统一。

一、教师要加强内在美修养

人的内在美是一种源自个体精神深处的美，通常具有不变和稳定的特质。内在美要求教师加强内在修养，内在美是外在美的精神实体，内在美要通过外在美来实现，即教师"外在形象是其内在灵魂的展现，否则作为一个伪善者，既违背美的法则也会带来德育的负效应"❷。思想政治理论课教师作为学校思想政治教育工作的主体，是培养学生正确价值观的关键。他们不仅提供知识和技能的传授，更重要的是塑造能够堪当民族复兴重任的新一代。思想政治理论课不仅是基础教育的重要组成部分，也是我国大思政课程体系的核心部分，必须深入贯彻落实立德树人的根本任务。因此，思想政治理论课教师在教育教学过程中要不断提升课堂的吸引力、适应性和实用性，"坚持教书和育人相统一，坚持言传和身教相统一，坚持潜心问道和关注社会相统一，坚持学术自由和学术规范相统一"❸，做"四有"好老师，做学生健康成长的"引路人"。思想政治理论课教师要实现审美化教学，就要在思想道德、学科知识和理想信念等方面下功夫，同时要努力践行之。

---

❶ 檀传宝. 德育美学观 [M]. 太原：山西教育出版社，1996：135.
❷ 檀传宝. 德育美学观 [M]. 太原：山西教育出版社，1996：214.
❸ 把思想政治工作贯穿教育教学全过程 [N]. 人民日报，2016-12-09 (10)：2.

（一）教师要树立审美化教学理念

审美化教学既是一种教学思想，又是一种教学理论。作为一种教学理念，审美化教学要求教师将教学活动理解为师生间的审美欣赏、审美表现和审美创造的活动过程，实现教师的职业价值。思想政治理论课教师在教学理念上追求审美化，首要任务是确保思想政治的正确方向。在结合理论与实践的过程中，首先，教师应当对学生进行思想道德教育，引导他们学习、理解和贯彻习近平新时代中国特色社会主义思想，确立共产主义的长远理想，以及坚定的中国特色社会主义信仰，使学生在树立人生理想的过程中要兼顾甚至优先考虑国家和民族的需要，使学生深刻领悟为国家和民族作出贡献是实现人生价值的最高途径和最有效途径。其次，教师须遵循学生的身心发展规律，以推动学生的全面发展。教师要以育人价值作为自己教学的根本出发点，这就要求教师既着眼于学生的未来发展和社会发展的现实需要，又把落脚点放在培养学生真正需要的素养方面。最后，教师要进行活动型课程教学，帮助学生去探索美和体验美。在信息化时代，面对富有生命力的学生，面对日益复杂多变的教学环境，教师只有依据审美修养要求修正自己的专业成长航标，才能在未来教育的讲台上绽放绚丽光彩。

第一，思想政治理论课教师要坚持正确的思想政治方向。思想政治理论课是学校实现立德树人根本任务的关键课程，其综合性、引导性和实践性特点要求教师在树立审美化教学理念时必须坚持正确的政治方向。这一点一方面是由教师职业的一般性质决定的，另一方面也是由思想政治理论课教师的特殊育人任务决定的。思想政治理论课教师要提升自己的教学效果，就要使传导到学生那里去的知识和思想观念中有教师自我，使学生在接受这些知识时能够感受到教师思想的温度而不是冷冰冰的知识体系，让学生深刻体悟到教师所传授的知识具有教师的思想火花在里面，能够感受到教师自身所具备的思想魅力，正如苏霍姆林斯基所言，教师点燃学生的思想之火，不应只是偶然的火花，而应是内心深处持续燃烧的火焰，只有这样，才能真正激发学生的思考。❶ 因此，针对我国思想政治理论课教师而言，打铁必须自身硬，教师只有自己坚持正确的政治方向，树立共产主义远大理想和坚定中国特色社会主义共同理想，才能在教育教学过程中将这种坚定的理想信念贯穿教学全过程和各方面，从而使学生在教学过程中受到熏陶，产生潜移默化的影响，从而形成正确的世界观、人生观、价值观。

第二，思想政治理论课教师要协助学生探索和发现美的存在，让他们的学习与日常生活也充满美的体验。这既需要教师提高自己的审美修养，又要着眼于教学实践与教学研究，采百家之长，成一家之言，在理论研究与教学实践中总结和探索出符合学生成长规律的审美化教学模式。教师应致力于发掘学科内容中的美学元素，并针对学科特点和学生成长规律，创新教学策略，设计流畅的授课流程，创造活跃的课堂氛围，营造愉悦的教学环境，使学生在轻松的氛围中吸收知识、提升能力，形成正确的价值观。在教育实践与研究中，教师既要立足课堂，又要跳出课堂，构建将学科逻辑与实践逻辑、理论知识与生活实际相结合的活动型教学模式，实现课程内容与活动内容有机结合，以符合学科核心素养培育和深入贯彻落实立德树人根本任务的教学理念指导教学，在不断研究、总结与反思中实现教学境界的提升，从一个单纯的教育者走向幸福型、发展型、研究型教师，并在实现自己育人理想的同时帮助学生构筑美好人生。如教师带领学生一起学习高中思想政治必修4《哲学与文化》综合探究的"坚定马克思主义信仰、社会主义和共产主义理想信念"时，就可引导学生探索社会理想美。

---

❶ 蔡汀，王义高，祖晶. 苏霍姆林斯基选集（第三卷）[M]. 北京：教育科学出版社，2001：436.

学生通过收集正反两方面的资料，探讨不同价值观选择带来的不同后果，并结合实际情况，探讨树立正确理想信念的根本依据。同时，学生能够结合中国历史，说明中国特色社会主义是近代以来中国社会发展的必然选择。学生在收集资料和参加讨论的过程中能够明白人存在的真正价值，在个人与社会的辩证关系中知道树立共产主义远大理想和中国特色社会主义共同理想的重要性，同时能够以具体的实际行动来践行这种理想。教师只要帮助学生在这一综合探究中达成这一目的，那么指导教师的就是审美化的教学理念。

（二）教师要加强自身审美修养

思想政治理论课教师的审美素养不仅涵盖美学理论的理解，还包括教师在社会规范和社会主义核心价值观的指导下，自觉进行审美感知、欣赏和创造等一系列实践活动，并从中培养出审美能力和达到审美的高度。苏霍姆林斯基曾指出，教育工作者必须拥有对美的敏锐感知，并热爱美、创造美和维护美。教师的内在审美修养包括审美认知、审美欣赏、审美表现和审美创造。

首先，加强自身的审美认知。审美认知要求教师要学习美学和美育知识，构建美学知识网络。美学基础理论知识是审美修养的知识基础。从我国美育德育的发展历程来看，德育教师对美的看法也经历了一个转变过程，"最早德育工作者视美如虎，把美看成资产阶级或小资产阶级情调的东西，后来接受了美育的观点，但仅看成德育的一个部分，属于德育的范畴"[1]。随着时代的发展变化，党中央对美育在国家教育事业中的定位越来越科学，学校美育发展也迎来了发展的光明前景。党的十八大以来，以习近平同志

---

[1] 王岗峰. 美育与美学［M］. 厦门：厦门大学出版社，2009：149.

为核心的党中央对我国学校美育发展高度重视，习近平总书记在多个场合多次对学校美育发展作了重要指示批示，对学校美育事业发展进行了一系列全局性与战略性布局，这为新时代新形势下开展我国学校美育工作提供了根本方向引导，是开展学校美育工作的行动指南。正是在这一时代背景下，思想政治理论课教师要提高政治站位，加强审美修养，发挥美育的德育功能，实现审美化教学。这些目标的实现首先要求思想政治理论课教师要拥有丰富的美育知识储备。思想政治理论课教师要阅读一些美学理论书籍，懂一点审美的基础知识，这对提高教师审美修养大有裨益。笔者认为，加强教师审美认知要超越美育的工具手段和目的手段层次来看待美育，更为关键的是提升对美以及审美本质的深刻认识，从而将这种审美世界观和人生观融入教育教学，让学生在耳濡目染中体悟美的本质，实现美的享受，进行美的创造。21世纪的教育是美的教育，未来教育的重点在于提高教师的美学素质，更在于提高教师运用美学精神处理学科教学和驾驭课堂的能力。除了自我阅读来提高审美认知，教师还可以通过积极参加美育和美学相关方面的讲座和学术研讨活动，与这一领域的专家和学者相互交流，开展系列课题的研究等途径来提高审美认知和美育理论修养。

其次，加强自身的审美欣赏、审美表现和审美创造的素养。审美欣赏是指审美主体在掌握审美对象规律基础上从审美对象中观照自己本质力量的一种自由自觉的活动，审美欣赏需要"敏锐的审美感知力、审美知觉力、审美理解力、积极健康的审美情趣和审美评价力"[1]。审美欣赏活动是建立在个体审美趣味基础上的，而教师审美欣赏应建立在科学、客观和高雅格调上，只有这样才能更好地进行审美表现和审美创造，也只有这样才能带领学生走向高雅的审美修养之路，避免庸俗、低级、过度娱乐化的审美欣赏。如欣赏祖国的大好河山、艺术作品、科技成就展等，如通过参加旅游

---

[1] 赵伶俐，温忠义. 互联网+大美育课程论 [M]. 北京：北京师范大学出版社，2016：108.

活动，人们能够提升对自然、社会、艺术和科学之美的感悟，进而完善个人的审美心理构成，实现各种审美因素的和谐统一。教师学习和掌握了一定的美学理论知识后，要将其通过适当的形式表现出来，或者更进一步进行审美创造，可以为学生进行有意为之的教学审美创造，如流畅、协调、美观的课堂教学设计和亲近自然的课外调研活动等，也可以是教师自身的审美创造，这种表现要具有极强的感染力，能够激发情感，引起共鸣，使师生在这种氛围中实现情感升华。总之，加强教师审美修养可以激发教师的创造热情，提升教师的生活质量，改善教学效果，甚至有可能激励教师走上艺术创造之路。

（三）教师要涵养品德与学识美

教师职业的特殊性要求教师的知识和行为都要成为学生的楷模，知行合一，这是对教师的基本要求。习近平总书记指出，"要加强师德师风建设，培养高素质教师队伍"[1]，学高为师，身正为范，拥有良好道德素质是人民教师的基本要求。同时，教师承担着教书育人的神圣使命，而要完成这一使命就需要教师有丰富的知识储备，对自己所教学科的基础理论、知识结构和前沿问题等都能做到烂熟于心，并且能够将这些知识融会贯通，科学而熟练地传授给学生。

首先，思想政治理论课教师要涵养品德美。思想政治理论课教师品德美强调教师的教育教学要符合教学规律和学生身心发展规律，教师在教学过程中要尊重学生和关爱自己，通过明确的政治方向、坚定的政治立场和科学的教学内容传授知识，强化学生对社会主义核心价值观的理解和实践，加强中国特色社会主义和中国梦的教育，帮助学生认识到我国道路、理论、

---

[1] 习近平. 决胜全面建成小康社会，夺取新时代中国特色社会主义伟大胜利：在中国共产党第十九次全国代表大会上的报告［R］. 北京：人民出版社，2017：46.

制度、文化的重要性和先进性，引导学生形成正确的价值观念，培养适应未来社会需求的关键能力和品格，从而实现学生的全面和谐发展。

思想政治理论课教师涵养品德美，须学会爱学生和爱自己，正如著名心理学家弗洛姆所言，爱包含了对所爱对象的生命和成长的主动关心，缺乏主动关心则无爱可言。❶ 同时，关爱他人也意味着通过自己的努力促进其健康成长，因为关爱本身即意味着责任，正如他所强调的，"爱与劳动密不可分，人们往往喜欢那种他们乐意付出劳动的事物，同时也乐意为所爱的事物付出劳动"❷。这表明，关心和关怀是爱的重要组成部分，它涵盖了责任心的因素。因此，教师因其职业的特殊性而要关心爱护学生和自己，在互爱中增添教育的温度和生命的力量。一方面，思想政治理论课教师要关爱学生。教师爱学生就是关爱所有学生，尤其是关爱班级中成绩靠后的学生，以平等心态对待每一位学生，不因学生的成绩好坏而戴着有色眼镜看待，也不因学生的某个错误而对学生进行好坏的判定。也许某位学生在学科知识学习上存在一定的不足，但在艺术或体育等方面见长，每个人都是独一无二的，就像世界上没有完全相同的两片树叶一样，每个人都有自己的位置和存在价值，因此教师一定要公平公正地对待每一位学生，关爱所有学生，这是教师人格魅力的源泉所在，也是教书育人的基本底线。另一方面，思想政治理论课教师要关心和爱护自己。乌申斯基强调，教师的道德品质是无法被教科书、道德格言、惩罚或奖励制度所替代的教育力量。❸ 因此，思想政治理论课教师要注重自己的言行修养，以自己的道德人格魅力教授思想政治理论课本身蕴含的美，通过自己的人格道德美来帮助学生形成高尚道德情操，甘当人梯和铺路石，以人格魅力引导学生开启

---

❶ 弗洛姆. 爱的艺术［M］. 康革尔，译. 北京：华夏出版社，1987：22.
❷ 弗洛姆. 爱的艺术［M］. 康革尔，译. 北京：华夏出版社，1987：23.
❸ 王球，钱广荣. 教师伦理学［M］. 南京：江苏教育出版社，1991：21，29.

智慧之门。因此，思想政治课教师要重视自身的心理健康，因为教师的心理健康状况不仅会影响教学效果，更会影响学生的心理健康水平。如果思想政治课教师心理出现问题，其政治方向、政治原则、政治立场等一系列思想观念就难免出现差错，在进行教学时其错误的思想观念势必会潜移默化地影响学生。同时，教师要爱惜自己的名誉和声誉，严格遵守国家和学校的师德师风建设纲要，不触碰法律底线，永葆人民教师的先进本色。思想政治理论课教师要以高标准严格要求自己，秉持"捧着一颗心来，不带半棵草去"的教学理念推进教育教学事业，这是思想政治理论课教师涵养品德美的题中应有之义。

其次，教师要拥有学识美。教师的专业素质包含深厚的学识，在教书育人过程中，教师必须具备扎实的专业知识储备，对所教授的课程有较为透彻的理解，明确其理论框架、知识结构和最新学术动态，并能够将这些知识融会贯通，科学而熟练地传授给学生。教师的学识储备包括学科理论和实践知识、将其内化并简洁明了地传播给学生的技能，对实际教学过程的洞察，以及持续学习和更新知识的能力。教师的学识美是其进行审美化教学的前提。有些教师在教学中利用了各种看似美的手段或形式来进行教学，但在展示过程中却没有将这些内容的内在逻辑联系有条理地呈现出来，也没有将审美化教学的真正精神实质体现出来，其最大根源就在于教师自身的学识储备还不够。同时真正实现教学美还需要学生的积极参与体验，且这种参与教学形式美不能替代。思想政治理论课教师作为落实基础教育阶段立德树人教育根本任务的重要学科教师，其渊博的学识储备尤其重要。苏霍姆林斯基认为："只有当教师知道的东西比必修大纲的要求多出一百倍时，他才能在学生的意识里点燃学生思想之火，并熊熊燃烧。"❶ 这不仅

---

❶ 蔡汀，王义高，祖晶. 苏霍姆林斯基选集（第三卷）[M]. 北京：教育科学出版社，2001：581.

说明教师加强学识储备的重要性，同时也说明教师要育人，自己必须具备丰富的学识才能为学生成长提供帮助。

思想政治理论课兼具理论性和实践性的特点，因此，教授这门课程的教师必须具备扎实的理论基础和对社会现实的深入理解。这就要求思想政治理论课教师不仅向学生传递学科知识，更为重要的是增强学生对国家的政治认同，这无疑提高了思想政治理论课教师学科知识储备的难度。因此，思想政治理论课教师不仅要加强自身学科知识的系统学习，还需要对国际国内的大事要闻进行深度了解与掌握，学会正确引导学生对社会现象进行本质层面的分析，得出关于社会现象的本质性认识，而不会被表象现象所欺骗或蒙蔽。进一步说，思想政治理论课教师要增长自身学识就要加强大中小学思想政治课一体化的系统研究，在有条件的情况下要加强对马克思主义经典著作的研习与阐释，真正做到读原著、学原文、悟原理，从源头上掌握马克思主义这一科学理论武器，并将马克思主义基本原理与教学实际相结合，用先进的理论武装头脑，从而增强思想政治理论课教学的时效性、针对性、生动性，使学生愿学、乐学、爱学，使马克思主义中国化的最新理论成果能够入脑入心，实现进教材、进课堂、进头脑，让学生成为德才兼备的全面发展的现代化人才。

二、教师在教学中注重外在美

外在美是人的内在美的具体表达和展现。人的外在美源于内在美，内在美决定了外在美的层次和格调，但外在美如果体现得当对进一步推动形成高雅的审美人格具有重要作用。因此，思想政治理论课教师在教育教学过程中还要注重外在美的培养和提升，其中包括教师的语言美、教态美和行为美等，教师通过外在美而将内在美展示出来，通过内外兼修促进学生全面发展。

（一）教师要加强教学过程中的语言美

语言是思维的载体，一个人的语言素质是其精神素质的体现，教师的语言是其教育理念的具体表现。正如谚语所说，良言一句三冬暖，恶语伤人六月寒，教师的语言对学生发展是起到促进还是阻碍作用，关键取决于教师如何使用好语言这个工具。教师要加强自己语言美的修养，包括教师在语言使用方面要达到国家对教师职业基本语言要求，还包括教师在平常生活中，尤其是课堂教学中要充分发挥语言这一工具促进学生健康成长的功能，体现语言的内涵性价值。

首先，教师要使用规范性语言，教师语言美是指"语言的正确、纯洁、健康、高尚以及使用语言的艺术"❶。语言作为一个人思想情感和精神气质的直接反映，在教师的教育教学活动中语言是教师和学生情感沟通的桥梁，也是教师文化修养和文明素质的体现。因此，在语言使用的规范性方面，教师语言要做到以下要求：凝练简单、温润人心；形象直观、生动有趣；语调变化有致、情绪饱满但不夸张。除此之外，教师的课堂教学最好体现语言的幽默性，列宁曾说过，幽默是一种优美、健康的品质。在教学过程中，教师的言语可以展现出幽默风趣，这样的幽默无疑为教学增添了艺术的美感，同时也能激发学生的学习兴趣，吸引他们的注意力，进而达到提高教学效果的作用。

其次，充分发挥教师语言对学生成长的促进功能。苏霍姆林斯基认为，教师的言语就如同艺术家的工具一样至关重要，无论是音乐家的乐器、画家的画笔，还是雕塑家的凿子，它们对于艺术创作都是不可或缺的。就像

---

❶ 王滢. 大学美育［M］. 成都：电子科技大学出版社，2017：79.

没有这些工具，艺术家就无法创作艺术作品一样，没有恰当和有效的语言支持，教师也难以有效开展教育教学。语言作为教师教学的关键工具，同样需要教师充分利用和发挥这一工具的价值，将其视作传递知识的桥梁，用语言联结理论与实践，将教育科学转化为教学艺术。❶ 青少年正处于人生发展的黄金时期，人格特性正在形成，具有很强的可塑性，大多思想很活跃，但同时也具有不成熟性，教师要多以赞赏的语言鼓励学生。莎士比亚曾将"赞美"比喻为照耀在心灵上的阳光，强调"赞美"的重要性，没有"赞美"就无法生长。戴尔·卡耐基也提到，被认可和赞赏是人最本质的"愿望"。教师要想使自己的教学成为艺术就要充分发挥语言的魅力，就要用美丽的语言给学生描绘一个美丽的世界，塑造学生美丽的心灵。因此，教师在教学中应当充分发挥语言的吸引力，运用富有感染力的语言去描绘理想的世界，以此来塑造学生的精神世界，教师的话语应富有温度和关爱，尤其是对于学习成绩不佳的学生，应采取鼓励和称赞为主的方法，坚持"静待花开"的教学理念；同时避免任何形式的语言暴力，如辱骂或贬低等不良语言行为。这样，教师不仅传授知识，更是在培养和塑造学生的美丽、健康心灵。

（二）教师要加强教学过程中的教态美

教师个人对学生具有无与伦比和不可替代的影响，这是老生常谈的真理。这种影响体现在教学的一言一行中，尤其体现在教师课堂教学教态中。赵伶俐提出，教态是教师在课堂上传授知识时，利用手势、姿态、表情等手段来传递信息的一种行为，这包括面部表情的运用、眼神交流、身体姿态、手势的运用，以及着装风格等方面。王一川认为，教态美由人的形体、

---

❶ 蔡汀，王义高，祖晶. 苏霍姆林斯基选集（第三卷）[M]. 北京：教育科学出版社，2001：222.

情态和服饰着装构成，体现着人的心灵品格和内在气质。❶ 教师要善于利用自己的目光来调控教学，比如对积极回答问题的同学要投以赞许的目光，对在课堂上调皮捣蛋的学生要以目光来进行"友好"提示。教师的面部表情是教师心情的"晴雨表"，学生可以通过教师的面部表情来判断教师的心情，因此教师要注意自己的面部表情的变化，尽量做到进入教室就把生活琐事放在教室门外，以积极昂扬的姿态给学生上课。教学姿态是指教师在课堂上利用身体动作来传递信息所展现出的姿势。例如，教师步入教室的步调是否稳健和自信，站在讲台上的姿态是否自如和放松，是否站得笔直挺立，以及在教学过程中的走动是否恰当。这些都彰显了教师的教学经验和技能水平。一个优雅的教学姿态不仅提升了教师教学的权威性，也增强了学生学习的信心。❷ 而且教师是学生锤炼品格、学习知识、创新思维和奉献祖国的引路人，这要求教师要在内外兼修中做学生的榜样，教师外在行为也可能是学生学习或模仿的对象，因此教师应提升自己的教态美，在自己的言行举止上给学生做好榜样。

（三）教师要加强教学过程中的行为美

教师要加强教学过程中的行为美，就是教师所展示出来的行为举止美。要做到行为美，首先要有心灵美，优美的心灵是最高尚行为的原动力。巴尔扎克在《风雅生活论》中提出："一个人的灵魂，看他持手杖的姿势，便可以知晓"，"请你讲话、走路、吃饭、穿衣，然后我就可以告诉你，你是什么人。"❸ 这说明，一个人的格调品位会在他的一举一动中表现出来。"一个人的行为首先反映了他的道德修养，反映了人的文化素质，人的道

---

❶ 王一川. 美学与美育 [M]. 北京：中央广播电视大学出版社，2008：243.
❷ 赵伶俐. 课堂教学技术与艺术 [M]. 重庆：西南大学出版社，2013：75.
❸ 叶朗. 美学原理 [M]. 北京大学出版社. 2009（4）：442.

德水准高下决定了他行为的美否。一个人的道德修养越高,他的行为就越美,反之亦然。"❶ 教师要加强教学过程中的行为美,包含教师言行举止所体现出来的对自己生活和事业的热爱,诗意般的生活和工作,形成审美的超越境界,高扬乐观的生活追求,开启审美人生。同时,教师对学生的言行举止要体现出对学生的关爱和呵护,教书育人,帮助学生成长,如不体罚、谩骂学生,不挖苦讽刺学生,以平等的姿态与学生交流,帮助学生进步。

思想政治理论课教师在思想政治理论课教学中通过内外兼修给学生传递美,这里值得指出的是,思想政治理论课教师作为教师队伍中的一员,其在加强自身审美修养的过程中关键要重视实现主体自由,注重劳动作品本身美的塑造,如思想政治理论课教师进行审美化教学的结果包括学生的道德成长、学业进步,进而对社会作出的贡献,都是对教师生命意义的确认。因此,教师加强自己内外美修养不仅是对自己本质力量的确认,实现自己的人生价值,更是对学生存在价值的挖掘与培养,这种对学生成长的关切更能体现教师存在的价值与人生意义。

第二节　充分利用课程本身所蕴含的美进行审美化教学

教育教学活动是人类的一种特殊社会实践活动,教学过程也是人本质力量对象化的过程,只不过这种本质力量对象化所形成的结果与其他社会实践活动有所差异,其最终目的在人的自由全面发展。在思想政治课教学中,教师通过审美教育来丰富课程的内涵,这本身就是一种教育上的艺术创作,教师将自己的智慧、丰富知识、高尚品格和远大理想转化为具体的

---

❶ 何云波,彭亚静. 大学生应用美学 [M]. 北京:中国铁道出版社,1999:159.

教学方式和技能技巧，旨在创造一种美的教学环境和氛围。❶ 在这种教学模式下，师生双方都参与创造性的劳动，特别是在思想政治理论课上，通过深入挖掘教材中的审美价值，采用审美化的教学方式，不仅实现了课程目标和美育目标的统一，也将审美元素融入学科核心素养的培养过程中。此外，教学中的板书设计也需要注重美感的体现，追求布局的和谐与艺术美表现。同时学校应建立一套科学的教学评价体系，以利于正向激励，帮助师生双方实现全面自由的发展。

一、课程目标与美育目标相融合

思想政治理论课是落实立德树人根本任务的关键课程。思想政治理论课坚持以马克思主义为指导，以培育和践行社会主义核心价值观为主导目标，以期帮助学生树立正确的价值观念，加深学生的政治认同，这不仅体现了思想政治理论课的学科属性，还显示出其与美育的特征及要求之间存在的内在关联性，展现了思想政治理论课程目标与美育目标相融合的可行性。思想政治理论课审美化教学的核心目标，是促进思想政治理论课的课程目标与美育目标紧密结合，促使学生在政治、科学、法治和公共参与等方面与审美感知、欣赏、评价和创造的美育目标相互渗透融通。这种融合是有机的、全面的，反映了思想政治理论课程与美育均以完整体系运作，彼此间展现出协调一致的发展方向。在这一过程中，政治认同是学生理想信念形成的核心，与科学素养、法治意识和公共参与一起，共同构筑了具有中国特色的主要元素。科学素养体现了学生的社会参与能力与态度，反映了个人自由发展的文明水平，它基于我国哲学与社会科学的理论及方法，支撑起其他教育元素。法治意识强调了公民依法行动的责任与权利，为公

---

❶ 李廷扬. 美育辩证 [M]. 贵阳：贵州人民出版社，2009：96.

共参与提供了基础,同时也是政治认同和科学发展不可分割的一部分。公共参与则体现了人民对国家事务的责任感与参与意识,是其他几个方面的具体实践。❶ 同样,美育目标体系,即审美感知、欣赏、评价与创造,是一个相互联系的有机整体,只有相互促进和协力推动才能实现思想政治理论课审美化教学的预期目标。

思想政治理论课以培育社会主义核心价值观为根本目标,帮助学生树立正确的政治方向,提高学生各方面核心素养和能力。同时,通过思想政治理论课的学习所要达成的课程目标是使学生"认同走中国特色社会主义道路的历史必然性,坚决拥护党的领导和坚定道路自信、理论自信、制度自信、文化自信,不断增强对共产主义远大理想和中国特色社会主义共同理想的坚定理想信念。明确建设中国特色社会主义法治体系,建设中国特色社会主义法治国家的深刻含义。热心公益事业,践行公共道德,乐于为人民服务"❷ 等内容。美育目标包括审美感知、欣赏、评价与创造,美育目标的实现要求教师在关注课程和教学目标的同时,还要深入研究教材,加强理论探究,挖掘提炼教学内容中的审美元素,科学选择,并运用一至两个典型案例对学生进行审美教育。比如,人作为自然存在者具有生物属性这一基本规定性决定了人对自然具有无比强烈的依赖性,教师引导学生欣赏自然之美能够激发学生的崇高追求和产生情感的共鸣,使心灵得到净化和洗涤。还有社会美是实现美育目标与德育目标连接的有效资源。一方面,社会之美蕴含着丰富的美育资源,现实生活本身就是教师进行审美化教学的重要资源,马克思主义所实现的哲学革命,就在于它超越了以前哲学家和思想家只是从观念和思维中构想现实的弊端,从而达到了对现实生

---

❶ 中华人民共和国教育部. 普通高中思想政治课程标准(2017年版,2020年修订)[S]. 北京:人民教育出版社,2020:40-41.
❷ 中华人民共和国教育部. 普通高中思想政治课程标准(2017年版,2020年修订)[S]. 北京:人民教育出版社,2020:6-7.

活的历史性和现实性的解释原则高度。现实生活本身就有丰富性和多彩性，而这为教师进行审美化教学提供了无限的资源。我们在前面论述当前思想政治理论课存在弊端的过程中，也指明当前教育教学过程中存在教学与学生生活实际相脱离的情况，因此从现实生活开始进行美育本身就蕴含着德育的目标和价值体系。另一方面，在我国社会主义建设过程中涌现出的无数英雄模范人物对于引导社会正能量，弘扬新风正气，培育学生高尚的人格和崇高的人生理想都有重要作用，因此，社会美为德育提供了无限的可能性和无限丰富的美育资源。

例如，高校思想政治理论课教材《思想道德与法治》在讨论"继承优良传统 弘扬中国精神"中，特别强调了古代哲学及其对现代社会的影响。在《思想道德与法治》的专题四第一讲"中国精神是兴国强国之魂"中，详细介绍了我国古代老子、孔子、庄子、孟子、墨子、孙子、韩非子等闻名于世的伟大思想巨匠，他们对人际关系、社会关系和自然关系等多维度的看法。他们提出了诸如孝悌忠信、礼义廉耻、仁者爱人、与人为善、天人合一、道法自然、自强不息等中国传统文化思想观念，这些观念构成了中国传统文化的核心。例如，"孝悌忠信"和"礼义廉耻"等观念至今深植于群众日常生活中，深刻地影响着中国人的生活方式。而"仁者爱人"和"与人为善"则体现了人与人之间的相处方式，倡导邻里之间和谐相处。此外，还提出了人与自然、与宇宙的关系，如"天人合一"和"道法自然"，表达了人应顺应自然的理念；"自强不息"与"大道之行也，天下为公"等理念反映了努力与公平的重要性。他们还强调个人与社会责任，如"天下兴亡，匹夫有责"明确了每个人对社会都有责任；而关于道德和文化的治理，如"以德治国"和"以文化人"则展示了治理的方法；在交往原则上，"人而无信，不知其可也"和"己所不欲，勿施于人"都强调了诚信和道德的重要性；在社区与家庭关系方面，"出入相友，守望相助"

和"老吾老以及人之老,幼吾幼以及人之幼"则强调了对长辈和晚辈的尊重与照顾;关于社会公平的价值观,如"扶贫济困"和"不患寡而患不均"则强调了财富和资源的均衡分配。这些古代哲学的教义至今仍对我国人民的行为模式和生活方式有着深远的影响。

这一讲中还介绍了中华优秀传统文化中的发明创造及其对世界文化遗产的卓越贡献。例如,我国古代的四大发明——造纸术、火药、印刷术、指南针等深刻影响了人类文明的进程。此外,古人还创作了《诗经》、《楚辞》、汉赋、唐诗、宋词、元曲、明清小说等伟大的文艺作品;传承了《格萨尔王》《玛纳斯》《江格尔》等震撼人心的伟大史诗;并建造了万里长城、都江堰、大运河、故宫、布达拉宫等气势恢弘的伟大工程。

这里需要强调的是,教师在树立美育目标时要注意以下两方面:一是审美情感的激发、审美目标的达成与知识结构的认知能力目标是相通的,学生认知能力的提高可以激发审美情感,提升审美体验;二是注重审美创造,当前我国强调创新、协调、绿色、开放、共享的发展理念,其中强调了创新和创造的重要性,因此在丰富学生审美体验情感的同时要注重学生审美创造能力的提升与发展。

二、教学中审美化教学方法的采用

审美化教学既是一种教学理念,也是一种教学实践,审美化教学实践就是将教学中所涉及的因素转化为审美对象,使整个教学过程转化为欣赏美、表现美和创造美的过程。在审美化教学过程中所采用的高效的、切实可行的、充满乐趣与审美意味的方法就是审美化的教学方法。要实现思想政治理论课课程目标与美育目标的融合,就要挖掘思想政治理论课教材中的美育因素,以审美化的教学方法进行教学,以帮助学生树立正确价值观念、培养学生必备品格和关键能力，促进学生的审美感知、审美欣赏和审美创造，实现学生的自由全面发展。

首先，使学生从生动形象的教学中得到美的体验。形象性教学是指在教育教学过程中教师和学生针对教学内容的特征，选取适当的教学辅助工具生动形象地呈现教学内容和组织课堂教学。形象性教学具有生动性、趣味性等特点，有利于将抽象化和概念化的学科知识学活，进而用知识来解决和分析日常生活中的现象，做到活学活用。思想政治理论课进行形象性教学可借助图片和多媒体资源、民族传统艺术和具有民族特色的资源来进行教学设计和教学组织。学习兴趣是学生学习活动的重要动力。如果一个人对什么东西感兴趣就会有钻研的动力，也会更容易取得成功。所以，课堂教学也是如此，一个学生只有乐学和愿学才能学好，才更容易更高效地掌握知识，这就要求我们的教师在教学过程中，关注学生情感的变化，以和谐的课堂氛围带动学生积极参与课堂教学，在自身的参与中感受到愉悦之情，从而亲其师信其道，使学习过程成为一种享受的过程，而不是一种痛苦的煎熬。例如在小学四年级《道德与法治》上册第一单元"与班级共成长"的"我们的班规我们订"教学内容中，教师在讲解"班规的作用"时，引入"校园文明礼仪"图片，展示校园内学生文明行为的照片，如主动捡拾垃圾、排队礼让、尊敬师长的场景。同时，通过角色扮演的方式，让学生模拟校园生活中的文明行为，增强学生对规则的理解和遵守意识，让学生在轻松愉快的氛围中学习，培养良好的行为习惯。在普通高中思想政治必修4《哲学与文化》第三单元"文化传承与文化创新"，第八课学习借鉴外来文化的有益成果的教学内容"文化的民族性与多样性"，具体内容包括北京天坛、古罗马斗兽场、库库尔坎金字塔等。如北京天坛在1998年已被列入《世界文化遗产名录》，它是古人敬天礼地与营造技艺的结晶，是中华民族敬天法祖、天人合一精神的生动体现，体现了皇权与天命的崇高秩序，以及人与自然和谐共生的优美宇宙观。教师可以利用有关天坛建筑的视频资料进行形象性教学，增强学生的感受力和欣赏能力，从而增强学生对博大精深中华文化的理解和对中华民族的自豪感，坚定文化自信。在高校思想政治理论课教材《思想道德与法治》专题六"遵守道德规范 锤炼道德品格"第一讲"社会主义道德的核心与原则"中，教师在讲解"社会主义道德为什么是先进的？"时可引入1998年抗洪抢险、2008年抗震救灾及2021年脱贫攻坚全面胜利的案例。通过这些鲜活案例的深入剖析，引导学生深刻理解社会主义道德超越个人利益、服务人民福祉的先进品格，其植根于集体主义、以人民为中心的强大生命力，以及其在应对重大考验、推动社会发展中展现出的巨大精神力量，从而使学生更加坚定对社会主义道德的价值认同和实践自觉。如果有条件，可组织学生参观抗洪纪念碑或脱贫攻坚成就展等。通过这些实地体验，增强学生对社会主义道德的直观感受，深化对集体主义精神和以人民为中心理念的认同，从而在沉浸式学习中强化价值内化与行为转化，提升道德实践的主动性和责任感。

其次，通过情景教学激发学生的审美情感。情景教学是指教师在教学过程中创设一种具体情景，引导学生对情景积极参与和评价，促进学生在具体情境中发展情感认知的一种教学方法。在具体的情景教学中，"鼓励学生亲自观察、亲手触摸、亲身体验，这样做能够激发学生的参与热情，帮助他们集中注意力，激活他们的形象思维，从而有助于解决学习中的难点，加强理解，取得较好学习成效"❶。这就要求教师积极挖掘教学内容的情感点，创设教学情景，抓住课堂教学的有利时机来推进情感性教学和情境性教学。比如，在讲授高校思想政治理论课教材《思想道德与法治》专题六第三讲第一节"怎样在社会上做一个好公民"

时，就可适当进行情景化教学，在教学时用一个"特殊考试"来导入

---

❶ 余文森. 核心素养导向的课堂教学［M］. 上海：上海教育出版社，2017：197.

教学：

　　她出身贫寒，父母负债让她完成学业。就在她即将毕业之际，父亲被诊断出患有肺癌。为了减轻父亲的痛苦，她决心靠自己的努力找到工作，但尚未找到工作的她无论如何也凑不够父亲住院费。她的孝心感动了一家知名的私立眼科医院，医院给她一个月的试用期。她凭借自己的勤恳和努力，终于赢得了医院的认可，医院决定长期聘用她，护士长还安排她去高一级病房看护一位癌症患者。她在病房中看到了医生开的三支非常昂贵的药，她父亲的病也急需这种药，但药价实在是太贵了，她根本负担不起。现在有个机会摆在她面前，她要不要把这三支药偷走给父亲治病。而现在躺在病床上的也是命悬一线的别人的父亲，面对这种情景，她该如何选择？

　　教师通过情景教学使学生原有认知结构产生矛盾，使学生在价值观念的碰撞中深化理解，并在对比和分析中提升认识，激发创新思维，让学生在非真实情景中激发自己的情感和感受自己的情感变化，让学生通过激烈的思想斗争，使其明白现实中的"两难选择"不可避免，关键要加强自身科学文化和思想道德修养，使学生明白在现实生活中真正遇到"两难选择"时要自觉站在人民立场上进行价值判断和行为选择，增强社会责任意识和奉献意识，不断追求更高的道德目标。

　　最后，利用教材内容加强学生的审美实践。形象性教学与情景性教学更多是在课堂范围内所采取的教学方法，而学生的全面发展还需要进行社会实践锻炼，要做到知行合一，将理论与实践两者有机结合。理论与实践的有机结合是马克思主义哲学的基本要求，"在人与世界的关系方面，从实践出发理解周围世界；在历史观中，从实践出发理解社会存在和发展；在认识论中，把实践作为全部认识的基础"❶。认识本身并非终极目标，改

---

❶ 教育部，组织编写．普通高中教科书·思想政治必修4·哲学与文化［M］．北京：人民教育出版社，2023：13．

造现实世界才是认识的目的。作为一门综合实践型课程，思想政治理论课需要紧密结合学科教学与各类社会实践开展活动，包括志愿服务、社会调查、专题访谈以及多样化的社会体验活动。思想政治理论课教学内容涉及面广，知识内容层次深、领域多，以普通高中阶段为例，《思想政治》教材包含《中国特色社会主义》《经济与社会》《政治与法治》《哲学与文化》4 册必修教材和《当代国际政治与经济》《法律与生活》《逻辑与思维》3 册选择性必修教材，蕴含丰富的审美实践机会和可资利用的资源。比如在体会政治文明之美时，作为我国公民享有基本的权利与义务，学生要积极参加社区和街道办事处开展的社会实践活动，在有条件的情况下积极参与村委会或居委会活动，真实体验政治权利。学生还应当参观具有浓厚文化底蕴的特定场所，比如自然博物馆、历史博物馆、科技展览馆等，参加学校或者居住地区的精神文明共建活动以及全国大学生暑期文化科技卫生"三下乡"社会实践活动等，这些都是社会实践的具体形式。同时，文化作为人的本质力量对象化所形成的成果，又具体化为各种不同形式。对这些形式的欣赏我们既要掌握基本理论，又要进行体验欣赏，如阅读文学作品、欣赏艺术表演、外出旅游观光、参加户外活动等。丰富多彩的课外实践活动是学生学习的第二课堂，是课堂教学的有益补充，有助于学生身心的全面发展。同时，在思想政治理论课每一专题或每一单元结束后，都设计了一个学习思考或综合探究环节。其主题和内容来自本专题/单元的教学内容，是对本专题/单元主要知识内容的延伸和拓展。学生只有牢固掌握基础知识，才能在此基础上延伸和拓展；只有善于迁移应用基础知识，才能避免学习流于表面与肤浅化。以 2023 版普通高中思想政治必修 4《哲学与文化》第三单元的综合探究为例。

单元内容：本单元为必修 4《哲学与文化》的第三单元，单元主题是文化传承与文化创新，共有三课，第一课是继承发展中华优秀传统文化，

第二课是学习借鉴外来文化的有益成果，第三课是发展中国特色社会主义文化。

探究主题：坚持以马克思主义为指导 发展中国特色社会主义文化。

探究目标：理解发展中国特色社会主义文化必须坚持以马克思主义为指导；

正确对待中华传统文化和西方文化，弘扬中华优秀传统文化，自觉继承革命文化，弘扬社会主义先进文化，坚定文化自信。

所给材料：综合探究共计五组材料。

材料一：材料主要介绍了晚清"体用之争"，主张全盘西化还是"中学为体，西学为用"。

材料二：材料主要介绍了西方资产阶级虽标榜民主，却将民权运动领袖马丁·路德·金刺杀。

材料三："双百"方针：1956年毛泽东确立"百花齐放、百家争鸣"为发展科学文艺的总方针；1979年邓小平重申并扩展为"二为"方向与"两用"原则。

材料四：材料介绍了坚持马克思主义指导，是当代中国哲学社会科学的根本标志和灵魂；只有将其贯穿研究与教学，才能确保正确方向并推动学科发展。

材料五：材料介绍了必须用马克思主义科学理论武装头脑、固本培元，才能保持政治清醒与坚定信仰；警惕马克思主义被边缘化、教条化或实用化，应立足时代实践，以科学态度不断发展马克思主义。

活动建议：

1. 以"对待中华传统文化和西方文化应当采取何种态度"为议题，开展讨论。

2. 组织一次小型学术交流活动，就郭沫若、李达、艾思奇、翦伯赞、范文澜、吕振羽、马寅初、费孝通、钱锺书等人如何成长为名家大师，谈谈自己的认识。

以上综合探究活动内容既有美育中的社会美、艺术美，又有思想政治课教学中政治认同、科学精神、公共参与的内容。教师在组织活动教学时要注意学生主体地位的落实，教师以帮助者和协调者的角色在活动过程中适当引导学生完成任务，活动的过程主要由学生协商和小组完成。思想政治理论课进行活动性教学，学生能够基于不同经验，利用不同素材，表达不同见解，提出解决问题的不同方案。学生在这种教学中不仅能接受美的熏陶，还可以得到实践机会，这有利于培养学生的思考能力、合作能力、分析问题和解决问题能力等，这些能力的培养对学生的未来发展更为重要。参加社会实践是培养创新型人才的基本途径，因此重视实践人才的培养是为创新型国家建设培育和储备高素质人才的重要保障。

三、在学科核心素养培养中融入美的因素

当前，我国各个阶段教育正在进行以学科核心素养为核心内容的课程改革，这是我国教育发展的新趋势。核心素养既包括学生从自然人到社会人的公民教育，也包括学生在学校所接受的道德规范。此外，我国教育核心素养还必须体现立德树人教育根本任务，使学生从社会人走向社会主义接班人，培养学生政治思想素养，坚持德才兼备、以德为先的培养模式。在新一轮思想政治理论课课程改革中，构建了以政治认同、科学精神、法治意识和公共参与为关键要素的学科核心素养体系。这一体系与美育的基本理念相契合，因此，我们应当重视在培养学科核心素养的过程中融入审美教育，以此提升学生的认知能力和审美能力。

首先，坚持政治认同与社会美的融合。思想政治理论课是一门以马克思

列宁主义及其中国化的一切理论成果为指导、以培育和践行社会主义核心价值观为主要内容、以落实立德树人为根本任务的综合性活动型课程。思想政治理论课的学科核心素养是培养学生的政治认同、科学精神、法治意识和公共参与。政治认同是思想政治理论课学科核心素养的首要内容，其根本目的就是要学生深刻领悟中国特色社会主义的真正本质和核心，理解毫不动摇地坚持中国共产党的领导是中国特色社会主义最本质的特征和中国特色社会主义制度的最大优势。同时，加强学生集体主义、社会主义和中国梦教育，使学生能够自觉和主动地维护民族的团结和谐，维护国家的主权、安全和发展权益，必要时要牺牲个人利益保卫集体利益，实现人生价值，这样的学科教育目标与社会美的要求具有内在的一致性。社会美的核心是实践主体——人的美，而人的美体现在社会理想方面，社会理想就是为推动国家和民族的进步与发展而树立和践行的理想，在中国历史上无数先进模范人物和英雄都是社会美的生动体现。因此，要将思想政治理论课学科核心素养中的政治认同与社会美有机融合，从而发挥社会美对政治认同必要性和合理性的论证作用，使学生能够树立社会理想，并为实现崇高理想而不懈奋斗。

其次，坚持科学精神与科技美的融合。中国特色社会主义进入新时代，党和国家事业取得了改革开放以来的历史性成就，我国各项事业发展迈上新台阶。这些成就的取得与我国实施科教兴国战略关系重大。当前，我国经济发展进入新常态，党的十九大明确提出要构建现代化经济体系，科学技术是构建现代化经济体系的重要战略支撑，也是实现创新型国家建设的主要推动力。科技美主要体现在科学美和技术美两个方面，众多著名科学家都提倡要将审美因素融入科学研究中，因为科技的发展离不开审美情怀的支持。因此，要将科技因素融入思想政治理论课的教学评价中，把学生的科技创新能力作为教学评价的一个方面，而不是仅仅停留在分数的高低上，为实现科技强国培养优秀的青年科技人才。因此，教师在教育教学过程中要注重学生科学精神的培养，如在讲授加强思想道德建设时，就要进一步弘扬科学精神，批判封建落后愚昧的毒瘤，培育和践行社会主义核心价值观，坚决抵制和反击各种歪风邪气，使学生拥有良好科学素养，加强学生思想道德修养。提升学生科学精神素养，还须使学生掌握科学知识和文史知识，使学生在马克思主义辩证唯物主义和历史唯物主义指导下崇尚科学，反对封建迷信和伪科学，提高自身科学理论素养和明辨是非的能力，树立正确的思想道德观念，养成良好行为习惯，在实践创新中增长才干，为创新型国家建设做好知识积累。

再次，坚持法治意识与审美意识的融合。在国家治理过程中，法律扮演着至关重要的角色，完备的法律制度是良好治理的前提。当前，在我国社会主义现代化建设背景下，实现中华民族伟大复兴的中国梦，建设一个富强、民主、文明、和谐、美丽的国家，推进国家治理体系和治理能力现代化势在必行。自改革开放以来，我们党始终高度重视中国特色社会主义法治体系的建设，在以习近平同志为核心的党中央领导下，已经出台了一系列全面推进法治化进程的方针政策。这些政策不仅指导了法治国家建设的方向，而且提供了基本的遵循原则。在推进全面依法治国的总体目标中，强调坚持中国共产党的领导，打造具有中国特色的社会主义法治体系，是确保社会主义事业不断取得新胜利的重要保障。教育和法治的发展是国家长远发展的基础，两者相互促进。实际上，全面推进依法治国不仅需要大量的专业人才，同时法治国家建设的基础是全体国民法治素养的提升，因此，在思想政治理论课学科核心素养的培养中要坚持将培养学生的法治意识与审美意识相结合。思想政治理论课教学要使学生明确建设法治国家是国家现代化建设的重要内容，法治国家建设需要全民积极参与，法治国家建设需要大批精通法律知识和拥有专业技术的人才队伍；同时，使学生明白作为一名在校学生必须理解法律的权威性，认识到法律面前人人平等，无人可以凌驾于法律之上。弄清法律的重要性，能够让学生在行动上自觉遵守法律、履行义务，培养出尊法重规、依法行事的良好习惯，自觉维护法律的权威。由此可知，全面推进依法治国与学生美好生活需要紧密相关。就法治意识而言，对法律基本知识的掌握，理解宪法的重要性，达到尊重、学习、理解、遵守并运用法律的综合能力，以法律维护自己的美好生活，自觉参与社会主义法治国家建设，就是对学生法治意识的培养目标。

最后，坚持公共参与与审美创造的融合。思想政治理论课是一门活动型课程，其基本理念是坚持理论知识与生活实践相结合，坚持学科逻辑与实践逻辑相结合，坚持课程内容活动化和活动内容课程化相结合，立足于学生生活实际和长远发展，让学生在活动教学和课堂教学中树立正确价值观念，感悟真理，掌握知识，培养能力。思想政治理论课要求学生真正地参与社会生活，用自己所学的理论知识理解、分析、解决生活中的实际问题，如积极有序参加社会公共事务、承担相应的社会责任、热心公益、维护集体利益等，这些实践活动是公共参与的要求，也是审美创造的内在旨归。学生的审美创造更多是由普通的、平凡的一件件生活小事组成的，作为学生由于条件限制，不可能马上做出类似先进模范人物那样的壮举，但可以从身边的小事做起，如认真学习、团结同学、尊敬老师、孝敬长辈等都属于审美创造的范畴。在思想政治理论课学科核心素养的公共参与中融入审美创造设计，能够使学生更有集体主义精神，能够有序参与社会生活和自觉践行社会公德，乐于为人民服务，积极奉献社会，勇于承担社会责任，在奉献和服务他人中实现人生价值和人生理想。

总之，在思想政治理论课学科核心素养的培养中融入美的因素，必须深入贯彻落实立德树人的教育根本任务，使学生在审美化的教学过程中逐步形成正确的价值观念、必备品格和关键能力。此外，在学科核心素养培育中要避免过分注重外在形式美而忽视对学生成长的真正关注,出现"只见课程不见人,只看教材不看人,只有教学没有人,学生被遮蔽了,学生不见了"❶的现象,真正树立课程育人、教学育人的核心理念,将育人为本作为立德树人重要抓手,并使之成为教育信念,从而促进学生的自由全面发展。

四、教学板书布局的和谐与意境的至美

教学板书是指教师根据教学的需要在教学工具上以书面语言或符号表情达意、浓缩教学内容、简洁明了地呈现教学内容的一项教学活动。教学板书是课堂教学的重要组成部分,是教师研究教材、处理教材的思维结晶。教学板书质量的高低与教学效果密切相关,高质量的教学板书提纲挈领,突出重难点,有利于学生掌握知识的整体框架和后期的温故复习,降低学习难度,提高学习效率,以此促进学生的专业能力发展。同时,精心准备的教学板书也支持教师更流畅地开展教学,便于传授知识和激发学生的思维能力,同时帮助教师调节课堂节奏,提升教学质量。

思想政治理论课教学也需要教学板书布局的和谐与意境的至美。教学板书可以折射出教师审美境界的高低。美观的板书不仅是教学资料的展现,更是教学过程中不可或缺的一部分。思想政治理论课教材中存在丰富的美育资源,如自然美、社会美、艺术美、科技美等,思想政治课教师要充分挖掘这些内容,并使之体现在课堂教学中,体现在板书课件的设计上,让学生通过板书课件中的内容、形式、语言、布局,以及意境的美感,享受到学习的乐趣。在这个愉悦的学习过程中,学生自然而然地获得知识,形成关键能力,树立正确的价值观念。这样的教学不仅是传授知识过程,也

---

❶ 陈文强. 核心素养与学校变革[M]. 厦门:厦门大学出版社,2016:6.

是一次审美教育过程。

一般来说，思想政治理论课板书设计要精练简洁、体现概括性；严密准确、体现针对性；结构清晰、体现条理性。同时，思想政治理论课的教学资料还须注意美学布局，以增强其审美性。教学本身就是一种艺术形式，教学板书、课件的设计同样需要体现艺术创造性，这要求思想政治理论课教师具备审美能力，能够从课本中提炼出自然、社会、科技和艺术等多方面的美学元素，并创设出兼具审美价值的教学内容，以此来培养学生的审美感知、理解、评价、欣赏和创造美的能力，从而在学习中塑造美的心灵。

五、建立促进学科核心素养发展的评价机制

教育评价是检验教学效果的重要手段，对教育教学具有指导作用，是提升教育质量的助推器。当前，我国思想政治理论课教学评价体系取得了长足进步，从评价理念到评价模式再到评价实践都在逐步向学科核心素养要求的评价目标靠近。但我们也要看到思想政治理论课的教学评价还存在不足和"短板"，如评价主体过度聚焦教师和学校管理人员，学生真正能够参与自己学习情况评价的机会较少。评价载体和手段过于单一，以传统的纸笔考试居多，缺乏对信息化和数据资源的充分利用等。评价内容多以学科知识掌握情况为主，主要考查学生的知识水平和技能，忽视对学生审美素养和人文素养的考查，等等。现存的这些问题要求我们进一步改善基础教育阶段教育评价机制，建立健全以促进学生学科素养发展的评价机制，既要关注学生理性认知能力的评价，又不忽视对学生其他方面素养养成效果的评价与检测。

教师作为教学活动的重要参与者要发挥主观能动性，在既有教育环境下建立创造性教育评价体系。教师在教学内容和课程目标已有明确规定的

前提下，要发挥自己的主观能动性，坚持学科知识能力评价与其他人文素养相结合。这里强调要重视学生对学科知识掌握情况的评价。一方面，思想政治理论课学科知识就是让学生在坚持马克思主义基本观点、立场、原则的基础上系统掌握我国的经济生活、政治生活和文化生活中的基本知识，从而增强对中国特色社会主义的政治认同，树立法治意识，培养科学精神，积极参加社会实践。这是教师在进行教育评价时要考虑的重要方面。另一方面，教师在进行教育评价过程中还要注重学生审美素养和人文素养的提升。当前，核心素养的指标中有加强对学生沟通与交流能力、创新与创造能力、健康素养、反思能力、审美能力及情绪管理能力等多方面能力的要求，这是一般意义上的核心素养培养体系，对思想政治理论课学科核心素养的培养同样具有指导意义。因此，教师在评价过程中要将这些内容纳入其中，并有针对性地设置评价方式和进行载体选择，注重将学生在探究学习、自主学习和合作学习中的表现作为评价内容的组成部分，着重评价学生在解决情景化问题和重要议题中的表现和结果。比如，针对社会实践活动的教学评价，教师要评价学生在社会实践活动中表现出来的情感、态度、能力，还要兼顾学生的自我评价和同学、家人、社区工作人员等对学生表现的评价。教师既要看重教育评价结果，更为重要的是对评价中反映出来的问题进行后期修正。从微观层面发挥教师在教育评价过程中的作用，就要坚持理性评价与感性评价相结合，建立激励学生不断进步的发展性评价体系。

值得注意的是，教师发挥主观能动性，在既有教育环境下进行创造性教育评价，要高度重视"教育评价体系不应仅停留在对核心素养的外部评价，而应深入核心素养的内部，与情境构建和策略提供相结合，发挥对话、协同、反思、调控的作用，成为核心素养内在特性和功能"[1]，从而使教育

---

[1] 陈文强. 核心素养与学校变革 [M]. 厦门：厦门大学出版社，2016：30.

评价真正反映学生在学科核心素养方面的基本状况。

第三节　在思想政治理论课教学中加强学生的审美修养

美育融入思想政治理论课教学的根本目的在于贯彻落实立德树人根本任务，塑造完整的人格，推动学生全面健康发展，使学生能够"正确处理人与自然、与他人、与社会的关系，并在追求真善美的和谐统一中更深刻地领悟人生真谛"❶。思想政治理论课教学是师生双向互动的过程，而进行审美化教学对学生学习提出了新要求。马克思主义美学观揭示美是人本质力量的对象化，而"审美就是对人类自由本质力量的欣赏"❷，审美判断实现了对主体自由精神境界的追求，同时也只有在这种想象与现实相结合的艺术形式中才能实现主体自由精神境界的追求，使人具有超越现实的动力和渴望，正如成复旺所言："审美活动源自个体对自由的向往，同时也激发了个体对自由的追求；它揭示了人类追求自由的本质，并进一步强化了这一本质；审美始终与受束缚的现实生活形成对比，激励人们朝着自由的人生境界挺进。"❸ 爱因斯坦曾指出："光用专业知识教育人是不够的。学生必须理解价值观念并培养强烈的情感，同时发展对美和道德的清晰辨识能力。否则，他们的专业知识将仅等同于一只受过良好训练的动物，而非一个全面发展的人。"❹ 正是因为美的这种本质特点和作用才印证了加强学生审美修养的重要性和必要性，同时审美修养的提升是学生全面和谐发展的重要内容，也是培养学生学科核心素养的必然要求。学生审美修养的培养

---

❶ 王滢. 大学美育 [M]. 成都：电子科技大学出版社，2017：7.
❷ 檀传宝. 德育美学观 [M]. 太原：山西教育出版社，1996：116.
❸ 成复旺. 中国古代的人学与美学 [M]. 北京：中国人民大学出版社，1992：19－20.
❹ [美] 爱因斯坦. 爱因斯坦文集（第三卷）[M]. 许良英，译. 北京：商务印书馆，2017：281.

集中于塑造学生的审美学习理念、增强学生的审美意识,重点培养学生的审美能力,以及推动学生的审美创造活动。审美创造被视为学生审美素养培养的最高阶段。

一、帮助学生树立审美化学习理念

马克思主义美学观揭示美是人的本质力量的对象化。所谓审美就是人类因掌握了自然力而在客观对象身上刻上的自由意志的印记的"作品"的"观照"❶,这在深层次上说明人在审美时实现了合目的性与合规律性的统一,在审美过程中实现对自己本质力量的确认。因此,从根源上来说,审美就是对人的本质力量的一种欣赏和赞美。让我们回到教育方面,学生是教学的重要参与者,从应试教育到素质教育,再到当前学科核心素养的培养,教师的教学方向发生了深刻变化,从注重基础知识和基本能力的"二维目标"到"三维目标",再到现在注重正确价值观念、必备品格和关键能力的核心素养,这标志着教学目标和方法的显著转变。从教育发展趋势来看,重视学生、凸显学生主体、实现教育的育人价值才是教育未来发展的方向。在这一背景下,对学生作为学习主体的要求越来越高,因此学生要积极主动地适应教育模式的变化,更新学习观念,传统的坐着等着老师来传授知识的"坐等要"思想要及时抛弃,转向积极主动的学习态度。唯有如此才能更好掌握知识,学会学习,享受学习,促进自由而全面的发展,继而为实现人生价值及国家的长远发展贡献力量,成为担当民族复兴大任的时代新人。

学生审美化学习是指"学生通过教师的引导,依靠自身的情感体验和内心感受,不断深化情感、修养性情、净化心灵,提升自身的审美品质,

---

❶ 檀传宝. 德育美学观 [M]. 太原:山西教育出版社,1996:116.

实现身心灵自由成长的过程"❶。这一过程被称为审美化学习。审美化学习包含丰富情感、形象鲜明和具有超越性等特点。我们应当用激励的态度来对待教育，而非仅仅追求分数或是淹没在练习题中。在当前的教育环境下，学生可以发挥自己的主观能动性，通过参与不同的校园文化和艺术活动，例如辩论、戏剧、航模、社区调研，或是音乐、书法、绘画比赛等，丰富自己的情感体验，进行审美欣赏和审美创造，提升自己的审美理解与创造力。例如，学生在学习普通高中思想政治必修4《哲学与文化》第三单元关于"文化的民族性与多样性"这一节时，教师可以先布置学生自主学习这一框题的内容，并在课堂上谈谈感受，那么，学生就可以自主选择自己感兴趣的文化来进行探究。比如学生选择阿布辛拜勒至菲莱的努比亚遗址来研究，则需要了解该建筑的历史背景、主题思想以及雕刻技巧等，此外，学生还可以分析古建筑体现出来的民族审美特征与文化认同内涵，理解文化多样性中蕴含的独特价值观念。这种学习方式使学生能够从宽广的视域中理解文化多样性，并从每个独特文化现象中获得对文化较全面和整体性的认识，通过主动学习，感受人类历史文化取得的伟大成就，以及追求真理的难能可贵。总体而言，通过审美化的学习，学生被鼓励以积极乐观的心态接受知识，发现那些能激发个人兴趣的审美元素，从而在潜移默化中感受学习的快乐。

二、注重培养学生的审美意识

审美意识是社会意识的一部分，它反映了人们对审美对象所体现出来的思想和情感的价值判断，包含社会意识的所有特性，具有价值标准和意义规范的意义，是将现实中的美转化为艺术美的重要环节。

---

❶ 彭文晓. 论审美学习［J］. 湖北大学学报（哲学社会科学版），2009，36（3）：69.

（一）提升学生的审美认知

根据认知心理学的规律，知情意行是人类认识对象的一般规律，只有在认知的基础上才能做到有情感地对待对象，此后才会生成相应的行为方式，因此要使学生进行高效审美欣赏和审美创造首先须让学生掌握一定的美学知识。从哲学的角度看，唯物主义认为，美的存在是客观的，是事物的一种自然属性。然而，人们对于美的认识和理解，无论是直觉上的审美情感，还是经过逻辑推理的美学理论，都带有主观性，是人的一种精神活动的反映。因此，决定人们对客观对象能否进行审美的关键在于人们各自的美学知识和认知水平，"世界上的事物并不全都是美的。美之事物之所以存在，事物之美所以美，并能被人的感官所感知，被人的认识所反映——被身心所体验，就在于它具有自身特定的、合乎人类理想生存的物质状态、本质规律及价值功能"❶。人类对有些对象，比如自然的内在美、社会的进化美、科学的严谨美、艺术的意蕴美、人类的心灵美，则非简单的直观感官所能够体验，它必须要人们对这类对象的内在价值和表现形态有深厚的知识储备和感情认同才能真正体验和体悟，从而感受到美，产生敬仰和崇高之情，从而指导自己的行为实践。因此，不管从心理认知角度还是从审美对象的难易程度，都需要加强对学生审美认知的培养，提升学生审美能力，使学生在面对不同对象时能够真正做到审美化体验和感悟，增强人文素养和审美情感。

（二）培养学生的审美趣味

李如密认为，审美趣味体现了个体在审美活动中的稳定倾向，包括其

---

❶ 李廷扬. 美育辩证 [M]. 贵阳：贵州人民出版社，2009：3, 49.

兴趣、态度和鉴赏能力，这些都汇集了一个人的思想、情感和性格，审美趣味通常深受个人情感和主观看法的影响。❶ 培养健全的审美观对提升个人的审美意识至关重要，不仅有利于社会审美风尚的普及，也为社会审美意识的进步提供了土壤。班华先生强调，庸俗的、品位低下的人往往难以形成高尚的审美判断。❷ 对于青少年而言，他们应当追求高尚的审美趣味，即选择那些内容健康、格调高雅、精神丰盈的文化资源和高雅艺术作品，以此提升自己的精神层次和文化素养。在当今世界，随着经济和科技的快速发展，文化产品种类日益繁多，文化生活丰富多彩，因此，在面对众多的文化选择时，教师应注意引导学生欣赏积极健康的文化产品，远离那些低级趣味、腐朽和落后的文化产品。例如，教师引导学生不参与"新闻"炒作和"绯闻逸事"的转发扩散传播，提高学生的道德自觉和审美判断。只有这样，学生才能在日益丰富的文化选择中，找到滋养心灵的精神食粮，从而在文化生活中实现自我提升。

（三）帮助学生树立崇高的审美理想

审美理想是审美意识的核心组成部分，审美理想是一种特殊的价值观念，是审美判断与评价的最高范本和根本依据。由于青少年还处于人生成长的黄金期，这一时期的青少年好奇心较重，模仿能力强，对社会问题的是非判断能力还不够成熟，易受到不良社会风气的影响，可塑性较强，因此帮助学生树立崇高的审美理想就是帮助他们树立正确的价值观念。正如习近平总书记强调的要帮助青少年扣好人生的第一粒扣子，"扣子"比喻十分贴切和合乎实际，同时也证明教师帮助学生树立正确价值观念的重要性。因此，审美理想的树立主要聚焦于帮助广大学生树立正确的价值观念

---

❶ 李如密. 教学美的价值及其创造［D］. 兰州：西北师范大学，2005：91.
❷ 南京师范大学教育系主编 教育学（第一版）［M］. 北京：人民教育出版社，1984：340.

和崇高的社会理想。

信仰构成了民众的精神支撑，力量则是国家的标志，而希望则推动着整个民族不断前行。在此背景下，青少年被视为国家的未来和民族的希望，因此塑造他们的崇高理想至关重要。习近平总书记在多个重要场合强调指出，青年一代要树立远大理想，为民族复兴和人类的进步作出贡献。特别是在 2013 年的全国优秀青年代表座谈会上，习近平总书记强调了坚定理想信念的重要性，将其视为指引人生方向和实现事业成功的关键。❶ 2015 年，习近平总书记在会见少先队代表时强调，尽管个人可以有很多的志向，但与国家和人民紧密相关的志向最为关键，这不仅是个人志向的基石，也是人生的精神支柱。❷ 从小培养对国家的热爱、对人民的热爱以及对劳动、科学和社会主义的热爱，是每个青少年应坚定的理想信念，应当始终将国家和人民的利益放在首位，并积极响应党的号召，听从党的指导，努力成长为国家和人民需要的栋梁之材。❸ 2018 年，习近平总书记在北京大学的师生座谈会中再次强调，"要励志，立鸿鹄志，做奋斗者"❹。他的话语不仅为青少年指明了人生方向，也为教育工作者特别是思想政治理论课教师提供了教学的根本遵循和方向指引，帮助学生树立崇高的理想信念，树立崇高的审美理想。这些论述共同构成了教师引导青少年成长为有理想、有信仰的社会主义建设者和接班人的具体思路和方法。

教师在思想政治理论课教学中要帮助和引导学生树立崇高的审美理想，这是因为"审美理想与社会理想之间存在着紧密的内在关联。通常情况下，那些具有进步性的审美理想往往是社会理想进步的早期迹象，它们可

---

❶ 习近平. 在同各界优秀青年代表座谈时的讲话 [N]. 人民日报, 2013 - 05 - 05 (2).
❷ 张烁. 美好的生活属于你们, 美丽的中国梦属于你们 [N]. 人民日报, 2015 - 06 - 02 (1).
❸ 张烁. 美好的生活属于你们, 美丽的中国梦属于你们 [N]. 人民日报, 2015 - 06 - 02 (1).
❹ 习近平. 在北京大学师生座谈会上的讲话 [N]. 人民日报, 2018 - 05 - 03 (2).

能会以形象化的方式提前反映出新时代的精神内涵以及历史发展趋势"❶。崇高社会理想的立足点就是个人理想要以社会发展和人民利益为出发点，坚持统筹集体利益与个人利益，坚持少数服从多数的原则进行行为选择，为了维护国家和人民利益的一切不惜牺牲个人利益，在面临任何挑战和危急时刻，敢于挺身而出，不畏艰难、不惧牺牲。思想政治理论课具有鲜明的政治导向性，学生审美理想的树立要以社会理想为主，同时兼顾个人理想与社会理想。比如，教师在讲授"培育和践行社会主义核心价值观"相关部分的内容时，一方面，要引导学生要深入学习和理解社会主义核心价值观的内涵实质，理解到这些价值观对于国家的稳定与和谐起着关键作用，构建具有强大感召力的核心价值观，对于社会的和谐与国家的长治久安至关重要。另一方面，在此基础上要引导学生自觉养成社会主义核心价值观的基本要求和素养，并在日常的学习和生活中自觉践行这些核心价值理念，达到"日用而不知"的程度。思想政治理论课教师要引导学生学习和敬爱道德模范，如方志敏、雷锋、杨善洲等产生情感上的认同，帮助学生了解英雄、模范的先进事迹，立志向模范学习，敬仰英雄、崇拜英雄、学习英雄，做到内化于心，外化于行，在实现中国梦的伟大实践中奏响青春之歌，实现人生理想。

三、注重培养学生的审美能力

培养学生的审美能力对学生整体的审美修养至关重要。它不仅是审美教育的核心，也是衡量审美修养是否达成的重要能力标准。审美能力是指个体在欣赏美的过程中展现出的一系列心理反应，这包括但不限于感知、知觉、注意、记忆、想象、情感和理解等多种能力。这些能力相互关联、

---

❶ 杜卫. 美育论 [M]. 北京：教育科学出版社，2000：234.

渗透和融合，形成审美过程的全貌。

首先，在审美活动中需要调动人的感知力、想象力、理解力等心理素养，感知审美对象的内在意蕴。因此，审美感知能力是人们进行审美和立美的前提条件和基础，"若缺乏对美好事物形状、声音、色彩等方面的敏锐且准确的感知能力，审美者将难以迅速将这些丰富多样的审美元素传递至大脑，从而无法体验到层次丰富的审美感受"❶。从人的心理认知规律来看，完成一次审美欣赏要经历人的审美感知力和审美直觉力，再到审美认知力和思维力阶段，此后才能发挥审美想象力和记忆力对审美对象进行构建，形成关于审美对象的完整图景，而只有实现审美创造才能真正完成审美欣赏的整个过程。

其次，在培养学生的审美能力时还要注重对学生审美想象力的发挥。当前，学生进行审美的对象多以艺术品为主，因此对艺术品的鉴赏就需要审美者想象力的发挥，只有将艺术品的空白通过审美者调动自己的知识储备而形成合目的性和合规律性的艺术想象时，学生才能真正走进艺术品，感受艺术品本身所蕴含的美，从而得到情感上的共鸣，获得精神上的愉悦。例如，在欣赏名画《踏花归来马蹄香》时，学生不仅要观察画面，还应深思画中蝴蝶环绕马蹄的原因，这种联想会引导他们想象到这匹马可能刚从一个芬芳的花丛中穿过。再如，在欣赏中国戏曲时，许多戏剧化的场景，如用极少的演员再现大规模的战争，或用简单的动作表现复杂的旅行，都需要观众的想象力来补全这些艺术上的夸张与渲染。❷ 由此可见，艺术欣赏离不开丰富的想象力，但这种想象力必须植根于生活的实际体验，只有深入生活，积累丰富的生活经验，才能在欣赏艺术时发挥出更好的想象力，从而真正接触到艺术的内核，获得更深层次的审美享受。对于青少年而言，

---

❶ 王滢. 大学美育［M］. 成都：电子科技大学出版社，2017：9.
❷ 王滢. 大学美育［M］. 成都：电子科技大学出版社，2017：9.

只有在热爱生活的基础上才能真正做到审美化学习，只有在乐学和好学中才能培养健康的人格品性，实现自身的全面和谐发展。

最后，在探讨如何理解和提升个人对现实的审美观照时，一个关键因素是情感的参与。通过深入体验和情感的投入，人们不仅是外在地欣赏美的事物，而且通过这一过程反思和探索自我。这种审美体验能够促使个人在自省中达到生命的新高度，正如黑格尔所指出的，艺术的核心使命是辅助人们触及精神世界的深层次需求。❶ 在青少年时期，培养审美能力是极为重要的，这一过程不仅涵盖理论知识的学习，也涵盖丰富的实践活动。理论学习能够让青少年认识和理解不同的文化艺术形式。例如，普通高中思想政治必修4《哲学与文化》第三单元关于"文化的内涵与功能"这一节时，学生们将接触到文学、音乐、绘画、文物欣赏等多种文化形式，并探讨它们独特的文化价值。如何认知和理解这些艺术？除理论知识学习外，开展多种实践活动和组建学习小组是提升审美能力的有效方式。例如，学生们可以通过加入戏剧社、参与辩论赛、参加兴趣小组、进入社区文化调研等方式学习。此外，参加艺术、音乐、书法和绘画等比赛活动，实地参观美术馆、科技馆、博物馆等，也能极大地增强他们的审美能力和创造力。

四、促进学生的审美创造

美是人的本质力量的对象化，而这种对象化是一种创造性活动。树立审美化的学习理念、审美意识，审美能力的培养，只完成了审美活动的前期工作，而审美活动真正的完成还需要通过审美创造来实现。在学生审美修养培养过程中，不仅要强调对他们审美意识和审美能力的培养，更重要的是在此基础上进行审美创造。这种审美创造是学生审美修养培养的最终

---

❶ 杜卫. 美育学概论[M]. 北京：高等教育出版社，1997：154.

旨归和最高目标，符合马克思提出的"改变世界"❶的理念。在现实生活中，离开社会实践，个体是无法真正感知和创造美的。以高中的思想政治课为例，当前，新课程标准明确了高中思想政治课是一门综合性的活动型课程，这一提法增强了课程的实践特性。然而，"强化社会实践活动并不意味着要减少学科内容的学习，而是要求将社会实践活动作为学习学科内容的方式"❷，在马克思主义辩证法指导下，做到"学科内容活动化"和"课程内容活动化"，同时这也为学生进行审美创造提供了机遇和条件。学生进行审美创造就是将自己在学校课堂上所学习到的知识，包括美学知识用于生活实践，充分发挥思想政治理论课教学中美育资源的重要作用，进行审美实践和审美创造，这包括积极在生活中师法英雄，体验自然之美，加强艺术审美，涵养生命以及品味传统。

（一）师法英雄

英雄是国家的宝贵财富，也是民族的脊梁，英雄身上所体现出来的精神是中国精神的有机组成部分，是开展社会美教育的重要资源。中国共产党领导的革命、建设、改革实践中出现了无数革命英雄和模范人物值得学习。习近平总书记曾多次强调英雄在民族发展中的重要作用，"英雄是民族最为璀璨的标志"❸，表达了对英雄的崇高敬仰，以及对人民英雄在民族未来发展上的高度认可。在 2019 年举行的国家勋章和国家荣誉称号颁授仪式上，习近平总书记进一步阐述了崇尚英雄的重要性，明确指出人们应当

---

❶ 马克思，恩格斯. 马克思恩格斯文集（第 1 卷）[M]. 中共中央马克思恩格斯列宁斯大林著作编译局，译. 北京：人民出版社，2009：502.

❷ 中华人民共和国教育部. 普通高中思想政治课程标准（2017 年版，2020 年修订）[S]. 北京：人民教育出版社，2020：9.

❸ 习近平. 在中国文联十大、中国作协九大开幕式上的讲话 [N]. 人民日报，2016－12－01（2）.

追求成为像英雄那样的人。这些重要讲话为思想政治理论课教学提供了根本遵循，特别是对于思想政治理论课教学中开展学习英雄和践行英雄精神的活动具有重要的指导意义。

英雄精神具有育人功能。青少年阶段是塑造世界观、人生观、价值观的黄金期，这时的可塑性极强，是锻炼思维方法、提升思维能力的关键时期，同时青少年也很容易受到外界事物和现象的影响，因此，需要英雄精神和正能量来指导规范他们的行为日常。首先，积极开展师法英雄的审美创造有助于青少年形成正确的价值观念。英雄是生动具体的精神化身，承载着民族和时代的精神内核，凝聚着崇高的道德品质和价值观念，传递着催人奋进的能量。❶ 在审美创造中促进学生学习英雄精神，学习英雄身上的忠诚、执着、朴实的鲜明品格，让学生在纷繁复杂的社会现象中找准标杆。借助英雄的行为为青少年提供榜样，这种做法可以对他们产生深刻的影响，使他们懂得什么是崇高，什么是平庸，什么是正直，什么是恶劣。通过这样的引导，他们能够向榜样看齐，纠正自己的行为，调整人生的目标，并在正确的价值观引导下生活和学习❷，在无形中形成正确的世界观、人生观、价值观。其次，积极开展师法英雄的审美创造有助于青少年培养崇高的理想信念。在革命、改革、建设的不同时期产生了无数英雄人物。在那个充满革命的时期，无数中华儿女英勇奋斗，为人民的解放事业不惜牺牲生命，例如李大钊、夏明翰、方志敏、董存瑞等。方志敏在极端艰苦的条件下依然不改英雄本色，他所坚定的理想就是为革命胜利不懈奋斗。在中国特色社会主义建设和改革伟大实践中，焦裕禄、王进喜、孔繁森、郑培民、史来贺、任长霞、牛玉儒、方永刚、杨善洲、罗阳等模范人物全

---

❶ 田旭明. 英雄是民族最闪亮的坐标：新时代培育和弘扬英雄文化的若干思考［J］. 马克思主义研究，2019（8）：139.

❷ 王一川. 美学原理［M］. 北京：中国人民大学出版社，2015：211.

心全意为人民服务。黄大年展现了"只要祖国需要,我必全力以赴"的爱国情怀;沈浩彰显了"两任'村官'呕心沥血带领一方求发展,六载离家鞠躬尽瘁引导万民奔小康"的奉献精神;郑培民则体现了"做官先做人,万事民为先"的为民情怀,都是年轻一代学习的榜样。新时代我们有"时代楷模",他们是排雷英雄杜富国,护卫祖国领空的郝井文,毕生致力于新药研发的王逸平,用生命守护洞庭湖安危的余元君,在高原雪线邮路上传递温暖的其美多吉,把30岁美好生命留在扶贫一线的黄文秀,科技报国70年、92岁高龄仍坚持在工作岗位的陈俊武,在平凡工作岗位、日常生活中引领社会文明风尚的"北京榜样"等。这些"民族最闪亮的坐标"镌刻在共和国"时代楷模"榜上,令人敬仰,催人奋进。

当下,青少年由于主客观方面的原因不能都采取像方志敏、雷锋、杨善洲、黄文秀、陈俊武等这样的方式去实现创造性的人生,但青少年可以追求自我进步和自我发展,不断实现和更新生命、生活的自觉意识和能力,这也是一种创造的人生,如积极乐观的学习和生活态度、高尚的审美趣味和审美理想、阳光开朗的人格特征、热爱生命、关心他人和世界都是创造性人生的体现,也是审美的生活态度与生存方式。总之,青少年通过学习革命英雄和模范人物的先进事迹,能够触动内心,产生崇敬和崇拜之情,在这种情感推动下从而产生师法英雄的实际行为,在条件成熟的情况下能够推动社会的发展与进步。

(二)体验自然

体验自然是在思想政治理论课教学中实现审美创造的重要途径,这是由人的双重本性决定的。人是自然界自我运动发展到一定阶段的产物,人本身就是自然存在者,人必须依靠与自然进行物质交换才能生存和发展,从而才能展现人的社会化本质,实现人的本质力量的对象化。当前,在思想政治理论课课堂教学和课外实践中要积极创造条件和机会让学生体验自然之美，感受自然之美。一方面，让学生体验自然，从而产生保护自然之情，这与当前我国美丽中国建设密切相关；另一方面与人的自然属性有关，人的这种自然属性使人能够在体验自然过程中"得到启迪和抚慰，吮吸生命的汁液，恢复生命的完整和活力"❶。

首先，从当前我国生态文明建设来看加强学生体验自然的必要性。如今，随着我国生态文明建设的不断加强，教育体系中加强青少年亲身体验自然环境变得越来越重要。新中国成立以来，党和国家在重点发展经济的同时，十分重视对环境的保护。特别是党的十八大以来，以习近平同志为核心的党中央明确提出生态文明建设，形成习近平生态文明思想。当前，我国生态文明建设取得了长足进步，但也面临生态系统退化、环境污染严重和资源约束趋紧等严峻形势，因此在基础教育阶段加强学生对自然的认知，积极创造机会体验自然，可以有效培养青少年的环境保护意识，使他们学会尊重自然，顺应规律并积极参与自然环境保护。通过亲身体验自然，深刻理解人与自然是生命共同体关系，进一步促进社会主义生态文明建设和美丽中国建设。

其次，从人的基本规定性来看体验自然的必要性。人作为自然存在物，人与自然是相互依赖的和谐共生关系。一方面，人不能离开自然界而独自生存；另一方面，从人的自然属性来看，自然界就是人的无机的身体，人与自然的关系就是人与人的关系、自然与自然的关系，这样也就不难理解为什么自然对人具有永恒魅力和吸引力。苏霍姆林斯基认为，大自然是情感最丰富的来源。它通过直接的情感熏陶，促进了儿童智力的成长，同时

---

❶ 王一川. 美学原理［M］. 北京：中国人民大学出版社，2015：206.

也拓宽了儿童观察世界的视野，使其变得更加宽广、清晰和明亮。❶ 因此，增强学生对自然的体验可以让他们对自然界的神奇和伟大感到惊叹，从而净化他们的心灵。人在欣赏自然之美时能够感受到心灵的自由和空灵，"沉浸在大自然中，人们可以近距离观察、远距离欣赏、深呼吸和品味，让身心完全放松，热情地投入其中，从而实现个体情感的自由释放，与自然进行生命信息和力量的交流，从自然放松中获得理解、温暖和抚慰"❷。同时，学生在体验自然的过程中能够激发他们的情感，将人的主观情感投射到无生命的客观事物中，实现情景交融、寓情于景，使情感得到升华，对自然心生敬畏之情和喜爱之情。

（三）审美艺术

促进学生审美创造就要加强学生体验艺术美，在高雅艺术作品中感知文化魅力，继承和发扬中华优秀传统文化，尊重文化的多样性。如果说自然美和社会美是进行美育的间接资源，那么丰富多彩的艺术品则成为思想政治理论课进行审美化教学最直接的资源。正如苏联美学家斯托洛维奇强调，审美教育可以通过多种途径来实现，而艺术作品则直接为审美化教学提供了素材，因为艺术作品作为人的理性思维的现实表现，凝聚和物化了人对世界的审美关系，体现了社会性与个体性、内容与形式、创造性与规范性相统一的原则。❸ 艺术美涵盖了音乐、绘画、书法、舞蹈、戏剧和影视等多个维度，内容极为丰富。教师在教育教学过程中要注意提升学生的艺术修养，激发学生的学习热情，从而摆脱传统的枯燥课堂，让学生在生

---

❶ 蔡汀，王义高，祖晶. 苏霍姆林斯基选集（第三卷）[M]. 北京：教育科学出版社，2001：431.
❷ 王一川. 美学原理 [M]. 北京：中国人民大学出版社，2015：206.
❸ 列·斯托洛维奇. 审美价值的本质 [M]. 凌继尧，译. 北京：中国社会科学出版社，1984：200.

动活泼、愉悦的课堂教学氛围中掌握知识。艺术不仅帮助学生拓展知识，还可以培养他们的批判性思维和解决问题的技能，促进学生德智体美劳全面协调发展。在思想政治理论课教学过程中，提升学生的艺术修养还要注重两个方面：一方面，利用丰富多彩的艺术作品来促进审美化教学。借助艺术作品的工具形式呈现课堂教学的生动形象，让学生在享受学习的同时，培养分析和解决问题的能力，以及发展健康的审美情趣和情感态度；另一方面，在思想政治理论课教学中提升学生艺术修养的关键在于引导学生积极参加社会实践，在亲身体验和感受中深刻领悟艺术作品的精神内涵和价值所在。

首先，利用思想政治理论课教学资源中的艺术美资源充分开展审美化教学。当前，我国思想政治理论课教学内容中存在丰富的艺术美资源，教师要充分利用这些资源开展审美化教学，但重点在于发挥艺术品的工具价值，以此来促进德育的实施。比如，我们可通过歌曲来进行审美化教学，例如普通高中思想政治教材资源中有《马赛曲》《国际歌》《义勇军进行曲》等，在具体教学过程中可通过播放相关歌曲让学生直观感受音乐的力量，同时教师要将这些歌曲中所蕴含的思想精神和理论价值对学生进行详细讲解。法国的《马赛曲》就是一个案例，这首歌创作的背景是近代法国资产阶级革命时期面对外国封建势力围剿和资产阶级革命处于危机之中。一名工兵上尉熬夜完成《莱茵河军队战歌》，这首歌充满了爱国热情，使人们热情高涨，在战争期间，鼓舞了无数士兵。1795 年这首歌被确定为法国国歌，即《马赛曲》。比如，学生在学习《哲学与文化》第二单元"人民群众是历史的创造者"这一框题的内容时，教材中就有少数民族创作的《格萨尔王传》。教师引导学生对该作品的思想精神进行赏析，让学生了解《格萨尔王传》这一史诗，是基于藏族丰富的民间文化资源集体创作而成。这部作品气势恢宏、技艺高超，展现了藏族的历史发展和藏族人民的英雄情怀，被誉为世界上现存最长的史诗。这样不仅可以让学生了解民族文化，拓展知识结构，还能增强学生的民族自豪感。思想政治理论课教学材料中还有其他艺术形态，如击剑、跆拳道、武术、绘画、诗赋、散文、楹联、书法、雕刻、传统戏剧等众多艺术资源。教师通过具体的艺术作品进行课堂教学，同时又将艺术作品背后的历史渊源加以梳理，不仅增加了课堂的生动性和形象性，有助于吸引学生的注意力，提升学习效果，不仅丰富了学生的知识体系，也符合当代教育对学生全面发展的要求。通过多维度的教学方法，可以有效提升学生的核心素养，为他们的全面发展打下坚实基础。

其次，思想政治理论课教学提升学生艺术修养的关键在于让学生积极参加社会实践，在亲身体验和感受中深入领悟艺术品的精神内涵和价值所在。提升艺术美的修养要积极参加社会实践，亲身体验和感悟艺术美一方面是由人的本质所决定的，另一方面也是由艺术作品的特点所决定的。从人的认知规律出发，理解艺术并非一次完成的过程，而是需要通过不断地实践和体验来逐步深化，这种循环的认知模式是人类理解世界的一种本质方式。也只有在这种不断循环往复的认识过程中，人才能逐渐接近对对象的完全认识，这从根本上是因为人是自然存在物和社会存在物的结合体，自然属性决定了人不能一次就能够取得对对象的完全认识，社会属性说明人对对象的完全认识总是存在无限的可能性。因此，从人的本质属性来看，人想要对对象有更完全的认识就须参加社会实践，在实践中检验自己认知的正确性。对于学生来说，积极参加社会实践才能真正理解和内化艺术体验，这是因为艺术作品具有形式与内容相统一的特点，其中形式的特点可以理解为生理性，内容的特点可理解为精神性。这种综合感性和理性认识的艺术审美，对青少年身心发展具有重要的促进作用。总的来说，学生应加强艺术审美实践和体验，例如阅读文学作品、欣赏艺术表演、旅游观光、参与体育活动等，以及进行文化赏析，涵盖文学、音乐、绘画和文物欣赏等，甚至包括参与辩论、戏剧表演、社团活动等。通过这些丰富的实践活动，培育和丰富学生的艺术感知，促进他们个性的全面发展。

综上所述，思想政治理论课教学要提升学生的审美素养，其中，确立审美的学习观念和审美意识是前提，培养敏锐的审美感知力和鉴赏力是基础，激发学生的审美创造是目标，使学生在体验自然、欣赏艺术、涵养生命、品味传统、师法英雄的过程中"陶冶高尚的人格情操，提升精神境界，完善人格塑造，艺术地对待生活，实现个体与社会、人类与自然和谐共生"❶。

---

❶ 王滢. 大学美育 [M]. 成都：电子科技大学出版社，2017：11.

附　录

附录一 教育部关于全面实施学校美育浸润行动的通知

教体艺〔2023〕5号

各省、自治区、直辖市教育厅（教委），新疆生产建设兵团教育局，部属各高等学校、部省合建各高等学校：

为深入学习贯彻党的二十大精神，进一步加强学校美育工作，强化学校美育的育人功能，教育部决定全面实施学校美育浸润行动。现将有关事项通知如下。

一、指导思想

以习近平新时代中国特色社会主义思想为指导，全面贯彻党的教育方针，落实立德树人根本任务，大力发展素质教育，以社会主义核心价值观为引领，弘扬中华美育精神，坚定文化自信，以浸润作为美育工作的目标和路径，将美育融入教育教学活动各环节，潜移默化地彰显育人实效，实现提升审美素养、陶冶情操、温润心灵、激发创新创造活力的功能，培养德智体美劳全面发展的社会主义建设者和接班人。

二、主要任务和目标

以美育浸润学生，全面提升学生文化理解、审美感知、艺术表现、创意实践等核心素养，丰富学生的精神文化生活，让学生身心更加愉悦，活力更加彰显，人格更加健全。以美育浸润教师，发挥教师职业的美育功能，提升全员美育意识和美育素养，塑造人格魅力，涵养美育情怀。以美育浸润学校，打造昂扬向上、文明高雅、充满活力的校园文化，建设时时、处处、人人的美育育人环境。

到 2027 年，美育课程教育教学质量全面提升，常态化学生全员艺术展演展示机制基本建立，跨学科优质美育资源体系初步建成，面向师范类专业学生开设美育课程实现全覆盖，艺术学科骨干教师培训全面开展，建设一批学校美育名师工作室，培育一批国家级示范性学生艺术团，涌现一批美育特色鲜明的示范区示范校。再用三到五年时间，优质均衡的美育更加普及，学生审美和人文素养普遍提高，教师美育素养显著提升，学校美育氛围更加浓厚，学校美育工作体制机制更加健全，成效明显增强。通过持续努力，推动形成全覆盖、多样化、高质量的具有中国特色的现代化学校美育体系。

三、工作举措

（一）美育教学改革深化行动

构建完善艺术学科与其他学科协同推进的美育课程体系，遵循美育特点，突出价值塑造。充分发挥艺术课程在学校美育中的主渠道作用，深入挖掘各学科蕴含的美育价值与功能，强化教学与实践的有机统一，健全课程教学实施监测与反馈改进机制。

大力推进艺术教育教学改革。严格按照各学段课程标准开齐开足上好艺术相关课程，尊重教育规律和人才成长规律，强化课程实施的综合性，夯实课程基础，创新教学方法，丰富课程资源，提高教学质量。打造艺术课程活力课堂，激发学生积极性，提高参与度，展现学生自信和风采。义务教育阶段学校积极提供多样化、个性化的艺术选修课程和课后服务，帮助学生通过在校学习掌握1—2项艺术专项特长，满足学生兴趣特长发展需要。做好艺术教材编审选用，配发义务教育阶段艺术教材，遴选推荐一批优质美育课后读物。完善艺术人才培养模式，加强艺术特长学生一体化选拔和培养，拓宽艺术人才成长通道，鼓励有条件的地方开展试点，统筹区域内艺术教育资源，为在校生提供实践教学支撑。

充分发挥相关学科的美育功能。加强美育与德育、智育、体育、劳动教育的融合，挖掘和运用各学科蕴含的品德美、社会美、科学美、健康美、勤劳美、自然美等丰富美育资源，分学科推动制定美育教学指引。遴选征集跨学科、专业的美育教学、教研、教改优秀成果，推进成果转化。

（二）教师美育素养提升行动

配齐配好美育教师，加强师德师风建设。强化各学科教师的美育意识和美育素养，将美育纳入教育系统领导干部和教师培训计划，广泛开展面向教育行政人员、学校领导的专题培训和面向艺术骨干教师的专业培训。开展艺术学科教师素质与能力监测，提升教学与专业能力。抓好教师源头培养，将美育课程纳入师范类专业学生人文素养课程，将美育素养有关内容纳入教师资格考试，办好全国艺术教育类专业学生和教师教学基本功展示。建设国家、省、市、县各级学校美育名师工作室，构建名师和骨干教师学习成长共同体。加强美育科学研究，进一步发挥全国高校和中小学美育教学指导委员会的作用，建设一批美育高端智库和高水平研究平台。鼓励改革和创新教师评价办法，激发美育教师工作积极性。

(三) 艺术实践活动普及行动

完善面向人人的常态化学校艺术展演机制,让每名学生都有展示的机会和平台。广泛开展班级、年级、院系、校级等群体性展示交流,学校每学期至少举办一次全员参与的展演展示活动。省、市、县级每年举办学生艺术展演,提高全国大、中小学生艺术展演活动覆盖面和参与度。推广普及高雅艺术进校园活动,做好校园精品剧目校际展示。创新开展集审美赋能、创意实践、人文升华的社会实践活动,多途径多渠道宣传校园优秀展演节目和作品。规范管理、正确引导各类学生艺术实践活动,避免锦标意识和功利化倾向。

(四) 校园美育文化营造行动

营造向真向善向美向上的校园文化氛围,把美育融入校园生活全方位。持续开展中华优秀传统文化艺术传承学校和传承基地建设,制定完善建设标准,推出一批典型案例和文化资源。鼓励学校建设丰富多样的艺术社团,加强国家级示范性大中小学生艺术团建设,建立国家重大演出与学校社团的活动交流机制。充分利用校内各种平台,特别是橱窗、展示屏、校园广播、电视台、校园网等打造校园文化艺术展示空间。加强美育实践活动场地保障,支持学校根据实际建设小型美术馆、博物馆、展览厅、音乐厅、剧场等。鼓励地方开展美育示范区和示范学校建设,总结推广典型经验。

(五) 美育评价机制优化行动

深化美育评价改革,发挥评价的牵引和导向作用,探索多元化教育评价方式,开展增值性评价、过程性评价、体验性评价、表现性评价、应用性评价,重在关注学生个体成长,尊重和保护学生的兴趣爱好和个性特点,全面考查学生发现美、感受美、表现美、鉴赏美、创造美的能力。中小学依据课程标准组织实施全员艺术素质测评，鼓励拓展测评内容和方法，完善初、高中艺术科目学业水平考试，将美育评价纳入学生综合素质档案；高校落实本科学生修满公共艺术课程至少 2 个学分的基本要求，注重与专业人才培养相结合，强化审美素养和创新意识的评价。实施学校美育工作自评和年度报告制度，探索具有中国特色的学校美育评价制度。

（六）乡村美育提质发展行动

探索以县域为基点、市域为统筹、省域为指导，完善全面提高乡村美育质量的工作机制，因地制宜推进县域内优秀美育教师流动授课、优质美育课堂资源共享，促进学校美育优质均衡发展。建立高校与中小学、城乡学校之间"手拉手"相互学习交流和帮扶机制，探索高校艺术社团和乡村学校双向交流机制。鼓励美育名师进乡村、乡村学生进城市艺术场馆，开展城乡中小学生美育主题研学实践活动。多形式搭建乡村学生专场展演平台，鼓励利用乡村学校少年宫等开展学生个性化艺术展示。加强乡村学校美育教师培养培训，持续实施乡村教师公费定向培养项目。支持艺术院校参与城乡规划和乡村振兴，助力增强城乡审美韵味、文化品位。

（七）美育智慧教育赋能行动

以数字技术赋能学校美育，依托国家智慧教育公共服务平台和地方平台，开发教育教学、展演展示、互动体验等优质美育数字教育资源，持续更新上线美育精品课程和教学成果。促进数字技术与中华优秀传统文化的融合，探索运用云展览、数字文博、虚拟演出、全息技术等促进中华文明的传承创新。鼓励有条件的地方探索利用传感技术、大数据、物联网、人工智能、虚拟现实等活化教学内容、创新教学方式、丰富艺术体验、改进评价过程。

（八）社会美育资源整合行动

发掘在地文化，利用公共文化资源提供充足保障，推进有条件的地区、学校与公共文化艺术场馆、文艺院团交流合作与双向互动，推动基本公共文化服务项目和各类社会资源为学校美育教学、实践活动服务，搭建平台引导学生走进艺术场馆。强化家庭、学校、社会协同，鼓励开展家校共建和社会服务。将艺术作为中外人文交流的重要内容，推动引进来、走出去相结合的交流模式，开展多层次多样化的中外学生艺术夏令营、冬令营等，支持打造一批具有区域和国际影响力的学校美育展演展示活动，促进美育成果互鉴和文化创新。

四、组织实施

（一）加强组织领导。各地教育部门要将学校美育浸润行动纳入重要议事日程，完善制度保障，制定细化实施方案，狠抓工作落实；要加强统筹协调，健全与宣传、文化旅游等部门的协同推进机制，形成工作合力；要强化督导评估，将其作为学校评价考核的重要内容。教育部将采取适当形式督导各地实施推进情况和开展成效。各级各类学校要将美育浸润行动纳入年度工作计划，明确责任分工，健全工作机制，务实创新，增强工作实效。鼓励高校建立健全美育工作专门机构和部门，加强公共艺术教育教学和管理。

（二）强化条件保障。各地要加大投入力度支持学校美育工作，统筹相关经费保障学校美育浸润行动的实施。鼓励高校单独设立美育专项经费，中小学加大经费投入力度，多措并举保障学校美育综合改革。各级各类学校要保障基本的艺术场地设施和器材器具，鼓励学校引进校外社会资源，满足学生开展美育教学和实践的多样化需求。

（三）加强宣传推广。各地各校要不断探索创新深化学校美育浸润行动的有效途径，加大宣传推广力度，广泛凝聚社会共识，营造共同关注和支持学校美育的良好环境和浓厚氛围。各地教育部门要及时总结凝练本地区典型经验和实施成效，编制年度报告。教育部将组织编制并发布全国年度发展报告。

教育部
2023 年 12 月 20 日

附录二　国务院办公厅关于全面加强和改进学校美育工作的意见

国办发〔2015〕71 号

各省、自治区、直辖市人民政府，国务院各部委、各直属机构：

美育是审美教育，也是情操教育和心灵教育，不仅能提升人的审美素养，还能潜移默化地影响人的情感、趣味、气质、胸襟，激励人的精神，温润人的心灵。美育与德育、智育、体育相辅相成、相互促进。党的十八届三中全会对全面改进美育教学作出重要部署，国务院对加强学校美育提出明确要求。近年来，经过各地、各有关部门的共同努力，学校美育取得了较大进展，对提高学生审美与人文素养、促进学生全面发展发挥了重要作用。但总体上看,美育仍是整个教育事业中的薄弱环节,主要表现在一些地方和学校对美育育人功能认识不到位,重应试轻素养、重少数轻全体、重比赛轻普及,应付、挤占、停上美育课的现象仍然存在;资源配置不达标,师资队伍仍然缺额较大,缺乏统筹整合的协同推进机制。为进一步强化美育育人功能,推进学校美育改革发展,经国务院同意,现提出以下意见。

一、总体要求

(一)指导思想。全面贯彻党的教育方针,以立德树人为根本任务,落实文艺工作座谈会精神,按照国家中长期教育改革和发展规划纲要(2010-2020年)要求,把培育和践行社会主义核心价值观融入学校美育全过程,根植中华优秀传统文化深厚土壤,汲取人类文明优秀成果,引领学生树立正确的审美观念、陶冶高尚的道德情操、培育深厚的民族情感、激发想象力和创新意识、拥有开阔的眼光和宽广的胸怀,培养造就德智体美全面发展的社会主义建设者和接班人。

(二)基本原则。

坚持育人为本,面向全体。遵循美育特点和学生成长规律,以美育人、以文化人,在整体推进各级各类学校美育发展的基础上,重点解决基础教育阶段美育存在的突出问题,缩小城乡差距和校际差距,让每个学生都享有接受美育的机会。

坚持因地制宜,分类指导。以问题为导向,充分考虑地区差异,重点关注农村、边远、贫困和民族地区美育教学条件的改善,加强分类指导,因地因校制宜,鼓励特色发展,坚持整体推进与典型引领相结合,形成"一校一品"、"一校多品"局面。

坚持改革创新，协同推进。加强美育综合改革，统筹学校美育发展，促进德智体美有机融合。整合各类美育资源，促进学校与社会互动互联、齐抓共管、开放合作，形成全社会关心支持美育发展和学生全面成长的氛围。

（三）总体目标。2015 年起全面加强和改进学校美育工作。到 2018 年，取得突破性进展，美育资源配置逐步优化，管理机制进一步完善，各级各类学校开齐开足美育课程。到 2020 年，初步形成大中小幼美育相互衔接、课堂教学和课外活动相互结合、普及教育与专业教育相互促进、学校美育和社会家庭美育相互联系的具有中国特色的现代化美育体系。

二、构建科学的美育课程体系

（四）科学定位美育课程目标。学校美育课程建设要以艺术课程为主体，各学科相互渗透融合，重视美育基础知识学习，增强课程综合性，加强实践活动环节。要以审美和人文素养培养为核心，以创新能力培育为重点，科学定位各级各类学校美育课程目标。

幼儿园美育要遵循幼儿身心发展规律，通过开展丰富多样的活动，培养幼儿拥有美好、善良的心灵，懂得珍惜美好事物，能用自己的方式去表现美、创造美，使幼儿快乐生活、健康成长。义务教育阶段学校美育课程要注重激发学生艺术兴趣，传授必备的基础知识与技能，发展艺术想象力和创新意识，帮助学生形成一两项艺术特长和爱好，培养学生健康向上的审美趣味、审美格调、审美理想。普通高中美育课程要满足学生不同艺术爱好和特长发展的需要，体现课程的多样性和可选择性，丰富学生的审美体验，开阔学生的人文视野。特殊教育学校美育课程要根据学生身心发展水平和特点，培养学生的兴趣和特长，注重潜能发展，将艺术技能与职业技能培养有机结合，为学生融入社会、创业就业和健康快乐生活奠定基础。职业院校美育课程要强化艺术实践，注重与专业课程的有机结合，培养具有审美修养的高素质技术技能人才。普通高校美育课程要依托本校相关学科优势和当地教育资源优势，拓展教育教学内容和形式，引导学生完善人格修养，强化学生的文化主体意识和文化创新意识，增强学生传承弘扬中华优秀文化艺术的责任感和使命感。

（五）开设丰富优质的美育课程。学校美育课程主要包括音乐、美术、舞蹈、戏剧、戏曲、影视等。各级各类学校要按照课程设置方案和课程标准、教学指导纲要，逐步开齐开足上好美育课程。义务教育阶段学校在开设音乐、美术课程的基础上，有条件的要增设舞蹈、戏剧、戏曲等地方课程。普通高中在开设音乐、美术课程的基础上，要创造条件开设舞蹈、戏剧、戏曲、影视等教学模块。职业院校要在开好与基础教育相衔接的美育课程的同时，积极探索开好体现职业教育专业和学生特点的拓展课程。普通高校要在开设以艺术鉴赏为主的限定性选修课程基础上，开设艺术实践类、艺术史论类、艺术批评类等方面的任意性选修课程。各级各类学校要重视和加强艺术经典教育，根据自身优势和特点，开发具有民族、地域特色的地方和校本美育课程。

（六）实施美育实践活动的课程化管理。美育实践活动是学校美育课程的重要组成部分，要纳入教学计划，实施课程化管理。建立学生课外活动记录制度，学生参与社区乡村文化艺术活动、学习优秀民族民间艺术、欣赏高雅文艺演出、参观美术展览等情况与表现要作为中小学生艺术素质测评内容。各级各类学校要贴近校园生活，根据学生认知水平和心理特点，积极探索创造具有时代特征、校园特色和学生特点的美育活动形式。要以戏曲、书法、篆刻、剪纸等中华优秀传统文化艺术为重点，形成本地本校的特色和传统。中小学校应以班级为基础，开展合唱、校园集体舞、儿童歌舞剧等群体性活动。任何学校和教师不得组织学生参加以营利为目的的艺术竞赛活动，严禁任何部门和中小学校组织学生参与商业性艺术活动或商业性庆典活动。

三、大力改进美育教育教学

（七）深化学校美育教学改革。建立以提高学校美育教育教学质量为导向的管理制度和工作机制。按照国家规定的不同学段美育课程设置方案、课程标准以及内容要求，切实强化美育育人目标，根据社会文化发展新变化及时更新教学内容。开发利用当地的民族民间美育资源，搭建开放的美育平台，拓展教育空间。开展多种形式的国际交流与合作，各级各类学校应根据自身条件和特点积极参与中外人文交流。依托现有资源，加强学校美育实践基地建设，取得一批美育综合改革的重要成果，发挥辐射带动作用，推动学校美育的整体发展。

（八）加强美育的渗透与融合。将美育贯穿在学校教育的全过程各方面，渗透在各个学科之中。加强美育与德育、智育、体育相融合，与各学科教学和社会实践活动相结合。挖掘不同学科所蕴涵的丰富美育资源，充分发挥语文、历史等人文学科的美育功能，深入挖掘数学、物理等自然学科中的美育价值。大力开展以美育为主题的跨学科教育教学和课外校外实践活动，将相关学科的美育内容有机整合，发挥各个学科教师的优势，围绕美育目标，形成课堂教学、课外活动、校园文化的育人合力。

（九）创新艺术人才培养模式。专业艺术院校要注重内涵建设，突出办学特色，专业设置应与学科建设、产业发展、社会需求、艺术前沿有机衔接。加强社会服务意识，强化实践育人，进一步完善协同育人的人才培养模式，增强人才培养与经济社会发展的契合度，为经济发展、文化繁荣培养高素质、多样化的艺术专门人才。遵循艺术人才成长规律，促进艺术教育与思想政治教育有机融合、专业课程教学与文化课程教学相辅相成，坚持德艺双馨，着力提升学生综合素养，培养造就具有丰厚文化底蕴、素质全面、专业扎实的艺术专门人才。

（十）建立美育网络资源共享平台。充分利用信息化手段，扩大优质美育教育资源覆盖面。以国家实施"宽带中国"战略为契机，加强美育网络资源建设，加快推进边远贫困地区小学教学点数字教育资源全覆盖。支持和辅导教师用好多媒体远程教学设备，将优质美育资源输送到偏远农村学校。充分调动社会各方面积极性，联合建设美育资源的网络平台，大力开发与课程教材配套的高校和中小学校美育课程优质数字教育资源，鼓励各级各类学校结合"互联网＋"发展新形势，创新学校美育教育教学方式，加强基于移动互联网的学习平台建设。

（十一）注重校园文化环境的育人作用。各级各类学校要充分利用广播、电视、网络、教室、走廊、宣传栏等，营造格调高雅、富有美感、充满朝气的校园文化环境，以美感人，以景育人。要让社会主义核心价值观、中华优秀传统文化基因通过校园文化环境浸润学生心田，引导学生发现自然之美、生活之美、心灵之美。进一步办好大中小学生艺术展演活动，抓好中华优秀传统文化艺术传承学校与基地建设，各地要因地制宜探索建设一批体现正确育人导向、具有丰富文化内涵的校园文化美育环境示范学校。

（十二）加强美育教研科研工作。在全国教育科学规划课题和教育部人文社会科学研究项目中设立美育专项课题，并予以一定倾斜。以服务决策为导向，整合资源，协同创新，深入研究学校美育改革发展中的重大理论和现实问题，打造高校美育综合研究的高地和决策咨询的重地。研究制定高校和中小学校美育课程学业质量标准，深入开展美育教学研究和教材研究，形成教材更新机制。加强基础教育阶段艺术类学科教研队伍建设，建立教研员准入制度，严格考核要求。探索建立县（区）美育中心教研协作机制，发挥学科带头人在美育教学研究上的引领作用，促进美育教学质量稳步提升。

四、统筹整合学校与社会美育资源

（十三）采取有力措施配齐美育教师。各级教育部门和各级各类学校要把师资队伍建设作为美育工作的重中之重，努力建设一支师德高尚、业务精湛、结构合理、充满活力的高素质美育教师队伍。普通高校要根据美育课程开设需要，加快公共艺术教师队伍建设。各地要制定时间表、采取有效措施破解中小学校美育教师紧缺问题，根据实行城乡统一的中小学教职工编制标准的要求，通过农村学校艺术教育实验县综合改革实践，建立农村中小学校美育教师补充机制，重点补充农村、边远、贫困和民族地区乡（镇）中小学校的美育教师。实行美育教师交流轮岗制度，采取对口联系、下乡巡教、挂牌授课等多种形式，鼓励城市美育教师到农村学校任教。

（十四）通过多种途径提高美育师资整体素质。各地要建立高校与地方政府、行业企业、中小学校协同培养美育教师的新机制，促进美育教师培养、培训、研究和服务一体化，切实提高各级各类学校美育师资水平。鼓励成立校际美育协作区，发挥艺术学科名师工作室的辐射带动作用，促进美育师资队伍均衡发展。鼓励教师参与美育课程建设和教学改革，支持教师合作开发开设美育课程，倡导跨学科合作。健全老中青教师传帮带和新老教师互帮互助机制。搭建美育课堂教学交流和教学技能培训平台，加强经验交流与培训，在中小学教师国家级培训计划（国培计划）中加大对中小学校教师特别是乡村美育教师培训力度，带动各地开展农村美育教师培训。

（十五）整合各方资源充实美育教学力量。教育部门要联合和依托文化部门及相关单位，组织选派优秀文化艺术工作者积极参与文艺支教志愿服务项目，鼓励和引导高校艺术专业教师、艺术院团专家和社会艺术教育专业人士到中小学校担任兼职艺术教师，开展"结对子、种文化"活动。积极探索组建美育教学联盟、文艺工作者援教联盟，依托联盟搭建农村美育支教平台。继续鼓励和支持专业文艺团体、非专业的高水平文艺社团有计划地赴高校开展高雅艺术进校园活动，组织专家讲学团开设专题美育讲座。聘请艺术家和民间艺人进校园，因地制宜成立相关工作室。专业艺术院校要积极在中小学校建立对口支持的基地。

（十六）探索构建美育协同育人机制。以立德树人、崇德向善、以美育人为导向，加强对家庭美育的引导，规范社会艺术考级市场，强化社会文化环境治理，宣传正确的美育理念，充分发挥家庭和社会的育人作用，转变艺术学习的技术化和功利化倾向，营造有利于青少年成长的健康向上的社会文化环境。建立学校、家庭、社会多位一体的美育协同育人机制，推进美育协同创新，探索建立教育与宣传、文化等部门及文艺团体的长效合作机制，建立推进学校美育工作的部门间协调机制。

五、保障学校美育健康发展

（十七）加强组织领导。各地要将美育作为实现教育现代化的一项重要任务摆在突出位置，认真履行发展美育的职责，将美育发展纳入政府重要议事日程，结合实际制定具体实施方案，明确工作部署，切实抓紧抓好。建立健全教育部门牵头、有关部门分工负责、全社会广泛参与的美育工作机制，明确责任，按照职能分工，落实好推进学校美育改革发展的各项任务。

（十八）加强美育制度建设。坚持依法治教，运用法治思维和法治方式，深化美育综合改革。研究完善学校美育工作有关规章制度，使美育制度规则体系能够及时适应实践发展需要，为推进学校美育改革发展提供制度保障。

（十九）加大美育投入力度。地方政府要通过多种形式筹措资金，满足美育发展基本需求，建立学校美育器材补充机制。各地要加快推进义务教育阶段学校美育设施标准化建设，加强高校艺术教育场馆建设，将更多的文化建设项目布点在学校，促进学校资源与社会资源互动互联，推动校内外资源设施共建共享。鼓励各地筹措和利用社会资金对农村中小学校美育走教教师给予专项补贴。中央财政通过全面改善贫困地区义务教育薄弱学校基本办学条件等工作，加大投入力度，支持地方尽快补齐学校美育的短板。

（二十）探索建立学校美育评价制度。各地要开展中小学生艺术素质测评，抓好一批试点地区和试点学校，及时总结推广，发挥示范带动作用。实施中小学校美育工作自评制度，学校每学年要进行一次美育工作自评，自评工作实行校长负责制，纳入校长考核内容，并通过当地教育部门官方网站信息公开专栏向社会公示自评结果。制定符合高校艺术专业特点的教育教学评价标准。建立学校美育发展年度报告制度，各级教育部门每年要全面总结本地区各级各类学校美育工作，编制年度报告。教育部应委托第三方机构研究编制并发布全国学校美育发展年度报告。

（二十一）建立美育质量监测和督导制度。中小学校美育课程开课率已列入教育现代化进程监测评价指标体系之中，各地要将其作为对学校评价、考核的重要指标。要在国家基础教育质量监测中，每三年组织一次学校美育质量监测。鼓励各地运用现代化手段对美育质量进行监测。各级教育督导部门要将美育纳入督导内容，定期开展专项督导工作。

国务院办公厅

2015 年 9 月 15 日

主要参考文献

一、马克思主义经典著作和重要文献

[1] 列宁. 列宁全集[M]. 中共中央马克思恩格斯列宁斯大林著作编译局, 译. 北京: 人民出版社, 1957.

[2] 马克思, 恩格斯. 马克思恩格斯全集[M]. 中共中央马克思恩格斯列宁斯大林著作编译局, 译. 北京: 人民出版社, 1979.

[3] 马克思, 恩格斯. 马克思恩格斯文集[M]. 中共中央马克思恩格斯列宁斯大林著作编译局, 译. 北京: 人民出版社, 2009.

[4] 马克思, 恩格斯. 马克思恩格斯选集[M]. 中共中央马克思恩格斯列宁斯大林著作编译局, 译. 北京: 人民出版社, 2012.

[5] 恩格斯. 反杜林论[M]. 中共中央马克思恩格斯列宁斯大林著作编译局, 译. 北京: 人民出版社, 2018.

[6] 恩格斯. 自然辩证法[M]. 中共中央马克思恩格斯列宁斯大林著作编译局, 译. 北京: 人民出版社, 2018.

[7] 马克思. 1844年经济学哲学手稿[M]. 中共中央马克思恩格斯列宁斯大林著作编译局, 译. 北京: 人民出版社, 2018.

[8] 毛泽东. 毛泽东文集[M]. 北京: 人民出版社, 1999.

[9] 中共中央文献研究室. 毛泽东文集[M]. 北京: 人民出版社, 1999.

[10] 邓小平. 邓小平文选[M]. 北京: 人民出版社, 1994.

[11] 江泽民. 全面建设小康社会, 开创中国特色社会主义事业新局面: 在中国共产党第十六次全国代表大会上的报告[R]. 北京: 人民出版社, 2002.

［12］胡锦涛. 高举中国特色社会主义伟大旗帜，为夺取全面建设小康社会新胜利而奋斗：在中国共产党第十七次全国代表大会上的报告［R］. 北京：人民出版社，2007.

［13］胡锦涛. 坚定不移沿着中国特色社会主义道路前进，为全面建设小康社会而奋斗：在中国共产党第十八次全国代表大会上的报告［R］. 北京：人民出版社，2012.

［14］习近平. 习近平谈治国理政（第二卷）［M］. 北京：外文出版社，2017.

［15］习近平. 决胜全面建成小康社会，夺取新时代中国特色社会主义伟大胜利：在中国共产党第十九次全国代表大会上的报告［R］. 北京：人民出版社，2017.

［16］中央教育科学研究所. 中华人民共和国教育大事记（1949—1982）［M］. 北京：教育科学出版社，1983.

［17］中共中央文献研究室. 关于建国以来党的若干历史问题的决议注释本［M］. 北京：人民出版社，1983.

［18］何东昌. 中华人民共和国重要教育文献（1949—1975）［M］. 海口：海南出版社，1998.

［19］国家中长期教育改革和发展规划纲要（2010—2020 年）［M］. 北京：人民出版社，2010.

［20］中共中央关于深化文化体制改革推动社会主义文化大发展大繁荣若干重大问题的决定［M］. 北京：人民出版社，2011.

［21］中共中央关于全面深化改革若干重大问题的决定［M］. 北京：人民出版社，2013.

［22］中国共产党第十八届中央委员会第三次全体会议文件汇编［G］. 北京：人民出版社，2013.

［23］联合国教科文组织. 反思教育：向"全球共同利益"的理念转变［M］. 联合国教科文组织总部中文科，译. 北京：教育科学出版社，2017.

［24］本书编写组. 毛泽东思想和中国特色社会主义理论体系概论［M］. 北京：高等教育出版社，2023.

［25］本书编写组. 习近平新时代中国特色社会主义思想概论［M］. 北京：高等教育出版社，2023.

［26］教育部组织编写. 普通高中教科书·思想政治必修 2·经济与社会［M］. 北京：人民教育出版社，2023

[27] 教育部组织编写. 普通高中教科书·思想政治必修 3·政治与法治［M］. 北京：人民教育出版社，2023

[28] 教育部组织编写. 普通高中教科书·思想政治必修 4·哲学与文化［M］. 北京：人民教育出版社，2023

[29] 教育部思想政治工作司，中共北京市委教育工作委员会. 莫辜负时代："四个正确认识"大学生读本［M］. 北京：人民出版社，2018.

[30] 教育部课题组. 深入学习习近平关于教育的重要论述［M］. 北京：人民出版社，2019.

二、中外著作

（一）国内著作

[1] 施东昌. 先秦诸子美学思想述评［M］. 北京：中华书局，1979.

[2] 北京大学哲学系美学研究室. 西方美学家论美和美感［M］. 北京：商务印书馆，1980.

[3] 周义澄. 自然理论与现时代：对马克思哲学的一个新思考［M］. 上海：上海人民出版社，1988.

[4] 瞿葆奎. 教育学文集·美育［M］. 北京：人民教育出版社，1989.

[5] 王球，钱广荣. 教师伦理学［M］. 南京：江苏教育出版社，1991.

[6] 成复旺. 中国古代的人学与美学［M］. 北京：中国人民大学出版社，1992.

[7] 聂振斌. 中国美育思想述要［M］. 广州：暨南大学出版社，1993.

[8] 李泽厚. 美的历程［M］. 合肥：安徽文艺出版社，1994.

[9] 檀传宝. 德育美学观［M］. 太原：山西教育出版社，1996.

[10] 杜卫. 美育学概论［M］. 北京：高等教育出版社，1997.

[11] 曾繁仁，高旭东. 审美教育新论［M］. 北京：北京大学出版社，1997.

[12] 何云波，彭亚静. 大学生应用美学［M］. 北京：中国铁道出版社，1999.

[13] 蒋孔阳. 蒋孔阳全集：第三卷［M］. 合肥：安徽教育出版社，1999.

[14] 杜卫. 美育论［M］. 北京：教育科学出版社，2000.

[15] 蔡汀，王义高，祖晶. 苏霍姆林斯基选集（第三卷）［M］. 北京：教育科学出版社，2001.

[16] 杨辛, 甘霖. 美学原理 [M]. 2 版. 北京：北京大学出版社, 2001.

[17] 杨力, 宋尽贤. 学校艺术教育史 [M]. 海口：海南出版社, 2002.

[18] 蒋孔阳. 美学新论 [M]. 北京：人民文学出版社, 2006.

[19] 朱立元. 美学 [M]. 北京：高等教育出版社, 2006.

[20] 朱光潜. 西方美学史：下卷 [M]. 北京：中国长安出版社, 2007.

[21] 徐继红. 提升你自己：心理学需要层次理论的研究 [M]. 西安：陕西人民出版社, 2007.

[22] 邓晓芒. 冥河的摆渡者：康德的《判断力批判》[M]. 武汉：武汉大学出版社, 2007.

[23] 王一川. 美学与美育 [M]. 北京：中央广播电视大学出版社, 2008.

[24] 王岗峰. 美育与美学 [M]. 厦门：厦门大学出版社, 2009.

[25] 赵汀阳. 论可能生活 [M]. 北京：中国人民大学出版社, 2009.

[26] 李廷扬. 美育辩证 [M]. 贵阳：贵州人民出版社, 2009.

[27] 魏小萍. 探求马克思：《德意志意识形态》原文文本的解读与分析 [M]. 北京：人民出版社, 2010.

[28] 叶朗. 美在意象 [M]. 北京：北京大学出版社, 2010.

[29] 余连祥. 丰子恺美学思想研究 [M]. 北京：商务印书馆, 2012.

[30] 王涛. 人、城邦与善：亚里士多德政治理论研究 [M]. 上海：上海人民出版社, 2013.

[31] 赵伶俐. 课堂教学技术与艺术 [M]. 重庆：西南大学出版社, 2013.

[32] 张正江. 新中国美育发展研究 [M]. 北京：人民出版社, 2014.

[33] 蔡元培. 蔡元培谈教育 [M]. 沈阳：辽宁出版社, 2015.

[34] 王一川. 美学原理 [M]. 北京：中国人民大学出版社, 2015.

[35] 毛佩琦, 徐昌强. 庄子全集 [M]. 北京：煤炭工业出版社, 2015.

[36] 林崇德. 21 世纪学生发展核心素养研究 [M]. 北京：北京师范大学出版社, 2016.

[37] 陈文强. 核心素养与学校变革 [M]. 厦门：厦门大学出版社, 2016.

[38] 陈剑, 译注. 老子译注 [M]. 上海：上海古籍出版社, 2016.

[39] 赵伶俐, 温忠义. 互联网+大美育课程论 [M]. 北京：北京师范大学出版社, 2016.

[40] 王滢. 大学美育 [M]. 成都：电子科技大学出版社, 2017.

[41] 刘彦顺. 中国美育思想通史［M］. 济南：山东人民出版社，2017.

[42] 姬建锋. 心理学［M］. 西安：陕西人民出版社，2017.

[43] 冯国超，译注. 论语［M］. 北京：华夏出版社，2017.

[44] 余文森. 核心素养导向的课堂教学［M］. 上海：上海教育出版社，2017.

（二）国外译著

[1] 车尔尼雪夫斯基. 生活与美学［M］. 周扬，译. 上海：读书出版社，1949.

[2] 亚里士多德. 政治学［M］. 吴寿彭，译. 北京：商务印书馆，1965.

[3] 黑格尔. 精神现象学：上卷［M］. 贺麟，王玖兴，译. 北京：商务印书馆，1979.

[4] Rowntree D. Dictionary of Education［M］. London：Harper & Row Publishers，1981.

[5] 黑格尔. 美学：第一卷［M］. 朱光潜，译. 北京：商务印书馆，1982.

[6] 普列汉诺夫. 普列汉诺夫美学论文选［M］. 程代熙，译. 西安：陕西人民出版社，1983.

[7] 弗洛姆. 爱的艺术［M］. 康革尔，译. 北京：华夏出版社，1987.

[8] 伍蠡甫. 西方文论选：上卷［M］. 上海：译文出版社，1988.

[9] 贝尔. 资本主义的文化矛盾［M］. 赵一凡，蒲隆，任晓晋，译. 北京：生活·读书·新知三联书店，1989.

[10] 康芒纳. 封闭的循环［M］. 侯文蕙，译. 长春：吉林人民出版社，1997.

[11] 黑格尔. 小逻辑［M］. 李智谋，译. 重庆：重庆出版社，2006.

[12] 柏拉图. 柏拉图文艺对话集［M］. 朱光潜，译. 合肥：安徽教育出版社，2007.

[13] 康德. 判断力批判：人是美与崇高的最后根源［M］. 彭笑远，译. 北京：北京出版社，2008.

[14] 卢梭. 爱弥儿［M］. 方卿，译. 北京：北京出版社，2008.

[15] 卢梭. 社会契约论［M］. 张灿金，曹顺发，译. 北京：中国法制出版社，2016.

[16] 康德. 判断力批判［M］. 邓晓芒，译. 北京：人民出版社，2017.

三、期刊报纸

（一）国内期刊论文

[1] 曾繁仁. 走到社会与学科前沿的中国美育［J］. 文艺研究，2001（2）.

［2］全国学校艺术教育发展规划（2001—2010 年）［J］．中国音乐教育，2002（12）．

［3］王旭晓．美育与人的全面发展［J］．河南教育学院学报（哲学社会科学版），2009，28（3）．

［4］彭文晓．论审美学习［J］．湖北大学学报（哲学社会科学版），2009，36（3）．

［5］张汝伦．什么是"自然"？［J］．哲学研究，2011（4）．

［6］陈沛捷．通识教育理念下高职美育课程教学方法探析［J］．中国文艺家，2017（9）．

［7］田旭明．英雄是民族最闪亮的坐标：新时代培育和弘扬英雄文化的若干思考［J］．马克思主义研究，2019（8）．

［8］王红．芬兰基础教育阶段英语课程中的横贯能力培养［J］．世界教育信息，2019，32（2）．

［9］黄崇岭．德国中小学阶段校外学习研究［J］．世界教育信息，2019，32（14）．

［10］龙娜．论马克思关于人的本质思想的三重维度及时代意蕴［J］．河北青年管理干部学院学报，2020，32（1）．

［11］黄信喜．美育视角下的初中美术教学策略研究［J］．中学课程资源，2022，18（7）．

［12］霍登煌．美育融入高校思想政治理论课的三维审视［J］．西南科技大学学报（哲学社会科学版），2023，40（5）．

［13］朱晴，丁娟娟，俞瑶．传统文学中美育融入高职《形势与政策》课程教学的路径探索［J］．才智，2023（32）．

［14］倪逸逸．美育融入小学美术教学的对策分析［J］．小学生（下旬刊），2023（8）．

（二）国外期刊论文

［1］Irenaw Bozenas. Thery of Aesthetic Education：A polish perspective［J］. Journal of Aesthetic Education，1978（2）.

［2］Xiaodong Liu. Discussion on the Construction of the Cooperative Education Mode of "Ideological and Political Courses" and "Ideological and Political Theories Teaching in All Courses" in Art Colleges［C］. 2021 International Conference Education and Management（ICEM2021），2021.

［3］L. Qing, Y. Yan. A Preliminary Study on Integration of Ideological, Political Coursesin to Art Curriculum of Higher Vocational Colleges Under "Intenet +"［C］. 2021 International Conference on Internet, Education and Information Technology (IEIT), Suzhou, China, 2021.

[4] Dan Liu, Junyao Zhang. Research on Ideological and Political Education of Art Design Based on Visual Teaching [J]. International Journal of Education and Humanities, 2023, 6 (3).

[5] Chen She. Integrating Ideological and Political Elements into Art and Design Teaching in Universities [J]. International Journal of Educational Curriculum Management & Research, 2023, 4 (3).

(三) 报纸文章

[1] 习近平. 在同各界优秀青年代表座谈时的讲话 [N]. 人民日报, 2013-05-05 (2).

[2] 习近平. 青年要自觉践行社会主义核心价值观 [N]. 人民日报, 2014-05-05 (2).

[3] 习近平. 做党和人民满意的好老师 [N]. 人民日报, 2014-09-10 (2).

[4] 张烁. 美好的生活属于你们, 美丽的中国梦属于你们 [N]. 人民日报, 2015-06-02 (1).

[5] 习近平. 在颁发"中国人民抗日战争胜利70周年"纪念章仪式上的讲话 [N]. 人民日报, 2015-09-03 (2).

[6] 习近平. 在中国文联十大、中国作协九大开幕式上的讲话 [N]. 人民日报, 2016-12-01 (2).

[7] 习近平. 把思想政治工作贯穿教育教学全过程, 开创我国高等教育事业发展新局面 [N]. 人民日报, 2016-12-09 (10).

[8] 关于实施中华优秀传统文化传承发展工程的意见 [N]. 人民日报, 2017-01-26 (6).

[9] 本报评论员. 时常用真善美雕琢自己 [N]. 人民日报, 2017-05-06 (1).

[10] 习近平. 在北京大学师生座谈会上的讲话 [N]. 人民日报, 2018-05-03 (2).

[11] 习近平. 做好美育工作, 弘扬中华美育精神, 让祖国青年一代身心都健康成长 [N]. 人民日报, 2018-08-31 (1).

[12] 张烁. 坚持中国特色社会主义教育发展道路, 培养德智体美劳全面发展的社会主义建设者和接班人 [N]. 人民日报, 2018-09-11 (1).

[13] 张烁. 用习近平新时代中国特色社会主义思想铸魂育人, 贯彻党的教育方针落实立德树人根本任务 [N]. 人民日报, 2019-03-19 (1).

[14] 习近平. 在国家勋章和国家荣誉称号颁授仪式上的讲话 [N]. 人民日报, 2019 - 09 - 30 (2).

四、学位论文

[1] 刘琼华. 建构"以美育人"的中学德育模式 [D]. 福州：福建师范大学, 2003.

[2] 杨博. 高中思想政治课审美化教学初探 [D]. 长春：东北师范大学, 2003.

[3] 李如密. 教学美的价值及其创造 [D]. 兰州：西北师范大学, 2005.

[4] 邝芙云. 审美教育在《文化生活》教学中的应用研究 [D]. 长沙：湖南师范大学, 2015.

[5] 崔晓钰. 中学历史教学中的美育研究 [D]. 济南：山东师范大学, 2020.

[6] 张帆. 媒介素养教育融入高中思想政治课的研究 [D]. 天水：天水师范学院, 2021.

[7] 王宏丽. 艺术审美教育融入高校思想政治教育研究 [D]. 武汉：武汉科技大学, 2021.

[8] 余萍. 影视资源融入高中思想政治课存在的问题及优化策略研究 [D]. 上海：华中师范大学, 2021.

[9] 王一昕. 新时代劳模精神融入高中思想政治课教学研究 [D]. 合肥：合肥师范学院, 2022.

[10] 刘依萍. 生活化教学在高中思想政治课中的应用研究 [D]. 西宁：青海师范大学, 2024.

[11] 任雅雯. 美育在高中思想政治课中的渗透研究 [D]. 石家庄：河北师范大学, 2024.

后 记

当这部专著即将付梓之际，心中涌动着复杂而深沉的情感，既有对过往研究历程的回顾与感慨，也有对未来学术探索的期许与憧憬。作为在高校、中学思想政治理论课深耕多年的一线教育工作者，我们深刻体会到美育在学校教育中的独特价值与深远意义。美育绝非仅仅是培养学生审美情趣和艺术修养的手段，它更是塑造健全人格、提升综合素质的关键环节，是教育体系中不可或缺的重要组成部分。

在本书的撰写过程中，我们广泛收集、参考并引用了诸多前辈的研究成果。这些成果宛如一座座巍峨的学术高峰，为本书的研究提供了坚实的理论支撑和丰富的实践借鉴。我们深知，任何学术研究都离不开前人的奠基与开拓，正如牛顿所言："如果我看得更远，那是因为我站在巨人的肩膀上。"正是因为前人不懈的探索与积累，我们才能在美育与思想政治理论课融合这一领域有所进展。在此，我们以最诚挚的敬意和感恩之心，向所有前辈学者致以崇高的敬意，他们的研究成果是我们研究的重要基石，也激励着我们在学术道路上不断前行。

然而，这一领域的研究与实践并非一帆风顺，其过程充满挑战与艰辛。在当今时代，美育的重要性日益被人们所认识。然而，在具体实施中，学校美育仍然面临着诸多困难和挑战，资源的匮乏、师资的不足、课程的边缘化等问题，使学校美育工作开展步履维艰。然而，正是这些挑战，激发了我们不断探索和改革创新的决心。近年来，我们一直致力于探索大中小学校如何更好地将美育融入思想政治理论课教学，以及如何创新开展大中小思政课一体化教学研究。这些研究不仅需要深厚的理论基础，还需要对教育实践的深刻洞察。在研究过程中，我们深刻体会到美育与思想政治教育的紧密联系，以及美育在实现人的全面发展中的重要作用。通过对马克思主义美学思想的深入探究、对国内外美育理念的对比分析，以及对多地学校美育实践的实地考察，较全面地剖析了美育融入思想政治理论课教学的理论基础、学理支撑和实施情况，逐步构建起一套较成熟的理论框架和实践策略。

回顾过去的研究历程，所有经历都转化为笔下的感恩之情。感谢所有给予我们支持和帮助的人。首先，向我们的家人致以最诚挚的感谢。家人的理解与支持是我们能够坚持研究的强大后盾，是家人无私的爱让我们在研究的道路上从未感到孤单。同时，要感谢学校的领导和同事们，在研究过程中提供了许多宝贵的意见和建议，共同探讨和解决了许多难题。此外，还要感谢我们的学生，他们的热情参与和积极反馈让美育研究更加贴近实际，更具有说服力。在与学生的互动中，我们不断反思和完善教学策略和方法，这对整个研究工作有着不可估量的价值。

最后，要特别感谢三明学院和三明学院马克思主义学院对本书的资助，感谢各级领导的大力支持，为本书的出版提供物质保障。同时，向知识产权出版社的编辑罗慧老师表达诚挚敬意，她的专业精神和严谨态度极大地提升了本书的质量。

尽管在研究过程中力求严谨，但由于学识有限，书中难免存在错漏之处，观点也难免有偏颇和不足。因此，我们真诚地希望广大读者能够对本书提出宝贵的意见和建议，帮助我们不断完善和改进。您的批评与指正，将是我们在学术道路上继续前行的动力。

对于本书的出版，我们充满期待，希望它能够成为学校教育教学改革和复合型创新人才培养的一块垫脚石。正如泰戈尔所说："不要试图填满生命的空白，因为音乐就来自那空白深处。"美育正是那空白深处的音乐，它以独特的方式触动心灵，激发情感，培养创造力。希望本书能够激发更多人对学校立德树人使命的思考和探索，让我们的未来教育更加和谐，让我们的世界更加美好。在未来的学术道路上，我们将继续秉持严谨的学术态度，深入探索美育与思想政治理论课融合的更多可能性，为我国教育事业贡献自己的力量。

于三明文笔山墅

2024年10月